지혜와 능력의 초인

— 곽중식 지음

_____ 님께

_____ 드립니다.

나됨

추천의 글 1

복음이 이 땅에 들어온 지가 벌써 100년을 훌쩍 넘어선 지금, 주변에 교회가 무엇을 하는지, 기독교가 뭔지 어느 정도 아는 시대에 우리가 살고 있습니다.

지난날에는 메시지를 몰라서 전하는 데 주력했지만,
지금은 메시지 못지않게 메신저가 중요한 시대에 우리는 살고 있습니다.

'교회가 세상에 감동을 주기 위해 무엇을 할 것인가?'
우리의 삶의 모든 영역에서 그리스도의 사랑을 실천하는 것이 오늘 이 시대는 참 중요합니다.

사도행전에는 교회가 세상 사람들에게 칭송을 받았다고 합니다.

"하나님을 찬미하며 또 온 백성에게 칭송을 받으니 주께서 구원받는 사람을 날마다 더하게 하시니라"(행 2:47).

오늘 그리스도인은 세상 속에 그리스도인이 되어야 하고,
우리가 교회에서 받은 은혜를 세상이 한가운데 우리의 실력들을 드러내야 할 때입니다

그리스도인의 삶의 현장은 교회 안에 아니라 세상입니다.
오늘 그리스도인은 야성을 길러야 합니다.

책의 저자이신 곽중식 안수집사님은 복음을 삶 속에서 살아 내려고 늘 몸부림치면서 그간 가슴에 담긴 복음을 글로 표현하였습니다.

　이 글을 통해 치열한 삶의 현장에서 그리스도인의 정체성을 지키고 그리스도의 변화의 주체로 살아가게 되시기를 기대해 봅니다.

　변화시키지 못하면 도리어 변질되는 이 시대,
　이 책이 좋은 길잡이가 되어 줄 것입니다.

2019년 3월 은평교회 유승대 담임목사

추천의 글 2

『지혜와 능력의 초인』은 베드로와 바울이 그랬듯이, 우리 모두 '예수님을 닮은 초인'이 되어야 한다는 외침으로 가득 찬 책이며, 곳곳에 은혜와 은총이 넘쳐흐릅니다. 강력한 힘을 가진 책이기도 합니다. 신자들에게는 지금까지의 신앙생활을 되돌아보게 하고 가슴 치며 회개하게 만드는 힘을 발휘합니다. 또한, 행간의 내용들은 하나님을 모르는 독자에게 미지의 세계에 대한 두려움을 자아내기에 충분합니다.

'이대로 살다가 죽으면 어떻게 될까?'

사후(死後) 세계에 대한 경외심을 자아내면서 무서우리만큼 체계적이고 자상한 선교의 장(章)들이 펼쳐지기 때문입니다. "달려갈 길 모두 마친 후 주 얼굴 볼 때, 나는 공로 전혀 없도다 오직 주의 은혜라…." 책의 마지막 부분에 나오는 저자의 절규에 가까운 넋두리 기도는, 독자로 하여금 하던 일을 제쳐 두고 이제부터라도 하나님을 알아봐야겠다는 생각이 들게 만들기에 부족함이 없습니다.

저자 곽중식 안수집사는 불신의 가정에서 태어나 여느 사람들과 같은 청소년기와 청년기를 보내며 직장생활을 했고 여느 젊은이들처럼 유흥과 술·담배를 즐기며 살았지만, 하나님을 영접한 후 그의 삶이 완전히 바뀌었음은 물론, 스스로 은혜의 가정을 이루고 양가 부모형제들과 주변 사람들을 하나님의 백성으로 인도했고, 지금도 기도 중에, 그리고 출근 중에 '소자야'라고 부르시는 그분의 음성을 들으면서 확신과 환희의 삶을 살고 있습니다.

필자 역시 저자가 에필로그에서 소개한 '60년지기 동우회 친구' 중의

한 사람이기에, 즉 대구 변두리의 태평로와 원대동 골목길에서 그와 함께 뒹굴었던 초등학교 시절에서부터 그와 함께 직장생활을 하고 그와 함께 술 마시고 노래 부르고, 그와 함께 '세상의 못된 짓'들을 즐기면서 지내온 세월들을 일일이 기억하기에, 무섭도록 한 방향으로만 변화해 간 그의 삶을 누구보다도 더 정확하게 증언할 수 있습니다.

『지혜와 능력의 초인』이 펼치는 선교의 장들은 안 믿는 자들에게는 왜 하나님을 믿어야 하는지를 일깨우는 내용으로 가득하지만, 믿는 자들에게는 어떻게 믿고 무엇을 해야 하는지를 너무나 체계적으로 설파하고 있어 반박하기가 힘듭니다.

총 18장으로 구성된 이 책은, 하나님의 말씀을 듣고 하나님의 임재를 믿으며, 성령 충만을 통해 지혜를 얻어 고통과 고난을 극복하고, 인간혁명과 교육혁명을 통해 지혜와 겸손, 그리고 담대함을 가진 '능력의 초인'이 되어 공의를 실천해야 함을 논리적으로 설파하고 있습니다. 그리고는 이 땅에 '하나님 나라'와 '제사장의 나라'를 건설하고 겸손하지만 담대하게 '선교와 구제'를 행하는 것이 으뜸가는 공의라고 설파합니다.

저자는 그 과정에서 독일의 철학자 니체, 시인 이육사, 정주영, 이순신, 링컨 등 많은 국내외 위인들을 소개하면서 공자의 천명(天命)사상과 뇌신경학자인 캐롤라인 리프의 책『뇌의 스위치를 켜라』까지 터치하는 용감무쌍함(?)도 발휘하지만, 결코 잘난 사람들이 만든 '세상의 논리'로 주장을 펼치고 있지는 않습니다. 그의 주장 하나하나에는 해당하는 성경말씀들이 근거로 제시되고 있으며, 대목대목마다 그의 풍성한 성경 지식이 녹아들어 있습니다.

독자의 가슴을 심하게 두들기는 대목은 또 있습니다. 저자는 이 땅의 능력의 초인들이 행해야 하는 사명에 통일이 포함되어 있음을 강변하는 것도 잊지 않습니다. 즉, 분단된 조국을 하나로 통일하는 것이야말로 한국의 믿는 자들이 가슴에 새겨야 하는 사명임을 강조하면서, 곽

안수집사는 하나님께서 이스라엘 백성을 개조하기 위해 40년을 광야에서 헤매게 하신 사실을 들면서 분단의 고통 속에서도 내부 분열이라는 고질병을 앓고 있는 한국 국민에게도 분명히 하나님께서 계획을 세우고 계심을 확신하고 있습니다. 즉, 언젠가 이 국민을 위대한 국민으로 재탄생시키고 이 땅의 민초들과 피조물들을 '젖과 꿀이 흐르는 곳'으로 인도해 줄 초인들을 세우시어 위대한 세계 역사를 쓰게 하려는 계획을 세우고 계심을 철석같이 믿고 있습니다. 그래서 저자는 외치고 있습니다. 이 시대를 사는 한국의 믿는 자들은 역사의 방관자나 관객이 아니라, 공연하는 배우가 되고 주인공이 되어 하나님께서 사명으로 주신 통일을 이루는 데 헌신해야 한다고 설파합니다.

진실로, 『지혜와 능력의 초인』은 읽어볼 만한 책이라고 생각합니다. 저자 개인의 인생이 세상 기준으로 볼 때 크게 대단해서 그렇다는 것이 아니고, 단지 한 사람의 인생이 송두리째 녹아 있어서 그렇다는 것도 아니며, 내 친구가 쓴 책이어서 그렇다는 것은 더더욱 아닙니다. 믿는 자들이라면 "천국에서의 삶은 영원하다. 우리 모두 죽도록 하나님께 충성하여 생명의 면류관을 받자."는 그의 마지막 절규와 간증을 읽으면서 고개를 끄떡일 수밖에 없을 것이며, 믿지 않는 자들도 한 인생이 신앙을 통해 변화하는 모습, 그의 기도, 스스로 설정한 삶의 목표를 향해 확신과 환희를 가지고 살아가는 그의 모습에서 많은 공감을 얻을 수 있습니다. 그래서 읽어볼 만한 책입니다.

필자 역시 안보 전문가로 지금도 왕성한 사회생활을 하고 있지만, 나의 친구 곽중식 안수집사의 책을 읽으면서 한없이 작아지고 말았음을 고백하고자 합니다. 그의 신앙, 그의 확신과 환희, 그리고 그의 용기를 흉내조차 낼 수 없으니 하는 말입니다.

김태우
뉴욕주립대 정치학 박사 / 전 한국국방연구원 책임연구위원 / 전 통일연구원장

차례/ Contents

지혜와 능력의 초인

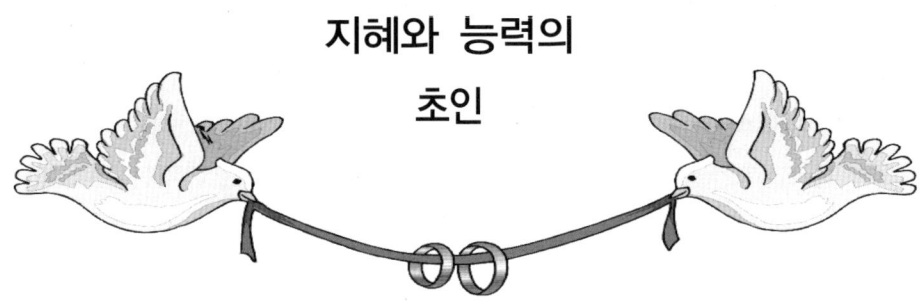

추천의 글 1 / 유승대 목사 ✿ ⋯ ▶ 3
추천의 글 2 / 김태우 박사 ✿ ⋯ ▶ 5
차 례 ✿ ⋯ ▶ 8

서 언 ⋯ ▶ 13

1장 환경에 지배당하지 않고 환경을 지배하기 ⋯ ▶ 16
2장 하나님 말씀 듣기 ⋯ ▶ 28
3장 기도의 능력 ⋯ ▶ 40
4장 하나님의 임재 ⋯ ▶ 63
5장 성령 충만과 그 은사와 열매 ⋯ ▶ 78
6장 지혜의 중요성 ⋯ ▶ 134
7장 생각과 말의 중요성 ⋯ ▶ 143
8장 믿음의 중요성 ⋯ ▶ 156

9장 기독교와 불교 및 타 종교와의 차이 … ▶ 165
10장 영적 세계, 뇌의 가소성 … ▶ 172
11장 고통과 고난 … ▶ 189
12장 기쁨과 감사 … ▶ 203
13장 공의와 종교개혁 … ▶ 217
14장 교육개혁과 인간혁명 … ▶ 229
15장 대한민국에게 주어진 사명과
　　　　남북통일과 공정 경제 … ▶ 255
16장 하나님 나라와 제사장 나라의 건설:
　　　　선교와 구제 … ▶ 272
17장 겸손하라, 강하고 담대하라 … ▶ 286
18장 지혜와 능력의 초인 … ▶ 303

에필로그 … ▶ 332

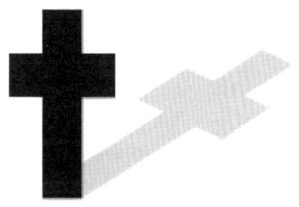

지혜와 능력의 초인

서 언

이 세상의 많은 사람들이 어둠과 절망 속에서 빛을 갈구하고 있으나 제대로 잘 찾지 못하고 있다. 그 빛은 하나님 말씀인 복음과 그 진리에 기초한 믿음의 행동과 하나님 사랑의 실천에서 나올 수 있는데 안타깝게도 내 잘못과 내 죄로 인하여 기독교가 빛과 소금의 역할을 제대로 못하고 있어 그 비추는 빛이 없지 않으나 너무 약해졌다.

하나님께선 믿는 자들에게 진리와 생명력과 건강과 물질을 주시어 이 세상 끝까지 불신자들에게 진리인 복음을 전파하고 가난하고 힘없는 자들에게 하나님의 사랑을 나누어 주고 흘려보내라고 명령하고 계신다.

약 5백 년 전, 독일의 마르틴 루터가 중세 천주교가 타락하여 면죄부를 팔고 복음의 진리를 왜곡하는 것을 방관치 않고 종교개혁을 일으켜 새로이 복음의 횃불을 높이 쳐든 것과 같이, 지금 제2의 종교개혁과 교육개혁이 이 땅에 일어나 빛을, 빛을, 빛을 달라고 간구하는 많은 사람들에게 찬란한 빛을 비추고 참된 복음의 진리를 이들에게 전파하고 생명수를 강물과 같이 흘러보내는 것이 필수적으로 요구되고 있다.

하나님께서는 이 힘없는 민초들, 가난하고 병든 소외된 서민들의 간구를 외면치 않으신다.

애굽에서 노예생활을 하던 이스라엘 백성들이 모세의 영도하에 출애굽하여 젖과 꿀이 흐르는 가나안 땅에 들어갔듯이, 북한의 주민들도 70

년 이상 계속된 사람우상숭배와 압제와 가난과 그 노예생활에서 어서 벗어나 출애굽할 수 있도록 우리가 뜨겁게 기도하고 노력해야 한다. 이 선지자적·예언자적 사명을 누가 감당할 것인가? 당연히 한국교회와 성도들이 감당해야 한다.

현세는 가히 말세라 할 수 있다. 처처에 지진과 화산 폭발과 해일, 홍수와 가뭄, 그리고 기근이 있고, 지구온난화와 엘리뇨 현상, 공기와 물의 오염, 물질에 지배된 사람들 심령의 메마름, 사랑의 메마름과 그칠 줄 모르는 탐욕, 극한으로 치닫는 개인주의, 동성애의 범람과 합법화, 넘치는 음란죄, 범죄의 창궐과 잔혹성, 사스와 메르스, 돼지콜레라, 조류독감 등 괴질의 출현, 이단종교의 창궐, 기독교 복음의 전도 금지와 핍박, 미션학교에서의 성경공부와 예배의 금지, 핵무기와 생화학무기 같은 대량살상 무기의 개발, 다민족국가에서 소수 민족에의 핍박과 집단학살, 브렉시트와 자국이익 우선주의 등등 수많은 말세의 징조를 보이고 있으니, 그때는 모르지만 머지않은 장래에 곧 주님께서 재림하실 것 같다.

이때 땅이 흔들리고 하늘이 무너질 것 같아도 꿈쩍하지 않고 흔들리지 않는 자, 돈이 하나님 자리에 들어서 모두 돈 돈 돈 하지만 부정한 돈은 쳐다보지도 않는 자, 큰 집과 큰 차는 오히려 영성을 추구하는 성도들에게 걸림돌이 되는 것을 알고 초개처럼 여기는 자, 성도덕이 타락하여 성직자들까지 포함한 수많은 사람들이 배우자 이외에 소위 '애인' 있는 것을 자랑하고 부끄럼 없이 공공연히 간음을 하지만 유혹하는 보디발 아내를 뿌리친 요셉처럼 과감히 간음을 척결하는 자, 하나님 주신 양심에, 그리고 하나님 말씀에 어긋나는 행동은 절대 하지 않는 자, 우상숭배와 이단에는 어떤 감언이설에도 넘어가지 않는 자, 오직 하나님만 두려워하는 자, 오직 하나님 안에서 큰 기쁨을 찾는 자, 구원의 확신으로, 그리고 하나님 임재로 항상 감사하고 크게 기뻐하는 자, 어떤 어려운 문제도 하나님께 기도하여 하나님께서 주시는 지혜와 능력과 담대함으로 여리고 성을 무너뜨리듯이 해결하는 자, 하나님 주신 사명 달성에는 나의 목숨까지 아깝게 생각하지 않는 자, 사자 밥이나 화형, 십자가형 등 어떤 핍박과 세상적 유혹에도 넘어가지 않는 자가 초인인데 우리는 이처럼 하나님께서 주시는 지혜와 능력과 사랑과 담대함을 가진 초인이 되어야 한다. 세상 사람들은 과거 모세, 바울, 알렉산더, 카이사르, 칭기즈칸, 나폴레옹, 이순신, 아인슈타인, 석가모니, 마호메트, 공자, 플라톤, 루터, 코페르니쿠스, 콜럼버스, 레오나르도 다빈치, 링컨 등등을 초인으로 간주하지만, 우리가 추구하는 초인으로서 가장 위대한 초인은 예수님으로 우리는 그분의 장성한 분량까지 영적으로 성장해야 한다.

독일의 철학자 니체는 하나님을 부정하고 "신은 죽었다"라고 하며 초인을 주장했지만, 이 책에서의 초인은 하나님과 동행하며 하나님과 떨어지려야 떨어질 수 없는 초인이며, 나의 지혜와 능력이 아니라 하나님께로부터 지혜와 능력을 공급받는 초인이다.

* 이 책에서 인용한 성경 말씀은 때에 따라 가장 적절하다고 보이는 개역개정판, 개역한글판을, 영어 성경은 New International Version, King James Version과 New King James Version을 인용했다.

1장
환경에 지배당하지 않고
환경을 지배하기

"너는 마음을 다하여 여호와를 신뢰하고 네 명철을 의지하지 말라 너는 범사에 그를 인정하라 그리하면 네 길을 지도하시리라 Trust in the Lord with all your heart and lean not on your own understanding: in all your ways acknowledge Him, and He will make your paths straight"(잠 Proverbs 3:5~6).

"이는 힘으로 되지 아니하며 능으로 되지 아니하고 오직 나의 신으로 되느니라 큰 산아 네가 무엇이냐 네가 스룹바벨 앞에서 평지가 되리라 Nor by might, nor by power, but by My Spirit, says the Lord Almighty. What are you, O great mountain? Before Zerubbabel you shall become a plain"(슥 Zechariah 4:6~7).

우리 대부분의 사람들은 자기에게 운명적으로 주어진 삶의 조건과 환경에 지배당하여 살고 있다. 즉 자기의 경제적인 여건, 몸의 건강상태, 주어진 교육 환경과 교육 수준, 주어진 가족관계나 인간관계, 교제 범위 등의 현실적인 환경과 조건을 숙명적으로 생각하고 이런 환경과 조건에 지배당하며 살고 있다. 그러나 진정한 믿음의 사람들은 자기에게 주어진 이 환경과 조건을 활용하고 변화시키고, 모험하고, 도전하고, 지배하면서 새로운 삶을 만들어 나갈 수 있다. 이러한 예는 개인적인 경우뿐 아니라 이 개인들이 모인 조직이나 공동체 또는 나라에서도 볼 수 있는데, 8세기부터 11세기까지 가난하고 궁핍하여 이웃 나라에의 노략질로 삶을 이어가던 덴마크, 노르웨이, 스웨덴, 핀란드 등 바이킹의 후예들에게 기독교 복음이 들어가자 그 가난하고 척박한 환경을 변화시키고 개척하여 지금은 세계에서 가장 부유하고 최고의 복지 수준을 누리는 나라가 되어 있는 예에서도 볼 수 있다. 이는 약 4백 년 전에 영국의 가난한 서민들인 청교도들이 메이플라워호를 타고 오랜 항해 끝에 아메리카 대륙에 정착하여, 가난과 추위·질병·토착 인디언들의 공격 등을 이겨내고 지금은 세계 최강의 선진국인 미국을 만든 예에서도 볼 수 있다.

또한 이는 제2차 세계대전에서 패하여 전쟁의 폐허와 잿더미 속에서 경제발전을 이루어낸 독일과 일본, 그리고 6.25전쟁으로 모든 시설이 잿더미로 변하고 기간산업이 무너진 대한민국이 '한강의 기적'을 이루어 경제발전을 이룬 예에서도 얼마든지 볼 수 있다.

이런 기적적인 삶과 찬란한 역사는 어찌하여 만들어질까?

우선 개인적인 삶의 경우에 있어 어떤 큰 인생의 문제나 과제, 태산 같은 장벽이 앞에 놓여 있을 때에 이를 처리하는 지혜와 능력은 나의 지혜, 나의 능력으로 되지 아니하고 하늘로부터 오는, 즉 하나님께서 주시는 지혜와 능력으로써만 가능하다.

따라서 "이는 힘으로 되지 아니하며 능으로 되지 아니하고 오직 나의 신으로 되느니라 큰 산아 네가 무엇이냐 네가 스룹바벨 앞에서 평지가 되리라"(슥 4:6~7)는 성경말씀으로 표현되어 있나.

우리가 우리 자신의 삶을 하나님께 전적으로 의탁하고 우리의 과제를 그분께 맡기면 하나님은 우리 인생의 모든 문제를 해결해 주시고, 그럴 수 있는 지혜와 능력을 주시고, 우리 인생을 책임져 주신다. 즉 우리가 하나님을 그 무엇보다 더 사랑하고 우리 문제를 하나님께 의탁하고 하나님의 말씀에 순종하면 하나님의 때가 이르러 상전벽해(桑田碧海)란 말처럼 뽕밭이 푸른 바다가 되고 사막에 강이 흐르고 황량한 광야가 젖과 꿀이 흐르는 비옥한 땅이 된다. 즉 높은 산이 들리어 바다에 던져지게 되고 스가랴서 말씀처럼 태산이 평지가 된다.

선진국들의 경제협력개발기구인 OECD 36개국(2018년 7월 기준) 중 31개국이 기독교에 바탕을 둔 나라들이다. 반면에 하나님을 부정하고 자유로운 신앙생활을 금하고 있는 공산국가는 대부분이 경제가 낙후되어 있고, 인권과 여권이 압제당하고 유린되는 문제를 안고 있다.

이들 기독교에 바탕을 둔 국가들은 척박한 광야, 험한 산악지대, 춥고 얼어붙은 동토를 젖과 꿀이 흐르는 비옥한 땅으로 변화시킨 나라들이다.

무엇으로 이들 나라는 그 험난한 환경을 그렇게 복된 환경으로 변화시켰는가? 바로 하나님의 말씀, 즉 '복음으로써'이다.

이 복음은 성경에 글로 기록된 하나님의 말씀뿐 아니라 하나님께서 우리 각자의 심령에 부어 주시고 우리의 귀에 직접 들려주시는 말씀도 포함된다.

즉 성경에 기록된 말씀뿐 아니라 때와 장소에 따라 어떤 사람, 어떤 조직, 어떤 나라가 처해진 상황에 따라 구체적으로 직접 주시는 하나님의 말씀에 이들이 순종한 결과, 가난 대신 풍요가, 질병과 장애 대신 건강과 활력이, 압제와 구속 대신 민주와 자유가, 유린된 인권과 우상숭배 대신 인권과 여권의 회복, 그리고 찬란한 문화의 발전이 있게 되었다.

이것을 가리켜 예수님은 "할 수 있거든이 무슨 말이냐 믿는 자에게는 능치 못할 일이 없느니라"(막 9:23)고 하셨고, 바울 선생은 "내게 능력 주시는 자 안에서 내가 모든 것을 할 수 있느니라"(빌 4:13)라고 말씀하셨다.

여러분이 경제적으로 어렵고 빚을 져 눈앞이 캄캄한가? 운영하는 사업이 망하거나 다니는 회사가 문을 닫을 것 같은가? 발병한 병이 죽음을 초래할 것 같은가? 배우자가 자신을 버리고 떠날 것 같은가? 절망의 구렁텅이에서 도저히 벗어나지 못할 것 같은가? 한강에 뛰어들거나 달리 생을 마감하고 싶은가? 아니다. 그렇지 않다. 살 길이 있다.

가장 심각한 딜레마, 절망적 상태에 대하여도 주님은 해결책을 가지고 계신다. 그 해법, 해결책을 어떻게 얻을 것인가? 그 문제를 주님께 의탁하고 하나님 말씀을 묵상하고 하나님 말씀을 직접 듣기 위해 기도하면 된다.

기도는 그냥 하나님께 무엇을 달라는 기도가 아니라 하나님의 뜻을 묻고, 하나님의 인도하심과 지도하심을 구하고, 무엇이든 순종하는 자세로 하나님께서 말씀해 주시기를 간구하는 기도가 더 중요하다. 즉 청구서 같은 기도가 아니라 하나님과 인격적으로 교제하고 하나님의 뜻을 묻고 하나님과 협의하고 대화하는 기도여야 한다.

우리는 하나님의 사랑에 의해 하나님의 형상으로 지어졌으나 아담의 원죄로 인하여 망가진 존재이다. 즉 아담의 원죄 이전에는 사람은 하나님의 무한하신 지혜와 하나님의 크신 능력을 공유할 수 있었고 죽음을 모르는 초인적 존재였다. 그러나 선악과를 따먹은, 하나님의 주권을 침해한 그 원죄로 인하여 사람은 망가진 존재가 되었고, 그 찬란한 지혜와 능력을 상실했고 또 모든 인간에게 죽음이 들어오게 되었다.

그러나 이 죄악과 죽음과 하나님과의 관계 단절의 문제는 우리 주 그리스도 예수님께서 십자가에서 우리 죄짐을 대신 짊어지신 대속 사건과 그분의 부활하심으로 해결해 주셨다. 즉 우리는 구주 예수님을 믿음으로써 죄 사함을 받고 의롭다 칭하심을 받고, 자녀로서의 귀한 신분과 하나님과의 관계가 회복되었고 죽음의 문제도 해결되었다.

따라서 우리가 하나님의 자녀 된 신분으로 우리 삶의 주권을 하나님께 맡기고 그분의 뜻을 묻고 순종하면서 하나님께 지혜와 능력을 간구하면, 하나님은 기꺼이 즐겁게 우리에게 그분의 지혜와 능력을 부어주신다. 이때 우리 인생의 모든 문제가 해결된다.

그래서 "내게 능력 주시는 자 안에서 내가 모든 것을 할 수 있느니라."는 고백과 기적의 간증과 그분에의 찬양이 우리 입에서 나오게 만드시는 것이다.

사람은 하나님을 사랑하며 교제하며 동행하기 위해 창조되었다. 또 그분의 뜻을 받들어 이 세상에서 실천하며 하나님 나라를 건설하고 더욱 확장하기 위해 지음을 받았다.

그러므로 우리는 하나님과 동행하며 하나님의 임재 가운데 있을 때 가장 큰 행복을 누릴 수 있고 큰 기쁨을 얻을 수 있을 뿐 아니라 그분의 뜻을 실천할 수 있는 지혜와 능력을 얻게 된다. 하나님의 임재 가운데에 하나님의 능력인 은사가 나타난다.

즉, 지혜·지식·믿음·신유·능력(기적)·예언·영 분별·방언·통변의 9가지 성령의 은사가 있는 바, 우리가 하나님과 동행할 때 하나님 나라를 건설하고 확장하는 지혜와 능력을 가지게 된다. 하나님의 지혜와 능력은 인간적인 지혜와 능력에 비교할 수 없고 훨씬 초월한다.

우리가 하나님의 뜻을 파악하고 하나님 나라를 건설하고 확장하기 위해선 하나님의 임재 안에 거해야 하며 그 하나님의 임재 안에 거하기 위해선 먼저 그분이 어떠하신 분인지, 하나님의 성품은 어떠하신 분인지 먼저 알 필요가 있다.

1) 먼저 그분은 '임마누엘 하나님'이시다. 즉 그는 우리와 함께 계시

길 원하시며 우리가 죄 가운데 빠져 있지 않는 한 항상 우리와 함께 계시는 분이시다. 우리 몸을 성전 삼으시고 우리 안에 항상 계시는 분이시다. 우리 하나님께서 우리와 항상 함께 계시기 때문에 우리가 받는 은혜와 축복은 말할 수 없이 넘치고 충만하게 된다.

2) 그분은 '에벤에셀 하나님'이시다. 즉 그는 우리를 보호하시고 인도하시는 하나님이시다. 우리가 세상을 살아갈 때에 낭떠러지에 떨어지지 않도록 인도하시고 보호하신다. 우리가 최선의 결과를 얻도록 최선의 길로 인도하신다.

3) 그분은 '여호와 이레 하나님'이시다. 우리의 모든 필요를 미리 알아 예비하시고 준비하시는 하나님이시다. 이스라엘 백성들이 출애굽하여 광야를 떠돌고 있을 때 만나와 메추라기, 그리고 먹을 물을 미리 준비해 주신 하나님이시다. 그분은 우리의 모든 필요를 아시고 예비하신다. 그러나 이는 우리가 원하는 모든 것을 주신다는 뜻은 아니고 우리에게 가장 유익한 것을 골라 주신다. 그 주시는 항목과 분량은 하나님께서 우리에게 맞게 정하신다.

4) 그분은 '여호와 라파 하나님'이시다. 그분은 우리의 모든 병과 상처, 그리고 장애를 고쳐 주실 수 있는 분이시다. 예수님은 가르침과 전도하시는 사역 이외에 치유의 3대 사역을 행하셨다(Teaching, Preaching, and Healing).

즉 그는 나병 환자와 열병·중풍병지 등 각종 병을 고치셨고 장님과 귀머거리를 보고 듣게 하셨고 앉은뱅이를 일으켜 세우셨으며, 귀신을 쫓아내셨고 죽은 야이로의 딸과 나사로를 살리셨다. 이는 예수님 때만 있었던 것이 아니고 그의 제자들도 같은 사역을 했고 이 치유사역은 지금도 하나님께서 성령 충만한 자들을 통하여 예전과 동일하게 이루시고 계신다.

5) 그분은 '여호와 닛시 하나님'이시다. 그분은 승리의 하나님이시며 세상에 그 무엇도, 그 누구도 그와 상대가 될 수 없다. 그러기에 또한 그분의 자녀 된 우리들이 영적 전투에서 승리하게 하신다. 우리는 간교하고 악한 큰 능력을 가진 사탄을 우리 힘만으로 이길 수 없다. 그러나 우리에게 하나님 자녀 된 권세를 주셨으니 우리가 예수 그리스도의 이름으로 사탄과 악의 세력을 대적하여 넉넉히 이긴다.

"내가 너희에게 뱀과 전갈을 밟으며 원수의 모든 능력을 제어할 권세를 주었으니 너희를 해할 자가 결단코 없으리라"(눅 10:19).

6) 그분은 '여호와 로이 하나님'이시다. 즉 그분은 우리의 목자이시고 우리는 그분이 이끄시는 양이다. 양은 순하고 사자나 호랑이처럼 이빨이 날카롭지 못하고 발톱도 날카롭지 못하다. 눈도 어두워 앞을 잘 보지 못하나 귀는 밝아 목자의 목소리를 잘 듣고 구분한다.

"여호와는 나의 목자시니 내가 부족함이 없으리로다 그가 나를 푸른 초장에 누이시며 쉴 만한 물가로 인도하시는도다 The Lord is my shepherd, I shall not be in want. He makes me lie down in green pastures, He leads me beside quiet waters"(시 Psalms 23:1~2).

"도둑이 오는 것은 도둑질하고 죽이고 멸망시키려는 것뿐이요 내가 온 것은 양으로 생명을 얻게 하고 더 풍성히 얻게 하려는 것이라 The thief comes only to steal and kill and destroy; I have come that they may have life, and have it more abundantly"(요 John 10:10).

7) 그분은 '여호와 샬롬 하나님'이시다. 이 세상은 험한 태풍과 폭풍이 불며 거센 파도가 넘치나 우리가 평강의 하나님께 의지하고 그분의 품안에 있는 한, 우리는 태풍 속에서도 고요와 평안 속에 거할 수 있다. 그분은 태풍에게도 잠잠하라고 명하여 고요히 만드실 수 있다.

"평안을 너희에게 끼치노니 곧 나의 평안을 너희에게 주노라 내가 너희에게 주는 것은 세상이 주는 것과 같지 아니하니라 너희는 마음에 근심하지도 말고 두려워하지도 말라 Peace I leave with you: My peace I give you, I do not give to you as the world gives, Do not let your hearts be troubled and do not be afraid"(요 John 14:27).

8) 그분은 '엘로힘 하나님'이시다. 즉 전지전능하신 하나님이시며 그 무한하신 지혜와 능력으로 온 세상과 우주를 주관하신다. 그 어떤 신도 그분에 필적할 수 없고 그분을 대적할 수도 없으신 무한하신 지혜와 능력의 하나님이시다. 그러나 그분은 우리를 노예처럼 부리시지 않고 그분의 자녀로서 우리의 인격과 의지를 존중해 주시며 그분의 사역에 우리를 동역자로 참여시켜 주신다. 하나님 나라 건설의 동역자로 우리를 쓰시고 계신다.

9) 그분은 '여호와 삼마 하나님'이시다. 그분은 우리의 기도와 간구를 다 듣고 계신다. 우리가 하나님께 드리는 말을 놓치지 않고 다 듣고 계신다. 하나님께서는 그분의 하늘 부고를 여시고 우리의 간구와 기도에 다 응하길 원하신다. 그러나 우리가 게으르고 이기적이고 생각이 좁아 하나님께로부터 내려오는 은혜와 축복을 스스로 제한한다. 이는 우리의 나태함과 죄악과 부족함으로 인해 우리의 받을 그릇이 준비되지 않았을 때, 이런 은혜와 축복이 우리에게 해악과 독이 되지 않기를 그분이 원하시기 때문이다.

10) 그분은 '에루와 하나님'이시다. 즉 그분은 한번 말씀하시고 언약하신 일은 반드시 이루시고 그 약속을 지키시는 분이시다. 아브라함이 노년에 자식을 가질 것이라고 하신 약속, 야곱과 요셉에게 주신 하나님의 언약, 다윗에게 주신 언약, 그리고 엘리야, 엘리사, 다니엘, 이사야 등 구약의 수많은 선지자들과 예언자들, 그리고 우리에게 주신 예언과 언약 모두 일점일획의 틀림없이 지키시고 이루시는 분이시다.

상대의 성품과 됨됨이를 알아야 그와의 대화가 바로 되듯이, 이런 하나님의 성품, 예수님을 통하여 보이신 하나님의 성품, 즉 사랑이 무한하시고 또 죄에 대해선 자기의 아들, 독생자 예수님을 십자가에 내어주실 정도로 무서울 정도로 엄격하신 하나님의 성품을 우리가 잘 알고 하나님과 끊임없이 대화하며 그분의 임재 속에 거해야 한다.

이 하나님과의 꾸준한 대화, 곧 하나님의 임재가 우리에게 거할 때 우리는 환경에 지배당하지 않고 환경을 지배할 수 있는 초인이 된다.

"그러므로 하늘에 계신 너희 아버지의 온전하심과 같이 너희도 온전하라 Be perfect, therefore, as your heavenly Father is perfect" (마 Matthew 5:48).

"우리가 다 하나님의 아들을 믿는 것과 아는 일에 하나가 되어 온전한 사람을 이루어 그리스도의 장성한 분량이 충만한 데까지 이르리니 이는 우리가 이제부터 어린아이가 되지 아니하여 사람의 속임수와 간사한 유혹에 빠져 온갖 교훈의 풍조에 밀려 요동하지 않게 하려 함이라" (엡 4:13~14).

위의 말씀에 나타나듯이, 하나님께서도 우리 영성이 그리스도 예수의 장성한 분량까지 성장하여 이 말세에 초인이 되기를 희망하신다. 지혜와 능력이 장성한 사람, 그리고 사랑이 크고 매우 담대한 자가 초인이다.

 인간은 창조주가 아니며 피조물이다. 그러므로 지혜는 부족하고 능력은 한정되어 있다. 그러나 예수님의 십자가 대속 사건으로 그 이름을 믿는 자는 구원을 얻을 뿐만 아니라 하나님 자녀로서의 신분을 회복시켜 주셨다. 따라서 자식이 아버지께 간구하면 아버지가 사랑하는 자식에게 꼭 필요한 것은 무엇이든 주듯이, 우리가 하나님 말씀을 묵상하고 하나님께서 주시는 말씀 듣기를 사모할 때, 그리고 기도로 하나님께 성령 충만의 은사인 지혜와 능력을 구할 때, 하나님께서 우리 삶의 두 날개인 지혜와 능력을 크게 부어 주신다. 또한 성령 충만의 열매인 사랑과 희락과 화평, 곧 흔들리지 않는 담대함도 부어 주신다.

"그가 모든 지혜와 총명을 우리에게 넘치게 하사 그 뜻의 비밀을 우리에게 알리신 것이요 He lavished on us with all wisdom and understanding. And He made known to us the mystery of His will according to His good pleasure, which He purposed in Christ"(엡 Ephesians 1:8~9).

"내가 너희에게 뱀과 전갈을 밟으며 원수의 모든 능력을 제어할 권능을 주었으니 너희를 해할 자가 결코 없으리라 I have given you authority to trample on snakes and scorpions and overcome the power of the enemy and nothing shall by any means hurt you"(눅 Luke 10:19).

"내게 능력 주시는 자 안에서 내가 모든 것을 할 수 있느니라 I can do everything through Him who gives me strength"(빌 Philippians 4:13).

"할 수 있거든이 무슨 말이냐 믿는 자에게는 능치 못할 일이 없느니라

If you can? All things are possible for him who believes"(막 Mark 9:23).

이처럼 우리는 예수 믿음으로써 하나님께서 그 자녀들에게 주시는 지혜와 능력으로 세상의 환경에 지배당하는 사람이 아니요, 세상 환경을 지배하는 초인이 되어야 한다.

시인 이육사는 그의 시 '광야'에서 초인의 출현을 고대했었다.

광 야

까마득한 날에
하늘이 처음 열리고
어디 닭 우는 소리 들렸으랴.

모든 산맥들이
바다를 연모해 휘달릴 때도
차마 이곳을 범하던 못하였으리라.

끊임없는 광음을
부지런한 계절이 피어선 지고

큰 강물이 비로소 길을 열었다.
지금 눈 내리고
매화 향기 홀로 가득하니
내 여기 가난한 노래의 씨앗을 뿌려라.

다시 천고의 뒤에
백마 타고 오는 초인이 있어
이 광야에서 목 놓아 부르게 하리라.

'다시 천고의 뒤에 백마 타고 오는 초인'은 재림하시는 예수님이실 것이다. 이 말세에 우리는 예수님의 재림을 학수고대(鶴首苦待)하면서 우리 자신이 그분을 온전히 닮고 그분과 교제하며 동행하는 초인, 하나님의 지혜와 능력을 받는 아들과 딸들이 되어야 한다. 그러기 위해선 먼저 하나님 말씀 듣기에 익숙해져야 한다.

2장
하나님 말씀 듣기

"내 양은 내 음성을 들으며 나는 그들을 알며 그들은 나를 따르느니라 My sheep listen to my voice; I know them, and they follow Me"(요 John 10:27).

19 90년 1월 23일 이른 아침, 당시에 내가 다니던 목동의 서울교회(담임목사 김남수)에서 새벽기도를 마치고 회사로 출근하기 위해 아래층의 어두운 상가건물 속을 걷고 있을 때, 처음으로 하나님의 말씀을 육성으로 생생히 들었다.

신기하게도 어둠 속 약 2미터 정도 뒤에서 누가 "소자야."라고 부르는 낮으나 인자한 바리톤 음성을 들었다. 깜짝 놀라 뒤돌아보니 어둠 속에 아무도 없었다. 내가 잘못 들었나 보다고 생각하고 뒤돌아 다시 걸어 나오는데 상가건물의 어둠 속에서 다시 "소자야."라고 부르는 세미하고도 분명한 소리가 있었다. 이제야 나는 "아! 이것이 바로 하나님의 음성이구나!"라고 깨닫고 귀를 기울였다. 그러니 어둠 속에서 다시 말씀하시길 "소자야, 걱정 마라. 내가 다 이루어 주리라. 너는 오직 나에게 간구할지어다."라고 하나님께서 말씀하셨다. 부족한 내가 하나님의 음성을 직접 듣다니! 그것은 나에게 경이였고 큰 기쁨과 감사와 감격, 큰 기쁨과 감사와 감격, 큰 기쁨과 감사와 감격이었다. 어깨춤이 둥실둥실 절로 나왔다. 믿음이 일천한 나로서 하나님의 말씀을 직접 듣게 되다니!

큰 기쁨과 감사와 감격 속에 어두운 건물 속에서 나오니 길옆에 심어진 나무들이 춤을 추고 있었고, 새들은 재재거리며 하나님을 찬양하고 있었고 땅도 음악에 맞추어 울렁거리고 있음이 느껴졌다. 그 당시 나의 기도 제목 중 하나는 회사 부하직원의 진급이었다.

당시 소관 부서의 직원 두 명이 진급 대상이었는데 한 명은 성실한 사람이었으나 그 집안이 매우 가난했고 또 한 사람은 능력이 있으나 좀 외톨이형이었다. 회사에서는 부하직원의 진급에 대하여 심사한 결과, 합격·불합격 여부를 관례로서 진급발표 약 열흘 전에 부서장에게 미리 알려주고 있었는데, 회사에서는 회사 경영상태가 어려우니 두 사람 다 진급시킬 수 없다고 내밀히 내게 통보를 했었다. 이에 나는 그들의 형편이 안타까워 하나님께 그들의 진급을 허락해 주십사고 간절히 기도드리고 있었다. 새벽에 하나님 말씀을 직접 육성으로 들은 그날 오후에 회사의 진급 발표가 있었는데, 회사의 사전 통보와 달리 이 두 사람 모두 진급자 명단에 들어 있었다. 할렐루야! 하나님 말씀에 어찌 착오가 있으랴! 한편 어느 날 병자들을 위해 중보기도를 할 때 불세례를 내게 주시어 몸에 불이 붙은 줄 알고 입고 있던 옷을 벗어던지기도 했다. 이같이 하나님의 말씀은 직접 육성으로 들리기도 하며, 성경 말씀을 통하여 들리기도 하고, 혹은 환상으로, 혹은 꿈으로, 혹은 어떤 상징과 이미지로, 혹은 계속되는 생각으로, 혹은 어떤 사건으로, 혹은 다른 사람들의 말을 통해서 들리기도 한다.

✽ 하나님의 말씀이 잘 안 들리는 이유

'하나님은 수다쟁이시다.'라는 말이 있는데 그분은 항상 우리와 대화 나누기를 먼저 원하신다. 그러나 다음과 같은 상태에 우리가 있을 때 하나님의 말씀을 잘 들을 수 없게 된다.

1) 우리에게 믿음이 없거나 연약할 때
2) 우리가 완악하여 내가 살아 있고 그분과의 대화에 관심이 없을 때
3) 우리가 죄악 속에 있을 때
4) 하나님 말씀을 들어도 순종치 않았을 때
5) 우리가 성경 말씀에 대하여 묵상하지 않을 때
6) 우리가 기도생활을 게을리할 때
7) 우리가 하나님의 임재를 사모치 않을 때
8) 우리가 너무 분주할 때

1) 우리의 믿음이 없거나 연약할 때 하나님 말씀이 들리지 않게 된다.

"믿음은 바라는 것들의 실상이요 보지 못하는 것들의 증거니 선진들이 이로써 증거를 얻었느니라 믿음으로 모든 세계가 하나님의 말씀으로 지어진 줄을 우리가 아나니 보이는 것은 나타난 것으로 말미암아 된 것이 아니니라 Now faith is the substance of things hoped for, the evidence of things not seen. For by it the elders obtained a good report. Through faith we understand that the worlds were framed by the word of God, so that things which are seen were not made of things which do appear"(히 Hebrews 11:1~3).

"믿는 자에게는 능치 못할 일이 없느니라"(막 9:23).

예수님은 인자하신 분이시지만 제자들이 믿음이 없거나 연약할 때 항상 꾸짖으셨다. 기독인의 삶은 믿음이 기본이다.

기독인의 모든 은사, 즉 지혜·지식·믿음·신유·능력(기적)·예언·영 분별·방언·통변은 성령님의 은사로서 성령님께서 주시는 것

이며, 성령님은 우리가 믿음이 없거나 약하면 역사하지 않으시고 하나님 말씀듣기가 힘들어진다.

2) 우리가 완악하여 내가 살아 있고 그분과의 대화에 관심이 없을 때 하나님 음성을 들을 수가 없다. 우리 하나님, 즉 삼위일체 하나님, 성부·성자·성령 하나님은 인격체이시므로 우리 인격도 존중하시고 우리가 그분의 음성을 듣고자 하지 않을 때 억지로 말씀하지 않으신다. 하나님의 뜻과 의견에는 관심이 없고 내 주장, 내 고집, 내 주관이 강할 때 그분의 말씀이 들려올 여지를 남겨두지 않게 된다.

기독인에게는 십자가 정신이 중요한데 이는 자기에게 주어진 시간·물질, 몸의 희생뿐만이 아니라 나의 사사로운 생각, 나의 옛사람, 즉 자아, 나의 삿된 의지까지 죽이는 것을 의미한다. 그러므로 바울 선생처럼 주님의 훌륭한 사도도 "내가 날마다 죽노라"고 하셨다.

3) 우리가 죄악 가운데 있을 때 하나님 말씀이 들리질 않는다. 하나님은 거룩하시고 공의로우신 분이시며 죄악을 엄격히 싫어하신다. 우리가 거짓말·미움·시기·질투·원망·원수 갚음·편 가름과 파당 짓기·사기·횡령·도둑질·음란·우상숭배·불신, 그리고 마약·술과 담배·도박의 중독 등 죄악 가운데 있을 때, 하나님은 외면하시고 물론 말씀하지 않으신다. 그러나 부족하고 약한 우리인지라 이런 죄를 지은 후에 즉시 잘못하였음을 깨달아 철저히 회개하고 그런 삶에서 돌이키면 하나님도 외면치 않으시고 친밀히 말씀하신다.

4) 믿음 생활의 기본은 하나님 말씀에 순종하고 실천하는 것이다. 우리가 하나님 말씀을 순종하고 실천할 때 하나님이 역사하시고 그분의 기사와 이적이 나타난다.

따라서 우리가 하나님 말씀을 들어도 순종치 않으면 그때부터 하나님 말씀이 들리질 않게 된다. "순종이 제사보다 낫고 듣는 것이 숫양의 기름보다 나으니"(삼상 15:22)란 말씀처럼 우리가 그분의 말씀에 순종치 않을 때 인격체이신 하나님은 더 이상 말씀하지 않으신다. 따라서 우리가 어느 순간부터 말씀이 들려오지 않으면 스스로 돌이켜보아 언제 어디서부터 하나님 말씀에 순종하지 않았던가를 찾아내어 바로 회개하고 실천하면 그때부터 다시 하나님 말씀이 들려오게 된다.

5) 우리가 성경 말씀을 읽지 않고 묵상하지 않으면 그분의 음성을 잘 못 알아듣는다.

우리가 하나님과 대화하며 그분의 말씀을 들으려면 앞서 말했듯이 먼저 하나님은 어떠하신 분이신가를 잘 알아야 한다. 그분을 잘 아는 방법이 성경말씀을 읽고 묵상하는 것이다.

성경은 기록된 하나님 말씀이다. 따라서 성경을 통독하고, 정독하고, 암송하며 깊이 묵상함으로써 하나님의 뜻과, 하나님의 성품을 알게 된다. 그래야 하나님과의 대화가 제대로 된다. 우리가 성경말씀을 묵상하고 성경말씀에 젖어 있을 때 들려오는 하나님의 말씀을 더 쉽게 알아듣게 된다. 즉 우리가 영적으로 깨어 있어야 하나님 음성을 잘 듣게 되는데, 그 깨어 있는 방법이 바로 성경 읽기와 묵상과 암송이다.

6) 우리가 기도 생활을 게을리할 때 하나님의 말씀이 들리지 않게 된다.

기도는 하나님께서 우리에게 주신 사명의 달성 방법이고 하나님의 능력이 나타나는 길이며, 또한 사탄과 대적하기 위하여 하나님께서 우리에게 주신 무기이기도 하다. 주님의 제자들이 귀신 들린 자를 치유치 못하고 예수님께 데려왔을 때 예수님께서 "기도 외에 다른 것으로는 이런 유가 나갈 수 없느니라."라고 기도의 중요성을 말씀하셨다. 그러나 이런 중요한 역할보다 더 중요한 것이 기도는 하나님과 대화하는 방법이다. 우리는 기도로 하나님께 말을 건네며 하나님은 다 들으시고 이에 대하여 그분의 생각과 뜻을 말씀하신다.

그리고 기도는 나의 필요 나의 요구 사항에 대한 개인적인 기도보다 교회와 나라와 이웃을 위한 중보기도가 더욱 중요하다. 앞의 기도들을 혼의 기도, 뒤의 기도를 영의 기도라 한다.

7) 하나님의 임재를 사모치 않으면 그분의 말씀이 잘 들리지 않게 된다.

인간이 하나님에게 창조된 목적은 하나님과 사랑의 관계를 맺기 위해서이다. 즉 하나님과 함께 동행하는 것, 곧 하나님의 임재이다.

하나님의 임재는 우리가 하나님을 세상의 그 무엇보다 사랑하며 그분과 항상 동행하며 하나님과 계속적으로 대화하고 그분의 뜻에 따르는 것을 의미한다. 우리는 하나님의 양이며 하나님은 우리의 목자이시다.

"나는 선한 목자라 나는 내 양을 알고 양도 나를 아는 것이"(요 10: 14).

그러므로 우리는 선한 목자이신 하나님께 모든 것을 전적으로 의탁하며 하나님의 말씀을 따르면 우리 인생의 모든 문제가 해결된다.

어떤 교회에서는 하나님의 영이신 성령님을 향하여 "성령님, 인정합니다. 성령님, 사랑합니다. 성령님, 환영합니다. 성령님, 영접합니다. 성령님, 저에게 들어오세요. 성령님, 좌정하세요. 성령님, 말씀해 주세요. 성령님, 순종하겠습니다."라는 고백을 자주 한다.

8) 우리가 너무 분주하면 하나님의 말씀이 들리지 않게 된다.

예수님은 하나님의 말씀을 듣기 위해 이른 새벽 고요한 산에서 하나님께 기도드렸다.

이처럼 우리가 하나님의 말씀을 듣기 위해선 새벽기도 등 일정한 시간을 내어 고요한 가운데 하나님의 말씀듣기를 훈련해야 한다.

심리학에서 마음치료에 유효하다고 인정하는 명상도 고요한 가운데 우리 내면의 소리를 듣는 방법이다. 규칙적으로 우리가 일정한 시간을 내어 고요함 속에서 하나님 말씀듣기를 사모하고 말씀듣기에 집중할 때 그분의 음성이 들려온다.

✱ 하나님 말씀을 듣기 위한 방법

따라서 우리가 그분의 말씀을 제대로 잘 알아들으려면 위의 모든 장애요인을 제거하면 된다. 그것을 정리한 다음 8가지를 실천하면 더욱 하나님 음성을 잘 듣게 된다.

1) 주님에 대한 확실한 믿음을 가지기
2) 내 자아가 죽고 옛사람을 십자가에 못 박기
3) 죄악을 멀리하고 성결, 거룩함을 실천하기
4) 하나님 말씀에 순종하기
5) 영적으로 깨어 있도록 성경 말씀을 자주 읽고 묵상하고 암송하기
6) 기도 생활을 게을리하지 않기
7) 하나님 임재를 사모하기
8) 일정 시간을 내어 혼자서 고요히 말씀듣기

✸ 하나님은 왜 우리에게 말씀하시는가?

하나님은 다음의 이유로 우리에게 말씀하신다.
1) 우리와 교제하시기 위하여 말씀하신다.
2) 우리에게 확신을 주시기 위하여 말씀하신다.
3) 우리가 하나님의 자녀 된 신분을 깨닫고 주님의 형상을 닮도록 말씀하신다.
4) 우리에게 지혜를 주시기 위해 말씀하신다.
5) 우리에게 능력을 주시기 위해 말씀하신다.
6) 하나님 나라를 건설하는데 우리를 동참시키기 위해 말씀하신다.
7) 우리를 축복하시기 위해 말씀하신다.

1) 사람이 하나님의 형상대로 창조된 목적이 하나님과 동행하고 교제하기 위해 만드셨다.

하나님께서 사람을 만드실 때 아담과 하와를 함께 만드시지 않고 아담을 먼저 만드시고 다음에 하와를 만드셨는데 그 이유는 처음 창조된 아담이 먼저 하나님과 교제하시기 위한 것이었다. 아담과 하와와의 교제, 즉 사람과의 교제 이전에 하나님과의 교제가 먼저 되어야 하고 이 하나님 임재가 우리 인생의 삶에서 가장 중요한 것이다.

하나님은 우리를 사랑하시고 우리와의 교제를 원하신다. 그러므로 하나님께서 우리에게 먼저 말씀을 하시는 것이다.

2) 우리에게 확신을 주시기 위해 말씀하신다.

우리는 세상을 살아갈 때 이 길이 맞는지 저 길이 맞는지 잘 모르고 한 치 앞도 모를 때가 많고 장래 일이 어찌 전개될지 거의 모른다. 우리 믿음이 연약하여 갈대처럼 흔들릴 때도 있는데 이때 하나님은 나를 믿으라며 확신을 주시기 위하여 말씀하신다.

특히 우리가 위험이나 위기에 처해 있거나 중요한 기로에 처해 있을 때, 염려·근심, 혹은 두려움을 가질 때가 있는데 하나님께서 항상 우리를 돕고 계심을 확신시켜 주시어 우리가 담대히 나갈 수 있게 해주신다. 즉 하나님께서 나의 방패·보호자 되시고 나의 공급자이시며 나의 주인, 나의 왕이심을 확신시켜 주시기 위해 말씀하신다.

3) 우리가 하나님의 귀한 자녀임을 확증시키고 또한 예수님의 장성한 분량까지 영적으로 성장하도록 훈육하기 위해 말씀하신다.

아버지는 자식을 내버려 두지 않고 말씀으로 가르친다. 먼저 "너는 내 귀한 자식이야. 너는 내 사랑하는 아들이야, 내 딸이야, 내 자식이야. 너를 위해 내가 할 수 있는 것은 다 해 줄 거야."라며 어버이와 자식 간의 관계를 확신 시켜주며 또한 자식이 바르게 힘차게 살도록 훈육시킨다. 이처럼 하나님은 우리가 하나님의 귀한 자녀임을 확인시키고 또한 우리가 영적으로 올바르게 성장하도록, 잘못된 길을 가지 않도록 훈육하시기 위해 말씀하신다. 하나님은 사랑과 공의의 하나님이시다. 우리를 너무나 사랑하시지만 또한 잘못된 길이나 죄악의 길을 걸으면 경고나 꾸짖으심으로써 우리가 바르게 살게 하신다.

> "생각하건대 현재의 고난은 장차 우리에게 나타날 영광과 비교할 수 없도다 피조물이 고대하는 바는 하나님의 아들들이 나타나는 것이니 피조물이 허무한데 굴복하는 것은 자기 뜻이 아니요 오직 굴복하게 하시는 이로 말미암음이라 그 바라는 것은 피조물도 썩어짐의 종노릇한 데서 해방되어 하나님의 자녀들의 영광의 자유에 이르는 것이니라" (롬 8:18~21).

이처럼 모든 피조물들이 하나님의 아들들이 나타나는 것을 고대하는데 하나님은 우리가 예수 그리스도를 믿음으로 하나님의 자녀 되었음을 확증하시고, 또 그리스도의 장성한 분량까지 성장하도록 훈육하시며 그러기 위해 말씀하신다.

4) 우리에게 지혜를 주시기 위해 말씀하신다.

우리는 부족하고 어리석을 때가 많다.

우리는 창조주가 아니고 피조물이며 우리는 목자가 아니고 양이다. 양은 눈이 어둡고 이빨과 발톱이 날카롭지 못하고 동작도 육식동물에 비하여 늦고 둔하다. 우리는 내일 일도 잘 알지 못한다. 그래서 사람에게 가장 필요한 것 중의 하나가 지혜인데 그 지혜를 주시어 우리가 일을 바르게 처리하고, 문제를 해결하고, 위험을 회피하고, 하나님의 뜻을 헤아려 사명을 감당하도록 지혜를 주신다.

"지혜를 얻는 자와 명철을 얻는 자는 복이 있나니 이는 지혜를 얻는 것이 은을 얻는 것보다 낫고 그 이익이 정금보다 나음이니라 지혜는 진주보다 귀하니 네가 사모하는 모든 것으로도 이에 비교할 수 없도다 그의 오른손에는 장수가 있고 그의 왼손에는 부귀가 있나니 그 길은 즐거운 길이요 그 지름길은 다 평강이니라 Blessed is the man who finds wisdom, the man who gains understanding, for she is more profitable than silver and yields better returns than gold. She is more precious than pearls: nothing you desire can compare with her. Long life is in her right hand: in her left hand are riches and honor. Her ways are pleasant ways, and all her paths are peace"(잠 Proverbs 3:13~17).

5) 우리에게 능력을 주시기 위하여 말씀하신다.

　죄 짓기 이전의 아담은 하나님께로부터 큰 지혜와 능력을 받았으나 하나님의 주권을 침범한 선악과 사건 이후 그 죄의 대가로 지혜와 능력을 상실하였다. 그러나 우리가 하나님의 독생자 예수 그리스도를 믿음으로 하나님 자녀의 신분을 회복한 이후에는 우리가 하나님께 드리는 기도와 이에 대한 하나님의 응답, 하나님의 말씀으로 그 원래의 능력을 회복시켜 주신다. 즉 성령님께서 주시는 지식·믿음·신유·기적·예언·영 분별·방언·통변의 은사와, 사랑·희락·화평·오래 참음·자비·양선·충성·온유·절제, 이 9 가지 성령의 열매와 우리의 일용할 양식과 여러 가지 필요한 것을 얻고, 일을 감당할 능력을 주시기 위해 말씀하신다.

　"네 하나님 여호와를 기억하라 그가 네게 재물 얻을 능력을 주셨음이라 You shall remember the Lord your God for it is He that gives you power to get wealth"(신 Deuteronomy 8:18).

　우리의 일이 성공하고 재물을 얻는 것도 하나님께서 그런 능력을 주셨기 때문임을 망각하지 말아야 하고 항상 겸손해야 한다.

6) 하나님 나라 건설에 동참시키기 위하여 말씀하신다.

　하나님은 혼자서 일하시기보다는 우리와 함께 일하시길 원하신다. 예수님이 공생애를 시작하실 때 제일 먼저 말씀하신 것이 "회개하라. 천국 즉 하나님 나라가 가까웠느니라"(마 3:2, 4:17)였다. 즉 하나님의 우선적인 목표가 하나님 나라 건설이며 우리가 이에 동참하기를 원하시고 권유하시고, 동기를 부여하시고 재촉하기 위하여 말씀하신다. 하나님 나라는 그 백성들이 모두 하나님을 믿고, 하나님의 말씀이 지배하는 나라이다.

하나님께서는 그분의 나라의 건설을 혼자서 진행하기보다는 우리를 이 하나님 나라의 '공동 건설자'로 부르셨다. 즉 이 하나님 나라 건설을 위하여 우리가 할 일은 복음 전도와 선교로써 하나님 주권을 이 세상 끝까지 넓히는 것이다. 이 일을 위하여 하나님은 그때그때 말씀하시고 지시하시고 지도하신다.

7) 우리를 축복하기 위하여 말씀하신다.

하나님은 온 우주와 천지만물을 말씀으로 지으셨다. 이같이 우리에게 축복을 주실 때도 말씀으로 주신다. 아브라함과 이삭과 야곱이 그 자식들에게 머리에 손을 얹고 말씀으로 축복하였듯이 하나님은 우리에게 축복하기 위하여 말씀하신다. 하나님은 우리와 사랑의 긴밀한 관계를 가지고 축복하기를 원하신다. 그러므로 먼저 말씀과 율법을 주시고 그 말씀을 지키는 자를 축복하시는 것이다.

"너희는 먼저 그의 나라와 그의 의를 구하라 그리하면 이 모든 것을 너희에게 더 하시리라 Seek first His kingdom and His righteousness, and these things will be given to you as well"(마 Matthew 6:33).

"너는 너의 하나님 여호와의 명한 대로 네 부모를 공경하라 그리하면 너의 하나님 여호와가 네게 준 땅에서 네가 생명이 길고 복을 누리리라"(신 5:16).

이처럼 하나님은 "…을 준행하라, 그리하면 네가 축복을 받으리라"는 공식과 같이 먼저 말씀과 율법을 주시고 그 말씀을 지키는 자를 축복하시는 것이다.

3장
기도의 능력

기도에는 여러 종류가 있다. 새벽 미명에 드리는 새벽기도, 금식을 하면서 드리는 금식기도, 조용한 산에 올라가 드리는 산기도, 특별한 제목을 가지고 특정한 기간 동안 드리는 특별기도, 병 치료를 위한 신유기도, 귀신을 쫓아내는 축사기도, 금요일 저녁부터 드리는 심야기도 혹은 철야기도, 이웃과 타인을 위한 중보기도, 자기의 필요를 위하여 드리는 혼적인 기도, 교회와 나라와 이웃을 위한 영적인 기도 등등이 있다.

'여호와 삼마 하나님'께서 이러한 기도를 다 듣고 계시나 하나님은 특히 교회와 나라와 타인과 이웃을 위한 중보기도, 즉 영적인 기도에 잘 응답하시고, 또한 특심히 믿음을 갖고 뜨겁게 깊이 꾸준히 간구하는 기도를 잘 들으신다.

❋ 우리는 왜 기도해야 하는가?

우리가 기도해야 하는 이유는
1) 하나님은 우리와 대화하길 원하시므로
2) 하나님으로부터 지혜를 받기 위하여
3) 하나님으로부터 능력을 받기 위하여
4) 사탄과 그 어둠의 세력을 담대히 물리치기 위하여

5) 영적으로 깨어 하나님 뜻을 실천하기 위하여
6) 우리의 필요를 하나님께 아뢰어 응답받기 위하여
7) 성령 충만 받기 위하여 반드시 기도해야 한다.

1) 하나님은 우리와 대화하기를 원하신다.

우리는 예수 그리스도를 믿음으로 하나님의 자녀로서의 신분이 회복되었다. 그러므로 하나님은 우리와 대화를 나누기 원하시는데 우리가 하나님과 대화하는 방법이 기도이다. 하나님은 우리에게 하시고 싶은 말씀을 하시며 또한 우리는 작은 일에서부터 큰일까지 모두 그분에게 묻고 그분의 뜻을 알아 이에 순종, 실천하며 하나님과 끊임없이 동행하는 방법이 기도이다. 이것이 하나님의 임재를 구하는 방법이며, 또한 "쉬지 말고 기도하라"는 말씀의 뜻이다.

이처럼 하나님과 대화하는 기도를 통하여 하나님의 뜻과 계획을 알게 된다.

"너는 내게 부르짖으라 내가 네게 응답하겠고 네가 알지 못하는 크고 비밀한 일을 네게 보이리라 Call to me, and I will answer you, and show you great and mighty things, which you do not know"(렘 Jeremiah 33:3).

하나님은 우리와 대화를 원하시기 때문에 우리가 그분과의 대화에 큰 관심을 갖고 귀를 기울이면 하나님께서는 모든 영적인 보고를 여시고 만찬을 준비하시어 우리를 행복하게 하시고 큰 기쁨과 평강을 주시고 큰 영적인 열매를 맺게 하신다.

세상 무엇보다 우리는 하나님을 먼저 사랑해야 한다. 서로 연애를 시작한 연인들은 같이 있으며 대화를 나누는 것이 얼마나 기쁘고 즐겁고 행복한 일인가? 어머니가 어린 자식을 품에 안고 서로 주고받는 대화가 얼마나 달콤한가?

그러나 많은 사람들이 이 하나님과의 대화가 가장 귀하고 가장 즐겁고 가장 감사할 일임을 모르는 경우가 대부분이다. 이 세상에서, 아니 온 우주에서 가장 아름다우신 분과 대화하는 것이 기도의 첫째 목적이다.

2) 우리는 기도를 통하여 하나님의 지혜를 얻게 된다.

"누구든지 지혜가 부족하거든 모든 사람에게 후히 주시고 꾸짖지 아니하시는 하나님께 구하라 그리하면 주시리라 If any of you lacks wisdom, he should ask God, who gives generously to all without reproaching, and it will be given to him"(약 James 1:5).

하나님은 천지를 창조하시고 마지막에 사람을 창조하시어 천지 만물을 다스리게 하셨으나 우리는 부족하고 미흡한 존재라 지혜가 부족할 때가 많다.

우리가 어떤 지경에 처하여 대처할 방법을 알지 못하고 어찌해야 할지 몰라 당혹할 때, 하나님께 기도로 어찌해야 할지 지혜를 구하면, 야고보서 말씀처럼 하나님께서 정확하고 강력한 지혜를 주신다. 그리하여 하나님이 주시는 이 지혜가 어둠 속에서 빛이 되고 길이 된다.

지금 현세는 독창성을 강조한다. 새롭고 참신한 아이디어, 새로운 기술, 새로운 방법을 요구하는데 이 독창적인 지혜의 산실이 기도이다.

또한 우리가 기도할 때 하나님은 이 광야 같은 세상에서 우리와 함께 하시며, 우리를 인도하시고 보호하시고 예비하시고 승리케 하신다.

나는 1990년대 초 A그룹 회사에 근무할 때 러시아 수출을 위한 모스크바 전시회에 현지법인이 있는 H그룹 회사와 연합하여 출품을 했고 상담을 위하여 모스크바에 출장을 갔다. 그 당시 러시아는 시장 및 경제 자유화가 시작된 지 얼마 되지 않은 때라 외환도 부족했고 현지에 진출한 맥도날드 햄버거 가게에는 햄버거 하나 사기 위해 러시아 사람들이 영하 41도인데도 장사진을 치고 기다리는 장면이 자주 보였다. 러시아에서 회사 일을 마치고 귀국길에 올랐는데 공항의 출국 세관 심사대에서 문제가 생겼다. 즉 러시아 입국 시 수중에 약 4천 달러의 현금이 있었는데 다른 유럽국가의 사정과 같이 생각하고 이 소유한 달러를 신고하지 않고 입국했는데 출국 시 세관 카운터의 러시아 공무원이 내 지갑의 사용하고 남은 약 3천 달러를 보고 외환신고서를 보여 달라고 했다. 내가 규정을 몰라 외환신고서를 작성치 않았다고 했더니 그는 내가 소지하고 있는 달러 현금을 몰수하겠다고 했다. 위급 사태가 발생하여 당혹스러웠으나 바로 마음속으로 하나님께 기도드렸다 "하나님, 제가 어찌 할까요?"라고 기도드렸더니 바로 하나님께서 "연합하여 작성한 H그룹 회사의 명함을 보여 주어라."고 응답하셨다. 그 말씀대로 H그룹 회사의 명함을 보여 주었더니 그 세관원이 "오우, H그룹! 내가 잘 알지요."라며 그냥 통과하라고 했다. 즉 그 당시 H그룹이 외환이 부족한 러시아에 다른 기업들보다 우선적으로 몇억 달러를 투자했기에 러시아는 이 H그룹에 감사했고, 현지 언론에도 H그룹이 몇 번 기사화된 적이 있었기 때문이었다. 이처럼 하나님께서 주시는 지혜는 매우 정확하고 위력이 있다.

3) 우리가 기도할 때 능력을 주신다.

하나님께서 우리를 창조하셨고 만물의 영장으로 만드셨으나 우리는 능력이 부족하고 약하고 미흡한 존재이다.

그러므로 우리가 하나님의 뜻에 따라 예수님의 이름으로 기도드릴 때 하나님은 우리의 부족한 능력을 채워 주신다. 그러므로 바울 선생은 "내게 능력주시는 자 안에서 내가 모든 것을 할 수 있느니라."고 하셨다. 바울도 베드로도 박해를 받고 옥에 갇혔을 때 하나님께 찬양드리고 기도했더니 천사가 와서 옥문을 열었고 이 일을 통하여 복음이 더욱 널리 전파되었다. 우리는 혼자가 아니고 기도하면 천군 천사가 돕는다. 엘리사가 기도했더니 불말과 불병거가 산에 가득하였다(왕하 6:17).

신유·기적·예언·영 분별·방언·통변 등의 능력도 기도로 얻는다.

내가 2011년 여름 카메룬에 단기선교를 가서 만난 마마지 앙드레 목사님은 기도로 죽은 소녀도 살리셨다. 그분의 교회에 출석하던 한 성도의 딸이 열병으로 사망하였다. 그 딸의 사망 후 사흘째 되던 날, 일행들이 매장을 하기 위해 장지로 가던 중 약속도 없이 앙드레 목사님의 교회에 갑자기 들러 목사님의 기도를 요청했다. 갑자기 기도하게 되신 이 목사님이 하나님께 기도로 여쭈었다. "하나님, 제가 어찌해야 할까요?"라고. 하나님께서 바로 응답을 주셨는데 "앙드레 목사, 나사로가 죽었을 때 예수님이 어찌 그를 살리셨지?"라고 하셨다. 앙드레 목사님이 대답했다. "예수님이 나사로에게 일어나라고 명령하셨지요."라고. 하나님께서 다시 말씀하시길 "너도 그렇게 하라."고 하셨다.

이에 앙드레 목사님이 하나님 말씀대로 죽은 지 사흘 되어 냄새나는 소녀의 시체에게, "예수 그리스도 이름으로 명하노니 OOO야, 일어나라!"고 명령을 했다. 그러자 기적이 일어났는데 그 죽은 지 사흘 된 소녀가 발가락을 꼼지락 미세하게 움직이기 시작하더니 조금 후에는 숨을 쉬기 시작했고 곧 관에서 일어났다. 할렐루야! 앙드레 목사님은 이 기적 이외에 신유기도의 능력이 크신 분으로서 그 이유를 알아보았더니 매일 밤 9시부터 새벽 2시까지 빠뜨리지 않고 기도드리며, 또 매주 목, 금, 토요일, 3일은 저녁식사를 금식하며 기도에 매진하는 분이셨다. 이처럼 큰 능력을 우리가 기도할 때 하나님께서 주신다.

4) 담대함으로 사탄과 그 어둠의 세력을 물리치기 위해 기도하게 하신다.

사탄과 음부의 세력은 매우 강하고 우리 힘으로는 이길 수 없다.

그러나 하나님께서는 우리에게 사탄을 대적할 수 있는 강력한 무기를 주셨는데 바로 예수님 이름으로 드리는 기도이다. 예수님의 제자들이 귀신 들린 자에게서 그 귀신을 쫓아내지 못하고 그를 예수님에게로 데려왔을 때, 주님은 그들의 믿음 약함을 꾸짖으시고 "기도 외에 다른 것으로는 이런 종류가 나갈 수 없느니라 This kind can come out only by prayer"(막 Mark 9:29)고 하셨다.

이처럼 하나님은 우리가 세상을 살아가는 동안 필요한 여러 무기를 주셨는데 그중에 가장 강력한 무기로 기도를 주셨다.

"마귀의 간계를 능히 대적하기 위하여 하나님의 전신 갑주를 입으라 우리의 씨름은 혈과 육을 상대하는 것이 아니요 통치자들과 권세들과 이 어둠의 세상 주관자들과 하늘에 있는 악의 영들을 상대함이라 그러므로 하나님의 전신갑주를 취하라 이는 악한 날에 너희가 능히 대적하고 모든 일을 행한 후에 서기 위함이라 그런즉 서서 진리로 너희 허리띠를 띠고 의의 호심경을 붙이고 평안의 복음이 준비한 것으로 신을 신고 모든 것 위에 믿음의 방패를 가지고 이로써 능히 악한 자의 모든 불화살을 소멸하고 구원의 투구와 성령의 검 곧 하나님의 말씀을 가지라 모든 기도와 간구를 하되 항상 성령 안에서 기도하고 이를 위하여 깨어 구하기를 항상 힘쓰며 여러 성도를 위하여 구하라"(엡 6:11~

18).

5) 영적으로 깨어 하나님의 뜻과 사명을 실천하기 위해 기도가 필요하다.

우리가 말씀 묵상을 게을리하거나 특히 기도생활을 게을리할 때 영적으로 잠들게 된다.

우리가 기도생활을 게을리할 때 영적으로 깨어 있지 못하며 결과적으로 하나님의 뜻을 잘 모르게 된다. 이 경우, 영적으로 둔감하게 되므로 하는 일에 실수나 무리가 따르고 문제가 생기면 해결하는 방법도 모르고 하나님의 뜻을 모르니 허송세월하게 된다. 태만한 기도생활은 오히려 물적·시간적·육신적 손실을 부른다. 즉 술 취한 사람이 운전하는 음주운전과 같게 된다.

우리 인생은 하나님의 영광을 위하여, 하나님 나라 확장을 위하여 살아야 하는데 각자에게 주신 사명은 각자의 처한 사정에 따라 모두 같을 수 없다. 그 개개인에게 하나님께서 주시는 고유한 사명은 각자의 기도로써 받을 수 있다.

즉, 하나님께서 우리 각자에게 사명의 청사진을 주시고 그것을 실천하는 방법도 알려 주시고, 그것을 실천할 원동력을 주시고, 그 열매를 맺게 하시는데 이 모든 것이 기도를 통하여 이루어진다. 사람으로서 가장 위대한 사명은 예수님께서 달성하셨다. 즉 십자가에서 우리의 죄짐을 지시는 대속의 사명을 달성하시는데 이 일이 너무나 크고, 고통스럽고, 무거운 사명이었으므로 주님은 겟세마네 동산에서 성부 하나님 아버지께 땀이 피가 되도록 기도하심으로 달성하셨다.

우리가 하나님의 사명을 달성하는 데 있어선 지적 능력, 물적 능력 등 혼적인 능력과 건강 등 육신적 능력도 있어야 하지만 그보다 먼저 영적인 능력이 있어야 한다. 모세가 하나님 주신 사명을 달성하기 위해 광야에서 40년 훈련을 받았듯이, 요셉이 보디발의 집에서 종살이하고 감옥에 갇혔듯이, 영적 훈련을 통한 영적 능력이 필요한데 이 영적인 능력을 키우는 기본요소가 기도생활이다.

6) 우리의 필요를 하나님께 아뢰어 응답받기 위해 기도가 필요하다

하나님은 우리의 필요를 아신다. 필요한 물질을 공급하시고 필요한 사람을, 필요한 환경과 조건을 준비시키신다. 이 필요를 하나님께서 예비하시고 바로 공급하시고 직접 보내시는 경우도 있지만 우리의 기도를 기다리시며 우리가 기도할 때 후히 응답하신다.

하나님께서 우리의 필요를 채우시고 우리의 요청에 응답하시겠다는 말씀은 성경 곳곳에 나타난다.

"너희가 내 안에 거하고 내말이 너희 안에 거하면 무엇이든지 원하는 대로 구하라 그리하면 이루리라 If you abide in Me, and My words abide in you, ask whatever you want, and it shall be done unto you"(요 John 15:7).

"구하라 그러면 너희에게 주실 것이요 찾으라 그러면 찾을 것이요 두드리라 그러면 너희에게 열릴 것이니 Ask and it will be given to you: seek and you will find: knock and it will be opened unto you"(마 Matthew 7:7).

"자기 아들을 아끼지 아니하시고 우리 모든 사람을 위하여 내어주신 이가 어찌 그 아들과 함께 모든 것을 우리에게 은사로 주지 아니하시겠느뇨 He who did not spare His own Son, but gave Him up for us all. How will he not also, along with Him, graciously give us all things?"(롬 Romans 8:32).

"우리 주 예수 그리스도의 은혜를 너희가 알거니와 부요하신 자로서 너희를 위하여 가난하게 되심은 그의 가난함을 인하여 너희로 부요하게 하려 하심이니라 For you know the grace of our Lord Jesus Christ, that though He was rich, yet for your sakes He became poor, so that by His poverty you might become rich"(고후 2 Corinthians 8:9).

"하나님이 능히 모든 은혜를 너희에게 넘치게 하시나니 이는 너희로 모든 일에 항상 모든 것이 넉넉하여 모든 착한 일을 넘치게 하게 하려 하심이니라 God is able to make all grace abound toward you: that you, always having all sufficiency in all things, may abound to every good work"(고후 2 Corithians 9:8).

"여호와는 나의 목자시니 나에게 부족함이 없으리로다 The Lord is my shepherd: I shall not want"(시 Psalms 23:1).

"네 하나님 여호와를 기억하라 그가 네게 재물 얻을 능을 주셨음이라"(신 8:18).

하나님은 이처럼 우리와 함께하시며, 우리의 기도에 응답하시어 인도하시고, 보호하시고, 필요를 공급해주시고, 병을 치료해 주시고, 영적 전투에서 승리케 해주시고 평안과 기쁨과 감사함을 주신다. 하나님은 독생자 예수 그리스도까지 우리를 위해 내어 놓으신 분이시다.

그러므로 하나님의 자녀 된 우리에게 무엇이든 후히 주시려고 하신다. 그러나 우리의 기도를 기뻐하시므로 우리가 기도할 때 후히 풍성하게 부어주신다.

7) 성령 충만 받기 위해 기도가 필요하다.

예수님께서 이 땅에서의 가장 위대하신 사명을 감당하신 후 승천하셨는데, 주님은 우리와 항상 함께 거하시기 위하여 그분의 영이신 성령님을 보내 주신다고 약속하셨다.

예수님의 제자들이 오순절날 다 같이 모여 전혀 기도에 힘쓰니 성령님께서 불의 혀같이 임하시고 모두 성령 충만을 받았다.

우리가 예수님을 구세주라 믿고 예수님을 영접하는 것은 성령의 감화로써 이루어지는 것이며, 성령 충만은 이에서 더 나아간 상태이고 우리가 기도로써 간구할 때 성령 충만을 얻을 수 있다.

성령님은 우리의 연약함을 담당하신다. 이 성령 충만함을 받을 때 나약한 사람이 강하고 담대해지며, 놀라운 지혜를 가지게 되고, 장래 일을 예언하고, 병 고치며 귀신을 쫓아내는 은사를 받게 되고, 하나님의 영광과 하나님 나라 건설을 위하여 목숨까지 아깝지 않게 내놓게 되고, 죄악에서 멀어진 삶을 살게 된다. 지금은 말세인데 우리가 성령 충만하지 않으면 추후 나타날 적그리스도에게 항복하고 배교하게 되나, 우리가 성령 충만하면 이 암흑기에 넉넉히 믿음을 지키고 승리하게 된다. 성령님과 성령 충만에 대한 대표적인 성경 말씀은 다음과 같다.

"내가 떠나가는 것이 너희에게 유익이라 내가 떠나가지 아니하면 보혜사가 너희에게로 오시지 아니할 것이요 가면 내가 그를 너희에게로 보내리니 그가 와서 죄에 대하여, 의에 대하여, 심판에 대하여 세상을 책망하시리라"(요 16:7~8).

"볼지어다 내가 내 아버지의 약속하신 것을 너희에게 보내리니 너희는 위로부터 능력이 입히울 때까지 이 성에 유하라 하시니라"(눅 24:49).

"가로되 너희가 믿을 때에 성령을 받았느냐 가로되 아니라 우리는 성령이 있음도 듣지 못하였노라"(행 19:2).

"내가 아버지께 구하겠으니 그가 또 다른 보혜사를 너희에게 주사 영원토록 너희와 함께 있게 하시리니 저는 진리의 영이라 세상은 능히 저를 받지 못하나니 이는 저를 보지도 못하고 알지도 못함이라 그러나 너희는 저를 아나니 저는 너희와 함께 거하실 것이요 또 너희 속에 계시겠음이라"(요 14:16~17).

"진리의 성령이 오시면 그가 너희를 모든 진리 가운데로 인도하시리니 그가 자의로 말하지 않고 오직 듣는 것을 말하시며 장래 일을 너희에게 알리시리라 그가 내 영광을 나타내리니 내 것을 가지고 너희에게 알리겠음이니라 무릇 아버지께 있는 것은 다 내 것이라 그러므로 내가 말하기를 그가 내 것을 가지고 너희에게 알리리라 하였노라"(요 16:13~15).

"보혜사 곧 아버지께서 내 이름으로 보내실 성령 그가 너희에게 모든 것을 가르치시고 내가 너희에게 말한 모든 것을 생각나게 하시리라 The Counselor, the Holy Spirit, whom the Father will send in My name, will teach you all things and will remind you of everything I have said to you"(요 John 14:26).

"오직 성령이 너희에게 임하시면 너희가 권능을 받고 예루살렘과 온 유대와 사마리아와 땅 끝까지 이르러 내 증인이 되리라 하시니라 You shall receive power when the Holy Sprit comes on you, and you will be My witnesses in Jerusalem, and in all Judea and Samaria, and to the ends of the earth"(행 Acts 1:8).

"홀연히 하늘로부터 급하고 강한 바람 같은 소리가 있어 저희 앉은 온 집에 가득하며 불의 혀같이 갈라지는 것이 저희에게 보여 각 사람 위에 임하여 있더니 저희가 다 성령의 충만함을 받고 성령이 말하게 하심을 따라 다른 방언으로 말하기를 시작하니라"(행 2:2~4).

"하나님이 가라사대 말세에 내가 내 영으로 모든 육체에게 부어 주리니 너희의 자녀들은 예언할 것이요 너희의 젊은이들은 환상을 보고 너희의 늙은이들은 꿈을 꾸리라 그때에 내가 내 영으로 내 남종과 여종들에게 부어 주리니 저희가 예언할 것이요 또 내가 위로 하늘에서는 기사와 아래로 땅에서는 징조를 베풀리니 곧 피와 불과 연기로다 It shall come to pass in the last days, said God, I will pour out of My Spirit upon all flesh, and your sons and your daughters shall prophesy, and your old men shall dream dreams; and on My servants and on My handmaidens, I will pour out in those days of My Spirit: and they shall prophesy. I will show wonders in the heaven above and signs on the earth below, blood and fire and billow of smoke"(행 2:17~19).

"각 사람에게 성령의 나타남을 주심은 유익하게 하려 하심이라 어떤 이에게는 성령으로 말미암아 지혜의 말씀을, 어떤 이에게는 같은 성령을 따라 지식의 말씀을, 다른 이에게는 같은 성령으로 믿음을, 어떤 이에게는 한 성령으로 병 고치는 은사를, 어떤 이에게는 능력 행함을, 어떤 이에게는 예언함을, 어떤 이에게는 영들 분별함을, 다른 이에게는 각종 방언 말함을, 어떤 이에게는 방언들 통역함을 주시나니 이 모든 일은 같은 한 성령이 행하사 그 뜻대로 각 사람에게 나눠주시느니라 The manifestation of the Spirit is given to every man to profit all. For to one is given by the Spirit the word of wisdom: to another the word of knowledge by the same Spirit: To another faith by the same Spirit: to another the gifts of healing by the same Spirit: To another the working of miracles: to another prophesy: to another discerning of spirits: to another different kinds of tongues: to another the interpretation of tongues: But all these are the work of one and the same Spirit, and He gives them to each one, just as He determines"(고전 12:7~11).

"이와 같이 성령도 우리 연약함을 도우시나니 우리가 마땅히 빌 바를 알지 못하나 오직 성령이 말할 수 없는 탄식으로 우리를 위하여 친히 간구하시느니라 마음을 감찰하시는 이가 성령의 생각을 아시나니 이는 성령이 하나님의 뜻대로 성도를 위하여 간구하심이니라 In the same way, the Spirit helps us in our weakness. We do not know what we ought to pray for, but the Spirit himself intercedes for us with groanings which can not be uttered. And He who searches our hearts knows the mind of the Spirit, because the Spirit intercedes for the saints in accordance with God's will"(롬 8:26~27).

"내가 이르노니 너희는 성령을 따라 행하라 그리하면 육체의 욕심을 이루지 아니하리라 육체의 소욕은 성령을 거스르고 성령은 육체를 거스르나니 이 둘이 서로 대적함으로 너희가 원하는 것을 하지 못하게 하려 함이니라 너희가 만일 성령의 인도하시는 바가 되면 율법 아래에 있지 아니하리라 So I say, live by the Spirit, and you will not gratify the desires of the sinful nature. For the sinful nature desires what is contrary to the Spirit, and the Spirit what is contrary to the sinful nature. They are in conflict with each other, so that you do not do what you want. But if you are led by the Spirit, you are not under law"(갈

Galatians 5:16~18).

"이는 힘으로 되지 아니하며 능으로 되지 아니하고 오직 나의 신으로 되느니라 큰 산아 네가 무엇이냐 네가 스룹바벨 앞에서 평지가 되리라 Not by might, nor by power, but by My Spirit. What are you, O great mountain? Before Zerubbabel you shall become a plain"(슥 Zechariah 4:6~7).

✽ 응답을 받는 기도의 조건

응답받는 기도의 조건은 앞에서 기술한 하나님의 음성을 잘 듣기 위한 조건과 거의 같다.

기도가 잘 응답되기 위한 조건을 보면 다음과 같다.

1) 믿음이 뒷받침되는 기도
2) 하나님 말씀에 근거한 기도
3) 자기가 죽고, 육신의 정욕이 아니라 하나님의 뜻에 따른 기도
   : 영적인 기도
4) 꾸준히 간구하는 기도
5) 하나님 계획과 하나님 나라 확장을 위한 기도
6) 성령님의 인도하심에 따라 드리는 기도
7) 순종, 헌신하는 자의 기도

1) 믿음이 뒷받침되는 기도라야 응답받는다.

"내가 진실로 너희에게 이르노니 누구든지 이 산더러 들리어 바다에 던져지라 하며 그 말하는 것이 이루어질 줄 믿고 마음에 의심하지 아

니하면 그대로 되리라 그러므로 내가 너희에게 말하노니 무엇이든지 기도하고 구하는 것은 받은 줄로 믿으라 그리하면 너희에게 그대로 되리라 I tell you the truth, if any one says to this mountain, Be removed, and be cast into the sea: and does not doubt in his heart, but believes that those things which he says shall come to pass: he shall have whatsoever he says. Therefore I say to you, whatever things you ask when you pray, believe thay you receive them, and you shall have them"(막 Mark 11:23~24).

"너희 믿음이 적은 연고니라 진실로 너희에게 이르노니 너희가 만일 믿음이 한 겨자씨만큼 있으면 이 산을 명하여 여기서 저기로 옮기라 하여도 옮길 것이요 또한 너희가 못할 것이 없으리라 Because you have so little faith. I tell you the truth, if you have faith as a grain of a mustard seed, you shall say to this mountain, 'Remove hence to yonder place' and it shall remove. Nothing shall be impossible to you"(마 Matthew 17:20).

이 주님의 말씀처럼 우리의 기도가 응답받기 위해선 우리의 믿음이 뒷받침되어야 한다.

예수님이 가버나움에 들어가실 때 한 백부장이 나와 그의 하인이 중풍병으로 누워 고생하고 있으니 주님이 치료해 주실 것을 간구하였다. 그때 예수님이 그 백부장의 집에 가서 치료하시고자 하니 그 백부장이 대답하여 이르되 "주여 내 집에 들어오심을 나는 감당하지 못하겠사오니 다만 말씀으로만 하옵소서 그러면 내 하인이 낫겠사옵나이다"(마 8:8) 하였다. 이에 예수님께서 들으시고 "내가 진실로 너희에게 이르노니 이스라엘 중 아무에게서도 이만한 믿음을 보지 못하였노라"(마 8:9)

라고 하시며 "가라 네 믿음대로 될지어다." 하시니 그 즉시 하인의 병이 나았다. 이처럼 모든 기도는 하나님에 대한 확실한 믿음이 있을 때 응답된다. 주님이 나병 환자와 소경을 치료하실 때도 먼저 믿음을 확인하셨다.

또한 예수님은 그의 제자들이 믿음 없음을 종종 꾸짖으셨다. 제자들이 믿음이 약하여 귀신 들린 자에게서 귀신을 쫓아내지 못하고 병든 자의 병을 고치지 못하여 이들을 주님께 데려왔을 때에, "이는 너희 믿음이 약한 연고이니라."고 말씀하시며 고쳐주셨다.

그러므로 무엇보다 먼저 믿음을 가지고 드리는 기도가 응답된다.

예수님의 성품을 한마디로 말하면 사랑과 공의, 그리고 믿음이다. 그러므로 주님의 사랑과 공의, 그리고 믿음에 근거한 기도는 반드시 응답된다.

2) 하나님 말씀에 근거한 기도가 응답받는다.

"하나님의 말씀은 살았고 운동력이 있어 좌우에 날선 어떤 검보다도 예리하여 혼과 영과 및 관절과 골수를 찔러 쪼개기까지 하며 또 마음의 생각과 뜻을 감찰하나니 For the words of God is living and active. Sharper than any two-edged sword, it penetrates even to the division of soul and spirit, joints and marrow, it judges the thoughts and attitudes of the heart"(히 Hebrew 4:12).

"너희가 내안에 거하고 내 말이 너희 안에 거하면 무엇이든지 원하는 대로 구하라 그리하면 이루리라 If you abide in Me, and My words abide in you, you shall ask what you want, and it shall be done unto you"(요 John 15:7).

하나님 말씀이 글로 나타나고 기록된 것이 성경 말씀이다. 또한 우리가 하나님 임재 안에 있을 때 하나님은 우리와 대화하시며 직접 그분의 음성과 소리를 들려주시고 우리에게 구체적으로 말씀하신다.

하나님의 말씀은 살았고 운동력이 있어 위력이 있으시다. 그러므로 우리의 기도는 하나님 말씀에 근거한 기도를 드려야 그 기도가 응답받는다. 하나님의 말씀은 우리의 기도가 하나님의 뜻에 합당한 기도인지 아닌지 검증해주며 하나님 뜻에 합당한 기도가 위력이 있고 응답받는다. 기도는 하나님과 대화하는 방법인지라 기도 중에 하나님 말씀을 듣게 되는데, 이때 주어진 하나님의 말씀에 우리가 곧바로 순종하면 그대로 이루어진다.

하나님께서 주시는 지혜와 능력이 우리 삶의 두 날개이듯이 이 하나님 말씀과 기도는 우리 영혼이라는 수레의 두 바퀴이다. 말씀과 기도는 서로 연결되어 있고 떼려야 뗄 수 없는 불가분의 관계이다. 그래서 주님은 "내 말이 너희 안에 있으면 무엇이든지 구하라 그리하면 이루리라"고 하셨다.

앞 절에서 믿음이 뒷받침된 기도라야 응답받는다고 했는데 이 믿음은 하나님 말씀을 들음에서 난다. 그러므로 우리가 믿음을 가지고 기도하기 위해서도 우리 기도는 하나님 말씀에 근거해야 한다.

3) 자기가 죽고, 육신의 정욕이 아니라 하나님의 뜻에 따른 기도여야 응답받는다.

우리가 예수님을 믿는다고 하면서도 옛사람이 온전히 죽지 않고 죄악 된 본성이 불쑥불쑥 나올 때가 자주 있다. 그러므로 바울 선생까지 "나는 매일 십자가에 죽노라."고 하셨다. 이처럼 죄악 된 본성, 즉 옛사람과 자아를 죽여야 육신의 정욕과 안목의 정욕과 이생의 자랑이 아닌 하나님의 뜻에 합당한 기도를 드릴 수 있고, 하나님은 기쁘게 응답하신다.

"그를 향하여 우리의 가진 바 담대한 것이 이것이니 그의 뜻대로 무엇을 구하면 들으심이라 우리가 무엇이든지 구하는 바를 들으시는 줄을 안즉 우리가 그에게 구한 그것을 얻을 줄을 또한 아느니라 This is the confidence we have in approaching God: that if we ask anything according to His will. He hears us. And if we know that He hears us whatever we ask, we know that we have what we asked of Him"(요일 1 John 5:14~15).

"너희가 얻지 못함은 구하지 아니하기 때문이요 구하여도 받지 못함은 정욕으로 쓰려고 잘못 구하기 때문이라"(약 4:2~3).

"이는 세상에 있는 모든 것이 육신의 정욕과 안목의 정욕과 이생의 자랑이니 다 아버지께로부터 온 것이 아니요 세상으로부터 온 것이라"(요일 2:16).

우리가 깨어 있지 않으면 이처럼 우리 육신의 정욕과 안목의 정욕과 이생의 자랑에 필요한 것을 구하는 잘못을 범하기 쉽다. 이럴 경우 이것들은 하나님께로부터 온 것이 아니므로 기도가 응답되지 않는 바, 우리가 항상 하나님의 뜻을 묻고 이에 합당하게 기도드리면 반드시 응답된다.

우리가 우리 자신이 필요에 따라 구하는 기도를 혼적인 기도라고 하며 반면에 우리의 이웃을 위한 중보기도, 교회 그리고 나라를 위한 기도, 선교와 구제, 그리고 복음화에 의한 하나님 나라 확장을 위한 기도를 영적인 기도라 하는데 하나님은 이 영적인 기도를 기쁘신 마음으로 반드시 들어주신다.

4) 꾸준히 간구하는 기도가 응답받는다.

사람들은 보통 게으른 타성 때문에 교회에 나와 새벽기도도 한두 번 드리다 그치고 간구하는 기도도 한두 번 하다 그치는 경우가 많다.
그러나 하나님은 우리의 꾸준한 기도를 기뻐하시므로 우리의 기도에 바로 응답치 않으시고 때가 찰 때까지 기다리시는 경우가 많다.

"또 이르시되 너희 중에 누가 벗이 있는데 밤중에 그에게 가서 말하기를 벗이여 떡 세 덩이를 내게 꾸어 달라 내 벗이 여행 중에 내게 왔으나 내가 먹일 것이 없노라 하면 그가 안에서 대답하여 이르되 나를 괴롭게 하지 말라 문이 이미 닫혔고 아이들이 나와 함께 침실에 누웠으니 일어나서 네게 줄 수가 없노라 하겠느냐 내가 너희에게 말하노니 비록 벗됨을 인하여서는 일어나 주지 아니할지라도 그 간청함을 인하여 일어나 그 요구대로 주리라"(눅 11:5~8).

"예수께서 그들에게 항상 기도하고 낙심하지 말아야 할 것을 비유로 말씀하여 이르시되 어떤 도시에 하나님을 두려워하지 않고 사람을 무시하는 한 재판장이 있는데 그 도시에 한 과부가 있어 자주 그에게 가서 내 원수에 대한 나의 원한을 풀어주소서 하되 그가 얼마동안 듣지 아니하다가 후에 속으로 생각하되 내가 하나님을 두려워하지 않고 사람을 무시하나 이 과부가 나를 번거롭게 하니 내가 그 원한을 풀어 주리라 그렇지 않으면 늘 와서 나를 괴롭게 하리라 하였느니라 주께서 또 이르시되 불의한 재판장이 말한 것을 들으라 하물며 하나님께서 그 밤낮 부르짖는 택하신 자들의 원한을 풀어주지 아니하시겠느냐 그들에게 오래 참으시겠느냐 내가 너희에게 이르노니 속히 그 원한을 풀어주시리라 그러나 인자가 올 때에 세상에서 믿음을 보겠느냐 하시니라"(눅 18:1~7).

앞의 말씀처럼 벗됨을 인하여는 주지 아니할지라도 그 간청함을 인하여 그 요구대로 주리라고 하셨고, 불의한 재판장이라도 과부가 늘 와서 밤낮 부르짖음으로 인하여 그 과부의 소원을 들어주리라고 하셨다. 이처럼 우리가 기도할 때는 믿음을 가지고 꾸준히 응답될 때까지 기도하는 것이 중요하다.

5) 하나님 계획과 하나님 나라 확장을 위한 기도가 응답된다.

하나님은 사랑의 하나님이시되 공의의 하나님이시다. 그러므로 항상 사랑에 대한 계획을 가지고 계시고 또 공의를 세우시기 위한 계획을 가지고 계신다. 또한 예수님이 공생애를 처음 시작하실 때 "회개하라 천국이 가까웠느니라"라고 하나님 나라에 대하여 말씀하셨고, 또 죽음에서 부활하신 후 승천하시기 전에 이 세상에서 마지막 유언으로 말씀하신 내용도 아래와 같이 복음 전도에 의한 하나님 나라 확장에 대한 것이었다.

"예수께서 나아와 말씀하여 이르시되 하늘과 땅의 모든 권세를 내게 주셨으니 그러므로 너희는 가서 모든 민족을 제자로 삼아 아버지와 아들과 성령의 이름으로 세례를 베풀고 내가 너희에게 분부한 모든 것을 가르쳐 지키게 하라 볼지어다 내가 세상 끝 날까지 너희와 항상 함께 있으리라 하시니라 Then Jesus came to them and said, All authority in heaven and on earth has been given to Me. Therefore go and make disciples of all nations, baptizing them in the name of the Father and of the Son and the Holy Spirit, and teaching them to obey everything I have commanded you. And surely I am with you always, to the very end of the age"(마 Matthew 28:18~20).

"사랑하는 자들아 우리가 서로 사랑하자 사랑은 하나님께 속한 것이니 사랑하는 자마다 하나님으로부터 나서 하나님을 알고 사랑하지 아니하는 자는 하나님을 알지 못하나니 이는 하나님은 사랑이심이라."고 요한일서 4장 7~8절에 말씀하셨다. 그러므로 예수님은 "네 마음을 다하고 목숨을 다하고 뜻을 다하여 주 너의 하나님을 사랑하라 하셨으니 이것이 크고 첫째 되는 계명이요 둘째도 그와 같으니 네 이웃을 네 자신과 같이 사랑하라 하셨으니 이 두 계명이 온 율법과 선지자의 강령이니라"(마 22:37~40)라고 하시며, 첫 번째로 제일 중요한 계명을 주셨다. 그러므로 먼저 하나님을 그 무엇보다 사랑해야 하고 또한 우리 이웃의 약한 자, 가난한 자, 병든 자, 힘든 자, 소외된 자, 절망하는 자에게 우리가 베푸는 사랑의 선행 하나하나가 예수님께 드리는 귀한 선행이라고 하셨다.

하나님은 사랑과 공의의 하나님이시다. 이 사랑과 공의는 연결되어 있다.

세계의 역사를 보면, 하나님께서 항상 그의 사랑과 공의를 세우기 위하여 세계 곳곳에서 옛날이나 지금이나 많이 역사하고 계심을 알 수 있다.

이처럼 하나님은 사랑과 공의를 위하여 여러 계획을 가지고 계시고, 예수님의 유언과 같이 복음 전도, 곧 선교와 구제에 의한 하나님 나라 확장에 큰 관심을 가지고 계신다. 따라서 이 하나님의 계획에 부응한 우리의 기도는 주님께서 기쁘게 속히 응답하신다.

6) 성령님의 인도하심에 따른 기도가 응답된다.

"이와 같이 성령도 우리 연약함을 도우시나니 우리가 마땅히 빌 바를 알지 못하나 오직 성령이 말할 수 없는 탄식으로 우리를 위하여 간구하시느니라 마음을 감찰 하시는 이가 성령의 생각을 아시나니 이는 성령이 하나님의 뜻대로 성도를 위하여 간구하심이니라"(롬 8:26~27).

"성령이 너희에게 임하시면 너희가 권능을 받고 예루살렘과 온 유대와 사마리아와 땅 끝까지 이르러 내 증인이 되리라"(행 1:8).

성령님은 하나님 아버지와 예수님의 영으로서, 예수님께서 이 세상을 떠나시고 승천하신 후에도 우리와 함께 거하시기 위하여 보내신 분이시다. 그분은 우리의 연약함을 잘 아시고 우리를 도우신다. 우리의 기도가 하나님 아버지께 열납되도록 향기로 올리신다. 또한 우리가 어리석어 마땅히 기도해야 할 바를 알지 못하나 우리를 위해 간구하신다. 또한 우리가 하나님의 뜻을 제대로 알지 못할 때 하나님의 뜻대로 우리가 기도하게 만드신다.

우리는 하나님 아버지의 뜻을 제대로 알지 못할 때가 많이 있다. 그러나 성령님은 항상 하나님 아버지와 교통하시는 성삼위 하나님 중 한 분이시므로 하나님 아버지의 뜻을 정확히 아신다. 그러므로 우리가 하나님 아버지의 뜻을 제대로 알지 못할 때 말할 수 없는 탄식으로 우리를 위해 간구하신다. 할렐루야! 너무나 고마우신 성삼위 하나님 아니신가!

성령님께서 하나님의 뜻에 부응하게 종종 우리의 생각이나 뜻과 달리 우리가 기도하도록 만드시는데, 이처럼 성령님께서 인도하시는 기도는 반드시 응답된다.

또한 하나님의 근본 목적은 복음이 온 세상 끝까지, 오대양 육대주의 모든 민족들에게 널리 전파되는 것이다. 따라서 위의 사도행전 1장 8절 말씀에 근거한 기도, 즉 전도와 선교를 위한 기도는 반드시 응답된다.

7) 순종, 헌신하는 자의 기도를 들으신다.

"한 사람이 순종하지 아니함으로 많은 사람이 죄인이 된 것같이 한 사람이 순종하심으로 많은 사람이 의인이 되리라"(롬 5:19).

앞의 한 사람은 하나님 말씀에 순종치 않아 죄인이 된 아담이요 뒤의 한 사람은 하나님의 말씀에 순종하신 예수님을 지칭한다. 예수님은 하나님의 뜻과 말씀에 철저히 순종하심으로 인류를 구원하신 구세주가 되시었다. 이처럼 우리 믿음의 생활이란 한마디로 하나님의 말씀에 철저히 순종하는 것이다.

"순종이 제사보다 낫다 To obey is better than sacrifice"(삼상 15:22)라고 성경에 기록되어 있다

하나님과 사람의 관계에서도, 사람과 사람과의 관계에서도 서로 믿고, 순종하는 것이 그 관계의 기본이 된다.

우리가 하나님 말씀에 순종하지 않았을 때 더 이상 하나님 말씀이 들리지 않는 것처럼 우리가 그분의 말씀에 순종치 않으면 기도 응답도 안된다. 그러므로 기도 응답을 바라는 사람들은 반드시 하나님의 말씀에 순종해야 한다.

마찬가지 원리로 우리가 하나님 일과 주님께서 머리 되신 교회를 위하여 헌신, 봉사하는 것도 기도 응답에 반드시 필요한 조건이다.

하나님은 자기의 뜻에 순종하는 자, 하나님께서 중요하게 생각하시는 일에 헌신하는 자를 귀하게 생각하시고 이런 자들의 기도에 흔쾌히 응답하신다.

우리가 하나님 말씀에 근거하고, 순종하는 자세를 견지하며, 믿음으로 기도드릴 때 기사와 이적이 나타난다.

4장
하나님의 임재

"내 안에 거하라 나도 너희 안에 거하리라 가지가 포도나무에 붙어 있지 아니하면 스스로 열매를 맺을 수 없음같이 너희도 내 안에 있지 아니하면 그러하리라 나는 포도나무요 너희는 가지니 그가 내 안에 내가 그 안에 거하면 사람이 열매를 많이 맺나니 나를 떠나서는 너희가 아무 것도 할 수 없음이라 사람이 내 안에 거하지 아니하면 가지처럼 밖에 버려져 마르나니 사람들이 그것을 모아다가 불에 던져 사르느니라 너희가 내 안에 거하고 내 말이 너희 안에 거하면 무엇이든지 원하는 대로 구하라 그리하면 이루리라 Abide in Me and I in you. As the branch can not bear fruit of itself, except it abide in the vine, no more can you, except you abide in Me. I am the vine, you are the branches: If he abides in Me and I in him, he will bear much fruit: for without Me you can do nothing. If a man abide not in Me, he is cast forth as a branch, and is withered: and men gather them, and cast them into the fire, and they are burned. If you abide in Me, and My words abide in you, you shall ask what you want, and it shall be done unto you"(요 15:4~7).

"내가 이것을 너희에게 이름은 내 기쁨이 너희 안에 있어 너희 기쁨을 충만하게 하려 함이라 I have told you this so that My joy may be in you and that your joy may be full"(요 15:11).

"이것을 너희에게 이르는 것은 너희로 내 안에서 평안을 누리게 하려 함이라 세상에서는 너희가 환난을 당하나 담대하라 내가 세상을 이기었노라 These things I have spoken unto you, that in Me you might have peace. In the world you shall have tribulation: But be of good cheer! I have overcome the world"(요 16:33).

"내가 그들 안에 있고 아버지께서 내 안에 계시어 그들로 온전함을 이루어 하나가 되게 하려 함은 아버지께서 나를 보내신 것과 또 나를 사랑하심같이 그들도 사랑하신 것을 세상으로 알게 하려 함이로소이다"(요 17:23).

사람이 하나님의 형상대로 창조된 목적은 하나님과 대화하며, 그분과 친밀하고 사랑이 넘치는 말씀을 나누며 하나님과 동행하기 위해, 즉 하나님의 임재를 구하기 위하여 창조되었다. 수사 로렌스 형제(1611~ 1691, 본명 니콜라 에르망)가 쓴 책『하나님 임재 연습』에 보면 이런 글이 있다.

'우리가 해야 할 일은 하나님께서 늘 친밀하게 임재하고 계심을 깨달아 삶의 순간순간 그분과 대화하고 도움을 요청하는 것이 전부입니다. 이렇게 할 때 우리는 온갖 불확실성 속에서도 하나님의 뜻을 분명히 알 수 있습니다. 우리가 단호한 태도로 하나님을 신뢰하며 전폭적으로 하나님께 맡기기만 하면 하나님께서는 결단코 우리를 실망시키지 않으실 것입니다.

오직 하나님만이 우리 마음의 주인이 되시도록 다른 모든 것을 비워내야 합니다.

하나님과 함께할 때는 근심·걱정과 두려움이 사라집니다. 그러나 하나님에게서 잠시라도 눈을 떼면 금세 근심과 두려움이 저를 반겨 괴로움에 빠뜨립니다. 우리의 영혼을 온전히 소유하기를 원하시는 하나님께서 우리 영혼이 하나님 이외에 다른 것에서 위안 얻는 것을 허락지 않으시기 때문입니다.

…그러나 우리는 하나님을 보려고 하지 않습니다. 하나님을 홀로 내버려둔 채 우리 안에 늘 계시는 우리의 왕과 대화하는 것을 귀하게 여길 줄 모릅니다. …하나님과 지속적으로 대화하는 것보다 더 달콤하고 더 맛있는 삶은 세상에 존재하지 않습니다. 하나님과의 적극적인 대화를 실천하며 그 맛을 느껴본 사람들만이 이 말의 참뜻을 이해할 수 있습니다. 하나님과의 대화는 심오한 내적 만족과 기쁨을 주며 또 종종 엄청난 내적 감격을 안겨 주기도 합니다. 이 기쁨과 감격이 너무 커서 그 기쁨을 드러내지 않으면 미칠 것 같고 유치한 행동을 하지 않을 수 없을 때도 있습니다. 하나님께 저를 온전히 맡길 때 지극히 선하시고 자비로우신 이 왕께서는 저를 사랑으로 안아 주시고 자신의 식탁에서 함께 먹게 하시고 친히 영적 음식을 갖다 주시고 자신의 보물창고의 열쇠를 주시고 저와 이야기를 나누시고, 수천수만 가지 방법으로 저와 사귀는 데서 기쁨을 느끼시고 저를 그저 친자식처럼 대해 주십니다. …하나님께서는 우리 영혼과의 대화를 실로 기뻐하시므로 우리가 하나님만 의지하기를 소망하면 그야말로 완벽한 자유를 허락하시고 무엇이든 다 들어주십니다. 이처럼 하나님 임재를 연습하는 것은 우리 영혼의 생명이자 자양분입니다. 하나님 임재 안에 머물기 위해서는 하나님을 계속 의식해야 합니다.'

하나님은 언제나 우리와 함께하시는 임마누엘 하나님이시다. 우리가 할 일은 이처럼 하나님께서 항상 우리와 함께하심을 깨닫고, 그분을 매 순간 의식하고, 항상 그분과 대화를 나누며, 모든 것을 그분에게 맡기며, 작거나 큰 모든 일에 대하여 하나님의 뜻을 묻고, 하나님의 말씀을 들으며 그분의 지시대로 우리가 순종하고 실천하며 하나님의 도움을 구하는 것이 전부이다. 이것이 바로 '하나님 임재'이다.

✽ 하나님 임재를 구하는 방법

하나님 임재를 구하기 위해 필요한 방법은 다음과 같다.

1) 매순간 하나님을 의식하기
2) 하나님을 최우선적으로 사랑하기
3) 하나님을 전적으로 믿고 의탁하기
4) 계속 하나님과 대화 나누기
5) 하나님의 뜻을 묻기와 듣기
6) 하나님의 뜻에 순종, 실천하기
7) 나를 십자가에 못 박고 나의 십자가 지기
8) 고통 속에서도 하나님만 바라보기
9) 신령과 진정으로 예배드리기
10) 하나님 임재의 은혜를 사모하기

1) 매순간 하나님을 의식하기

우리는 번거로운 세상의 일상사 속에서 살고 있으므로 매순간 하나님을 의식하는 것이 말처럼 그리 쉽지는 않다. 하나님 임재를 추구하는 여러 성직자들의 경험을 들어 보아도 온전히 하나님만을 의식하면서 일상생활을 하기가 쉽지 않음을 느낄 수 있다.

그러므로 우리는 매순간 하나님을 의식하겠다고 단호히 결심을 하고, 항상 하나님을 의식하겠다고 우리 의지를 이 일에 집중해야 한다.

우리에게는 각자에게 주어진 여러 가지의 세상 일이 있으므로 이 일을 하는 동안에도 계속 하나님을 의식하고 생각해야 한다. 젊어서 연애를 할 때 무슨 일을 하든지 상대 연인을 항상 생각하고 그 상념을 지우려야 잘 지워지지 않듯이 하나님만을 생각해야 한다. 하나님을 의식하는 것이 잠시 중단될 수 있지만 곧 돌이켜 그분을 다시 의식하고 하나님을 다시 바라보아야 한다.

로렌스 형제는 "일을 하면서 자주 하나님을 떠올리십시오. 일을 하면서 자주 하나님을 생각하십시오."라고 했다. 이 하나님의 임재는 하나님께서 우리에게 주시는 매우 큰 기쁨이니, 결코 이 기쁨에서 멀어지지 않겠다고 결심하고 마음을 모으면 점차 하나님 임재에 들어가는 것이 쉬워지게 된다.

2) 하나님을 최우선적으로 사랑하기

우리는 하나님을 사랑하되 온 마음과 목숨과 뜻을 다해 전적으로 사랑해야 한다. 사람에의 사랑도 하나님과의 사랑보다 더할 수 없고 하나님과의 사랑에 방해가 되어선 안 된다.

우리가 새벽예배를 드린다면 밤늦도록 친구들과 모임을 갖는다든가 밤을 새워 일하는 것은 피해야 한다. 또한 현재처럼 황금만능주의가 세상을 지배하고 있는 이때에 돈이 아무리 중요하다기로서니 하나님보다 더 중요할 수 없다.

"한 사람이 두 주인을 섬기지 못할 것이니 혹 이를 미워하며 저를 사랑하거나 혹 이를 중히 여기며 저를 경히 여김이라 너희가 하나님과 재물을 겸하여 섬기지 못하느니라 No one can serve two masters. Either he will hate the one and love the other, or he will be devoted to the one and despise the other. You can not serve both God and money"(마 Matthew 6:24).

사람 사랑이나 재물 사랑이 하나님보다 더할 수 없으며 또한 하나님께서 가장 싫어하시는 죄가 우상숭배이니 이는 철저히 배격해야 한다. 이스라엘의 역사를 보면 하나님을 사랑하지 않고 우상숭배에 빠졌을 때 나라가 망하고 이집트와 바벨론과 페르시아와 로마의 노예 생활을 했었다. "너희 중에 계신 너희 하나님 여호와는 질투하시는 하나님이신 즉"이라고 신명기 6장 15절에 기록되어 있는 바, 절대 우리는 우상숭배의 죄를 범해선 안 된다.

3) 하나님을 전적으로 믿고 의탁하기

우리 하나님은 전지전능하시며 사랑이 한이 없으시고 또한 공의로우시어 죄를 미워하시는 분이시다. 그분은 또한 너무나 아름다우신 분이시니 온 우주와 이 세상 만물을 그렇게도 아름답게 창조하셨다.

"누가 우리를 그리스도의 사랑에서 끊으리요 환난이나 곤고나 핍박이나 적신이나 위험이나 칼이랴 … 그러나 이 모든 일에 우리를 사랑하시는 이로 말미암아 우리가 넉넉히 이기느니라 내가 확신하노니 사망이나 생명이나 천사들이나 권세자들이나 현재 일이나 장래 일이나 능력이나 높음이나 깊음이나 다른 아무 피조물이라도 우리를 우리 주 그리스도 예수 안에 있는 하나님의 사랑에서 끊을 수 없으리라 Who shall separate us from the love of Christ? Shall trouble or hardship or persecution or famine or nakedness or danger or sword? …No, in all these things we are more conquerors through Him who loved us. For I am convinced that neither death nor life, neither angels nor demons, neither the present nor the future, nor any powers, neither height nor depth, nor anything else in all creation, will be able to separate us from the love of God that is in Christ Jesus our Lord"(롬 Romans 8:35~39).

이처럼 그 무엇도 우리를 그리스도의 사랑에서 끊을 수 없으니 하나님은 너무나 사랑이 크시고 신실하시고 전지전능하시다. 그러므로 우리의 생사고락을 모두 주님께 전적으로 의탁하고 믿기에 조금도 부족함이 없으신 분이다.

우리의 믿음 생활이란 우리의 모든 일에 있어 전적으로 하나님을 신뢰하고 전적으로 하나님께 의탁하는 것이다. 그러면 신실하시고 선하신 하나님께서는 절대 우리를 박대하시거나 궁극적으로 실패의 쓴 잔을 마시게 하지 않으시고 풍성하고도 선한 열매를 맺게 하신다.

4) 하나님과 계속 대화 나누기

사람들은 만왕의 왕이신 하나님과의 대화가 그렇게도 소중하고 그렇게 은혜스럽고 그렇게 큰 기쁨을 가져다주는지 잘 모른다. 하나님은 자식 된 우리들과의 대화를 그렇게 좋아하시므로 우리가 하나님과 대화하기를 바라면 언제나 응해 주시고 사랑의 밀어를 주시기를 아끼지 않으신다. 하나님과 대화의 통로인 기도로 우리가 하나님께 말을 걸면 하나님께서 사랑의 언어로 우리에게 응답하신다. "넌 내가 특심히 사랑하는 나의 아들, 딸이니라."라고 하신다. 하나님과의 사랑의 대화가 어찌 그리 꿀처럼 달콤하고 아름다운지! 그러니 우리가 하나님과의 대화를 계속 이어나가야 한다. 이것이 "쉬지 말고 기도하라"는 말씀의 뜻이다.

그러면 시편 23편 말씀처럼, 하나님께서 우리를 푸른 초장과 쉴 만한 물가로 인도하시고 사망의 음침한 골짜기를 지날 때도 주의 지팡이와 막대기가 우리를 지켜주시고, 원수의 목전에서도 상을 베풀어 주시고 기름을 부어 주시며 우리의 잔이 넘치게 하신다.

  하나님은 자식 된 우리가 하나님과의 사랑을 잊어버리지 않고 하나님과의 대화를 사모하면 하늘의 보고를 여시사 모든 귀한 것을 아낌없이 내려 주신다. 하나님께서 귀한 만찬을 준비하시고 우리를 초청하시어 같이 진귀한 영적 음식을 나누게 하신다. 중요한 것은 우리가 계속 하나님을 의식하고 계속 하나님과 대화를 나누는 것이다. 왜냐하면 하나님과의 대화는 짧은 시간에 바로 잘 이루어지는 것이 아니라 우리가 상당한 시간을 투입해야 그 대화가 제대로 이루어지기 때문이다.

5) 하나님의 뜻을 묻기와 말씀을 듣기

  우리의 믿음 생활이란 하나님의 뜻대로 살아가는 것이다. 그러기 위해선 우리의 일상생활에 있어 크고 작은 모든 일에 대하여 하나님의 뜻을 여쭈어 물어보아야 하며, 또 이에 대한 하나님의 말씀을 들어야 한다.

  하나님의 말씀은 직접 육성으로 들려오기도 하며 환상으로, 꿈으로, 징조로, 이미지로, 숫자로, 특정한 성경 말씀으로, 느낌으로, 믿음으로 등등 여러 가지 방법으로 들려주신다. 이에 대하여 우리는 귀로 직접 듣거나 눈과 마음으로 들을 수 있다.

  여호수아는 여리고 성을 공격할 때 하나님의 말씀을 듣고 준행하여, 사람의 생각으론 납득되지 않는 방법인 여리고 성을 7일간 무리지어 돌고 나팔을 부는 것으로써 그 높은 장벽인 성을 무너뜨렸다.

  다윗은 초동 출신으로 아무런 학력이나 집안의 배경도 없었으나 모든 일들을 하나님께 묻고 하나님의 말씀대로 행하였으므로 그가 치른 모든 전쟁에서 승리했고 이스라엘의 왕좌까지 오르게 되었다.

  이와 같이 우리가 세상일을 처리함에 있어서도 하나님과 대화하며 그분의 뜻을 묻고 그분께서 하시는 말씀을 듣고 준행하면, 그것이 가장 정확하고 지혜롭고 힘이 있고 효과적이고 시행착오 없이 승리하거나 성공하는 최선의 길이 된다.

6) 하나님의 뜻에 순종하고 실천하기

사람은 부족하고 흠이 많으므로 우리의 약점을 아시는 하나님께서는 우리에게 미리 길을 알려 주시고 바르게 살 방법을 미리 알려 주신다. 이렇게 하여 하나님으로부터 먼저 우리에게 주어진 것이 율법이요, 하나님의 기록된 말씀인 성경이요, 또 수시로 우리에게 직접 들려주시는 말씀이다. 하나님은 신실하신 하나님이시니 그 약속하신 바는 반드시 이루신다. 또한 우리의 외형적인 인물 잘남이나 우리의 학력이나 재력이나 우리의 배경을 중시하는 것이 아니라 우리의 믿음을 보신다. 그러므로 이처럼 우리의 믿음을 중시하시는 하나님께서 우리에게 제시하신 그분의 뜻을 우리가 순종하는지 않는지는 예리하게 보신다. 그리하여 우리가 이 하나님의 뜻과 말씀을 순종하고 준행하고 실천하면 하나님은 기쁘게 여기시고 더 큰 축복과 은혜를 베푸신다. 그러므로 믿음생활에서 가장 중요한 것은 하나님을 전적으로 신뢰하고 그분의 뜻과 말씀에 순종하는 것이다. 세상 사람들은 기독인들을 향하여 비난하기를 '말과 행동이 다른 사람들'이라고 한다. 그러니 기독인들이 세상의 빛과 소금의 역할을 못하고 세상에 교회가 비추는 빛도 무척 약해졌고 교회의 위상도 형편없이 많이 떨어졌다. 하나님께서 우리를 믿고 세상 사람들도 기독인을 믿어 우리가 세상의 빛과 소금의 역할을 잘 수행하려면, 하나님의 뜻과 말씀에 순종 실천하여 '말과 행동이 일치하는 사람들'이 되어야 한다. 일제의 식민지하에서 나라 독립을 갈망하며 외친 독립선언서에 서명한 33인의 반 이상이 기독인이었듯이 세상에 기독인이 영향력을 끼치려면 하나님 말씀과 뜻에 순종하고 실천하는 신뢰성이 있는 사람들이 되는 것이 가장 확실한 방법이다. 하나님 보시기에 신뢰성이 있는 믿는 사람들에게 하나님의 임재도 이루어진다.

7) 나를 십자가에 못 박고 나의 십자가 짊어지기

　기독교 정신의 근본은 십자가 정신이다. 그것은 사랑·희생·헌신·섬김·성결을 의미하며, 또한 이기심과 옛사람을 죽이는 것을 의미한다. 그것은 세상 사람들이 좋아하며 택하는 넓고 화려한 길이 아니며 좁고 소박한 길이지만 아름답고 기쁜 길이다.

　우리는 예수님을 믿음으로 옛사람을 십자가에 못 박고 새사람으로 태어난 하나님의 자녀들이 되었다. 그러나 사람은 연약한 존재인지라 옛사람의 본성인 이기심과, 하나님의 생각이 아닌 나의 냄새나는 주관이 불쑥불쑥 나올 때가 자주 있다. 이때마다 우리는 초심으로 돌아가나 중심의 이기심과 나의 주관을 죽이고 하나님의 생각과 온유와 겸손으로 돌아가야 한다. 그러므로 바울 선생 같은 하나님의 사도도 죄성이 드러날 때마다 "오호라! 나는 곤고한 자로다!"라고 했고, 날마다 옛사람을 죽이며 "나는 십자가에 날마다 죽노라."고 했다.

　옛사람은 "육신의 정욕과 안목의 정욕과 이생의 자랑"을 탐욕적으로 추구하는 경우가 많고 혈기와 교만에 빠지기 쉽다. 이는 육의 생각이요 성령님께서 주시는 영의 생각이 아니다.

　우리가 조금만 방심하면 이런 유혹에 빠지기 쉬우니 항상 조심하고 성령님께서 주시는 생각으로 이를 척결해야 한다. 또한 나에게 지워진 십자가를 지는 데는 고통이 따르고 때론 위협과 위험이 있고, 희생과 헌신을 요구한다. 우리는 연약한 인간인지라 이 십자가를 회피하는 경우가 많다. 그러나 하나님께서 우리가 지길 원하시는 십자가를 우리가 회피하면 하나님께 영광 돌릴 수 없고, 하나님께서 우리에게 주신 귀한 사명을 달성할 수도 없고 결과적으로 하나님께서 원하시는 하나님 나라의 건설과 그 나라의 확장에 동참할 수도 없게 된다. 이 경우에는 결과적으로 우리가 나중에 천국에 갔을 때 하나님께서 주시는 상급은 적게 될 것이다. 그러므로 우리는 바울 선생처럼 날마다 우리 옛사람을 십자가에 못 박고 과감하고 용감히 우리에게 지워진 십자가를 흔쾌히 짊어져야 한다. 이때 하나님께서 우리에게 임재하시며 우리 십자가를 가볍게 하시고 대신 짊어지시고, 또 그 길은 고통의 길이 아니라 기쁘고 즐거운 보람 있는 길이 되게 하신다.

8) 고통 속에서도 하나님만 바라보기

인생은 광야 같다. 고통과 고난과 환난이 없는 사람은 없다. 이 고난을 회피하기 위하여 사람들은 마약이나 술에 취하지만 그 쾌락은 잠깐이요 그 후에는 더 심한 고통과 나락이 있고 그 종국에는 파멸만이 있다. 아담과 하와가 에덴동산에서 선악과를 따먹고 죄를 지은 후에 우리 모두에게 원죄가 내려오므로 모든 사람들에게 고통과 고난과 죽음이 찾아왔다.

하나님은 우리 인생에 고통과 고난의 학교를 만드셨고 이 고통과 고난의 학교를 통하여 우리 영성이 단련되고 성장하여 예수님의 장성한 분량까지 성장하길 원하시고, 또 하나님의 온전하심과 같이 우리도 온전해져서 영적으로 성화되기를 원하신다.

풀무불을 통하여 원석이 정금과 은이 되고 연철이 강철이 되듯이, 하나님은 우리를 고통과 고난을 통하여 정금과 같이 단련하신다. 이 고통과 고난의 학교를 졸업치 않고 위대한 인물이 된 사람은 아무도 없다. 그러므로 T.E. 로렌스는 "오직 고통만이 우리에게 지혜를 준다."고 말했다.

 이 고통과 고난이 우리에게 찾아왔을 때 중요한 것은 하나님만 의지하고 하나님만 바라보는 것이다. 이때 하나님께서 임재하시며 우리를 위로하시고 격려하시며 용기를 부어주시며 계속하여 우리의 갈 길을 달려 나가도록 힘을 주신다.

 우리가 고통과 고난 속에서 하나님과 함께하며 하나님만 바라볼 때 그 고통과 고난은 힘을 잃고 기쁨과 축복으로 변하며 그곳이 천국이 되지만, 세상적인 복과 성공 속에서 우리가 교만해져서 하나님을 잃고 하나님과 동행치 않으면, 곧 그것은 저주와 실패로 변하게 된다.

 우리가 고통과 고난 속에서 하나님에 대한 믿음을 잃지 않고 계속 하나님만 바라보면 하나님께서 이 모든 고통과 고난이 합력하여 선이 되게 하시고 축복의 기틀이 되게 하신다. 그러므로 눈앞의 단기적인 실패와 성공에 일희일비(一喜一悲)하지 말고 오직 하나님만 의지하고 그분만 바라보자. 그러면 하나님은 결코 우리를 박대하지 않으시며 귀하게 대하신다.

 "우리가 환난 중에도 즐거워하나니 이는 환난은 인내를, 인내는 연단을, 연단은 소망을 이루는 줄 앎이로다 소망이 부끄럽게 아니함은 우리에게 주신 성령으로 말미암아 하나님의 사랑이 우리의 마음에 부은 바 됨이니 We rejoice our sufferings, knowing that the suffering produces endurance, and endurance produces character and character produces hope, and hope does not disappoint us, because God's love has been poured into our hearts through the Holy Spirit which has given to us"(롬 Romans 5:3~5).

 "우리가 사방으로 우겨쌈을 당하여도 싸이지 아니하며 답답한 일을 당하여도 낙심하지 아니하며 핍박을 받아도 버린 바 되지 아니하며 거꾸러프림을 당하여도 망하지 아니하고 We are hard pressed on every side, but not crushed: perplexed, but not in despair: persecuted, but not abandoned: struck down, but not destroyed"(고후 2 Corinthians 4:8~9).

"나를 기가 막힐 웅덩이와 수렁에서 끌어 올리시고 내 발을 반석 위에 두사 내 걸음을 견고케 하셨도다 He brought me up also out of an horrible pit, out of the miry clay, and set my feet upon a rock, and established my goings"(시 Psalms 40:2).

9) 신령과 진정으로 예배드리기

"형제들아 내가 하나님의 모든 자비하심으로 너희를 권하노니 너희 몸을 하나님이 기뻐하시는 거룩한 산제사로 드리라 이는 너희의 드릴 영적 예배니라 너희는 이 세대를 본받지 말고 오직 마음을 새롭게 함으로 변화를 받아 하나님의 선하시고 기뻐하시고 온전한 뜻이 무엇인지 분별하도록 하라"(롬 12:1~2).

우리가 신령과 진정으로 예배드릴 때 하나님께서 임재하신다. 물론 예배에는 우리가 감사하고 기쁜 마음으로 드리는 찬양도 포함된다. 하나님께서 임재하시고 하나님께서 영광 받으시는 길이 예배인 것이다. 그러므로 주일성수하는 것은 기독인의 기본의무이며 필수사항이다. 국제부역센터(WTC) 총재를 거쳐 현재 국제무역기구(WTO)의 총재인 이희돈 장로의 경우, 해외 출장이 길어 출장기간 중 주일이 있으면 일을 중단하고 귀국하여 그의 교회에서 주일예배 드린 후 다시 출장길에 오른다고 한다. 또한 그가 WTC 총재로 재임 시에는 다른 이사들의 반발을 무릅쓰고 주일에 회의 일정을 잡거나 주일에 행사하는 것을 금하고 모두 평일로 돌렸다. 그렇게 하나님께 드리는 예배와 주일성수하는 것을 귀히 여기니 하나님께서도 그를 귀하게 쓰시는 것이다.

그런데 기독인이라면서도 골프나 등산·낚시 등, 자기 취미를 위하여 또는 영업이나 사업상의 일을 위하여 주일성수를 하지 않고 예배드리지 않을 때 하나님의 마음에 합할 수가 없다. 다윗이 그렇게 하나님께 귀하게 쓰인 이유는 그가 하나님을 사랑하는 마음과 그의 믿음이 특심하여 하나님의 마음에 합한 사람이었기 때문이다.

여기에서 하나 주의해야 할 것은 우리의 예배 따로, 우리의 생활 따로여서는 안 된다는 것이다. 그것은 신령과 진정으로 드리는 예배가 아니다. 우리가 교회에서 주일성수함으로써 하나님 임재의 은혜를 받았으면 세상으로 나아가 하나님의 영광을 추구하고 하나님의 말씀이 세상을 지배토록 노력하고 하나님의 뜻에 따라 세상을 변화시켜야 한다.

이것이 우리가 하나님께 드리는 산제사가 된다. 그러므로 우리는 '세상에 의해 변질되는' 기독인이 아니라 하나님 뜻에 따라 '세상을 변화시키는' 기독인이 되어야 마땅하다.

10) 하나님 임재의 은혜를 사모하기

"구하라 그러면 너희에게 주실 것이요 찾으라 그러면 찾을 것이요 문을 두드리라 그러면 너희에게 열릴 것이니 구하는 이마다 얻을 것이요 찾는 이가 찾을 것이요 두드리는 이에게 열릴 것이니라"(마 7:7~8).

위의 말씀처럼 하나님의 임재도 우리가 적극적으로 구하고 사모할 때 하나님께서 주신다.

하나님의 임재는 우리가 구할 수 있는 가장 큰 기쁨과 감격인데, 우리가 어찌 구하지 않을 것인가?

하나님의 임재는 하나님께서 우리 사람을 만드신 그분의 목적인데,

우리가 어찌 구하지 않을 것인가?

하나님의 임재는 우리에게 주시는 가장 큰 은혜 중의 하나인데, 우리가 어찌 구하지 않을 것인가?

하나님의 임재는 하나님께서 그분의 뜻을 알려주시는 좋은 만남인데, 우리 피조물이 어찌 구하지 않을 것인가?

하나님의 임재는 우리 앞에 막아선 큰 장벽을 무너뜨리는 지혜를 주시는 기회인데, 우리가 어찌 사모하지 않을 것인가?

하나님의 임재는 사탄의 세력을 무너뜨릴 하나님의 능력을 공급받는 시간인데, 우리가 어찌 사모하지 않을 것인가?

하나님의 임재는 미천한 우리가 하나님과 사랑을 주고받는 귀한 시간인데, 어찌 우리가 사모하지 않을 것인가?

하나님의 임재는 우리의 미약한 믿음을 강하게 하시고 확신을 주시는 귀한 시간인데, 어찌 우리가 사모치 않을 것인가?

하나님의 임재는 하나님의 자녀인 우리가 아버지를 만나는 시간인데, 우리가 어찌 사모하고 고대하지 않을 것인가?

하나님의 임재는 왕 중의 왕이신 하나님께서 그 신하를 만나시는 시간인데, 그분의 신하 된 우리가 어찌 사모치 않을 것인가?

하나님의 임재는 하나님께서 그분의 하늘보고를 여시어 우리에게 귀한 보화를 나눠주시는 시간인데, 어찌 우리가 사모치 않으랴?

하나님 임재는 하나님께서 우리를 초청하시어 아름다운 음악과 함께 풍성한 진수성찬을 먹게 하시는 성대한 잔치요 귀한 파티인데, 우리가 어찌 사모치 않으랴?

하나님 임재는 그분의 아름다우심과 아름다운 천국을 미리 보여 주시는 시간인데, 우리가 어찌 사모하며 고대하지 아니하리오?

제5장
성령 충만과 그 은사와 열매

"각 사람에게 성령의 나타남을 주심은 유익하게 하려 하심이라 어떤 이에게는 성령으로 말미암아 지혜의 말씀을, 어떤 이에게는 같은 성령을 따라 지식의 말씀을, 다른 이에게는 같은 성령으로 믿음을, 어떤 이에게는 한 성령으로 병 고치는 은사를, 어떤 이에게는 능력 행함을, 어떤 이에게는 예언함을, 어떤 이에게는 영들 분별함을, 다른 이에게는 각종 방언 말함을, 어떤 이에게는 방언들 통역함을 주시나니 이 모든 일은 같은 한 성령이 행하사 그 뜻대로 각 사람에게 나눠 주시느니라"(고전 12:7~11).

"오직 성령의 열매는 사랑과 희락과 화평과 오래 참음과 자비와 양선과 충성과 온유와 절제니 이 같은 것을 금지할 법이 없느니라 그리스도 예수의 사람들은 육체와 함께 그 정과 욕심을 십자가에 못 박았느니라 만일 우리가 성령으로 살면 또한 성령으로 행할지니 헛된 영광을 구하여 서로 격동하고 서로 투기하지 말지니라 But the fruit of the Spirit is love, joy, peace, longsuffering, gentleness, goodness, faith, meekness, temperance: against such there is no law. And they that are Christs have crucified the flesh with the affections and lusts. If we live in the Spirit, let us also walk in the Spirit. Let us not be desirous of vain glory, provoking one another, envying one another"(갈 Galatians 5:22~26).

우리가 예수님을 처음 영접할 때도 성령님이 역사하시고 감화를 주심으로 예수님을 믿게 되지만 이는 성령 감화이지 성령 충만 또는 성령 세례가 아니고, 성령 충만은 우리가 우리 죄를 자복하고 회개하면서 성령 충만을 달라고 하나님께 기도로 간구할 때 별도로 하나님께서 주시는 은혜이다. 성령 충만은 하나님의 임재가 크게 타오르는 불같이 혹은 폭포수같이 우리에게 이루어지는 것이다. 그러므로 바울 선생은 예수를 믿는 한 제자에게 다음과 같이 성령 충만을 받았는지 그 여부에 대하여 질문하고 그는 그렇지 못하였다고 답했다. "가로되 너희가 믿을 때에 성령을 받았느냐 가로되 아니라 우리는 성령이 있음도 듣지 못하였노라"(행 19:2).

　베드로가 아직 성령 충만을 받지 못했을 때 그는 나약하고 두려워했다. 예수님과 3년여를 동행하며 예수님의 교육과 훈련을 받은 제자였으나 예수님께서 그를 모함하는 세력들에게 붙들려 십자가에 못 박히실 때 세 번이나 예수님을 부인했고, 심지어 대제사장의 작은 계집종 앞에 서조차도 예수님을 모른다고 부인했다. 이를 미리 아신 예수님은 "내가 진실로 네게 이르노니 오늘 밤 닭 울기 전에 네가 나를 세 번 부인하리라"(마 26:34)고 예언하셨고 실제 그렇게 이루어졌다.

　그러나 예수님께서 십자가에서 돌아가신 후 그 제자들이 안식일날 다 함께 모여 전혀 기도에 힘쓸 때 "홀연히 하늘로부터 급하고 강한 바람 같은 소리가 있어 저희 앉은 온 집에 가득하며 불의 혀같이 갈라지는 것이 저희에게 보여 각 사람 위에 임하여 있더니 저희가 다 성령의 충만함을 받고 성령이 말하게 하심을 따라 다른 방언으로 말하기를 시작하니라"(행 2:2~4)라는 말씀처럼 모두 성령 충만함을 받게 되었다.

　베드로가 성령 충만함을 받은 후에는 완전히 사람이 달라졌다. 혈기 왕성하여 제사장의 종 말고의 귀를 칼로 잘랐던 사람이 온유해졌고, 작은 계집종 앞에서도 두려워 주님을 부정했던 그가 담대해져서 죽음도 두려워하지 않게 되어 복음을 전하다 잡혀 사형당할 때 예수님처럼 십자가에 바로 달려 죽을 수 없다 하여 십자가에 거꾸로 달려 순교했다.

그가 성령 충만을 받자 제대로 된 교육을 받지 못했던 베드로가 놀라운 하나님의 은혜로운 복음을 지혜롭고도 강력하게 전하기 시작했고, 고기 잡는 기술밖에 없던 그였지만 성령의 충만을 받은 후에는 병든 자를 낫게 하고 귀신 들린 자에게서 귀신을 쫓아내는 능력을 받았다.

베드로 외의 예수님 제자들과 믿는 성도들도 성령 충만 받은 후에는 담대해져서 복음을 전하고 하나님의 사랑을 나누다가 로마제국의 압제와 핍박을 당하여 십자가형에, 혹은 사자 밥으로, 혹은 화형으로, 혹은 육신에 톱질당함으로, 혹은 칼과 창으로 순교하였지만 예수님을 부정하는 배교를 하지 않았다.

우리나라에 처음 복음이 들어왔을 때도 대원군의 핍박이 심하여 예수 믿는 자들은 남녀노소를 가리지 않고 참수형에 처했는데 "성경책을 밟고 지나가면 살려준다."는 형리의 유혹에 넘어가지 않고 순교한 자가 1만 명을 넘었다. 한 예로서 정약용의 조카사위인 황사영(1775~1801)은 천주교에 귀의하여 그 당시 조선정부가 신자를 박해하는 내용과 천주교 부흥을 위한 방안에 대하여 편지로 적어 북경의 주교에게 전달하려는 계획이 발각되어(소위 황사영 백서사건) 육신의 사지를 찢어 죽이는 능치처참형을 당하였고 그의 가족들은 모두 유배를 당하였고 양반집안인 정약현(정약용의 형)의 딸인 그의 아내, 정난주는 관노비로 신분이 전락되었다.

6.25전쟁 때도 공산주의자들에 의한 성도들에의 핍박이 심했다. 교회들이 불타고, 수많은 목회자들과 성도들이 믿음을 지키기 위하여 순교하였다.

예수님 믿는 자들을 잡아 죽이는 데 앞장섰던 바울이 다메섹 가는 길에서 너무나 밝은 빛을 받아 눈이 멀고 예수님의 음성을 들었고 선지자 아나니아를 만나 눈이 밝아진 후, 사람이 백팔십도 달라졌으며 그의 삶도 완전히 달라졌다. 그동안 자기가 진리를 모르고 큰 죄를 범했음을 깨닫고 아라비아 사막에 나가 3년 동안 통렬히 회개하고 주님으로부터 직접 양육을 받았다. 그 이후 그는 이방인을 위한 선교사로 크게 쓰임을 받았는데, 그는 사역기간 동안 성령 충만하여 하나님께서 주시는 여러 성령의 은사를 나타냈다.

그가 로마 군인들에게 잡혀 로마로 이송되기 위해 탔던 배가 출항하기 전 성령님의 보여 주심에 따라 선장과 로마 백부장에게 "여러분이여 내가 보니 이번 행선이 화물과 배만 아니라 우리 생명에도 타격과 많은 손해가 있으리라"(행 27:10)라고 하며 출항을 늦추라고 예언했다. 그러나 그의 예언을 무시한 선장과 백부장은 바로 출항했는데 얼마 지나지 않아 바울의 예언대로 '유라굴로'라는 큰 풍랑을 만났고 배는 파선하게 되어 수많은 사람들의 목숨이 경각에 달리게 되었다. 이때 다시 바울이 성령님의 말씀하심을 듣고 "내가 너희를 권하노니 이제는 안심하라. 너희 중 생명에는 아무 손상이 없겠고 오직 배뿐이리라"(행 27:22)라고 예언 했고 그대로 또한 이루어졌다. 파선 후 이들이 간신히 상륙한 몰타 섬에서 불을 피우기 위하여 나무 한 묶음을 바울이 집었을 때, 그 속에 있던 독사가 나와 그의 손을 물었다. 이때 현지인들 외 여러 사람들이 이를 보고 바울이 곧 뱀독으로 죽을 것이라고 생각했으나 그는 뱀을 불에 떨쳐 버린 후 그의 몸에 조금도 이상이 없었고, 현지인들은 이를 보고 바울이 신이라 하였다(행 28:1~6).

또한 바울과 실라가 옥에 갇혀 하나님께 찬양드리니 옥문이 저절로 열렸다. 옥문이 열린 것을 보고 감옥을 지키던 간수장은 이들이 탈옥한 것으로 생각하여 자결하려고 했으나 감옥 안에 있던 바울이 소리 질러 그의 자결을 막았고 간수장과 그의 가족이 예수님을 믿게 되었다. 바울 선생이 로마에서 사형을 당하기 전, 아래와 같이 담대한 믿음의 고백을 하였다.

"나의 간절한 기대와 소망을 따라 아무 일에든지 부끄럽지 아니하고 오직 전과 같이 이제도 온전히 담대하여 살든지 죽든지 내 몸에서 그리스도가 존귀히 되게 하려 하나니 이는 내게 사는 것이 그리스도니 죽는 것도 유익함이니라 According to my earnest expectation and hope, that in nothing I shall be ashamed, but that with all boldness, as always, so now also Christ shall be magnified in my body, whether by life or by death. For to me to live is Christ, and to die is gain"(빌 Philippians 1:20~21).

"나의 달려갈 길과 주 예수께 받은 사명 곧 하나님의 은혜의 복음을 증거 하는 일을 마치려 함에는 나의 생명조차 조금도 귀한 것으로 여기지 아니하노라 I consider my life worth nothing to me, if only I may finish the race and complete the task the Lord Jesus has given me, the task of testifying to the gospel of God's grace"(행 Acts 20:24).

"전제와 같이 내가 벌써 부어지고 나의 떠날 시각이 가까웠도다 나는 선한 싸움을 싸우고 나의 달려갈 길을 마치고 믿음을 지켰으니 이제 후로는 나를 위하여 의의 면류관이 예비 되었으므로 주 곧 의로우신 재판관이 그날에 내게 주실 것이며 내게만 아니라 주의 나타나심을 사모하는 모든 자에게도니라 For I am already being poured out like a drink offering, and the time has come for my departure. I have fought the good fight, I have finished the race, I have kept the faith. Now there is in store for me the crown of righteousness, which the Lord, the Righteous Judge, will award to me on that day, and not only to me, but also to all who have longed for His appearing"(딤후 2 Timothy 4:6~8).

이처럼 성령 충만을 받으면 연약했던 자가 예전과 달리 크게 담대해지며 사람의 능력이 아닌 하나님께서 주시는 능력, 곧 성령의 은사로서 지혜와 지식·믿음·신유·기적·예언·영 분별·방언·통변(방언번역)의 은사를 받게 되는데, 이는 각 사람의 형편에 따라 달리 나타나지만 모두 성령님께로부터 나오는 것이다. 또한 성령의 은사뿐만 아니라 성령의 열매로서 사랑·희락·화평·오래 참음·자비·양선·충성·온유·절제의 9가지 열매도 맺게 된다.

❋ 성령의 은사

성령의 은사는 하나님께서 복음증거, 즉 선교와 전도를 위하여 성령님을 통하여 우리 각 사람에게 주시는 은사, 능력이므로 이 은사는 오직 하나님의 뜻대로 사용되어야 하며, 이를 사적인 목적으로 사용하는 자는 그에 상응한 손실과 벌을 받게 된다.

앞에서 말한 것처럼 성령의 은사는 지혜·지식·믿음·신유·기적·예언·영 분별·방언·통변의 9가지로 분류되는데 살펴보면 다음과 같다.

1) 지혜

성경에는 다음과 같이 지혜의 소중함에 대한 많은 말씀이 있다.

"여호와의 율법은 완전하여 영혼을 소성케 하고 여호와의 증거는 확실하여 우둔한 자로 지혜롭게 하며 The law of the Lord is perfect, reviving the soul. The statutes of the Lord are trustworthy, making wise the simple"(시 Psalms 19:7).

"주의 계명들이 항상 나와 함께하므로 그것들이 나를 원수보다 지혜롭게 하나이다 내가 주의 증거들을 늘 읊조리므로 나의 명철함이 나의 모든 스승보다 나으며 주의 법도들을 지키므로 나의 명철함이 노인보다 승하니이다 Your commandments make me wiser than my enemies, for they are ever with me. I have more insight than all my teachers, for I meditate on your testimonies. I have more understanding than the elders, for I obey your precepts"(시 Psalms 119:98~100).

"지혜를 얻는 자와 명철을 얻는 자는 복이 있나니 이는 지혜를 얻는 것이 은을 얻는 것보다 낫고 그 이익이 정금보다 나음이니라 지혜는 진주보다 귀하니 네가 사모하는 모든 것으로도 이에 비교할 수 없도다 그 우편 손에는 장수가 있고 그 좌편 손에는 부귀가 있나니 그 길은 즐거운 길이요 그 첩경은 평강이니라"(잠 3:13~15).

"여호와를 경외하는 것이 지혜의 근본이요 거룩하신 자를 아는 것이 명철이니라 = 인외상제지지본(寅畏上帝智之本) The fear of the Lord is the beginning of wisdom, and knowledge of the Holy One is understanding"(잠 Proverbs 9:10).

"명철한 자는 지혜로 낙을 삼느니라 A man of understanding delights in wisdom"(잠 Proverbs 10:23).

"지혜를 얻는 자는 자기 영혼을 사랑하고 명철을 지키는 자는 복을 얻느니라 He who gets wisdom loves his own soul, he who cherishes understanding prospers"(잠 19:8).

"지혜 있는 자는 강하고 지식 있는 자는 힘을 더하나니 너는 모략으로 싸우라 승리는 모사가 많음에 있느니라 A wise man is strong and a man of knowledge increases strength. For by wise counsel you shall make your war: and in multitude of counsellors there is safety"(잠 Proverbs 24:5~6).

"나를 사랑하는 자들이 나의 사랑을 입으며 나를 간절히 찾는 자가 나를 만날 것이니라 부귀가 내게 있고 장구한 재물과 의도 그러하니라 I love those who love me, and those who seek me find me. With me are riches and honor, enduring wealth and prosperity"(잠 Proverbs 8:17~18).

"그가 모든 지혜와 총명을 우리에게 넘치게 하사 He lavished on us with all wisdom and understanding"(엡 Ephesians 1:8).

"깊도다 하나님의 지혜와 지식의 부요함이여 그의 판단은 측량치 못할 것이며 그의 길은 찾지 못할 것이로다"(롬 11:33).

"너희 중에 누구든지 지혜가 부족하거든 모든 사람에게 후히 주시고 꾸짖지 아니하시는 하나님께 구하라 그리하면 주시리라 If any of you lacks wisdom, let him ask of God, that gives to all liberally, and without reproaching, and it will be given to him"(약 James 1:5).

사람의 가장 탁월한 지혜도 하나님의 미련함에 미치지 못한다. 예수님께서 십자가에서 돌아가신 후 제사장들은 예수님의 제자들이 그 시신을 훔쳐가서 주님이 부활하셨다고 거짓 선전할 것이라 염려하여 그들의 경비병으로 예수님 무덤의 돌문을 지키게 했다. 그러나 이와 상관없이 장사된 지 사흘째 되는 날 예수님은 무덤에서 부활하셨고 그곳을 지키던 경비병들은 예수님의 부활에 혼비백산 크게 놀라 여기저기 말하여 이들을 보낸 제사장들의 뜻과 달리 오히려 예수님의 부활을 선전하는 도구로 쓰임받았다. 이처럼 하나님의 놀라우신 지혜는 사람들이 측량치 못할 때가 많다.

앞에서 보았듯이 바울 선생이 바닷길이나 기후에 대하여 아는 바는 그가 탄 배의, 수십 년 동안 경험과 지식을 쌓은 선장보다 훨씬 부족하지만 성령님께서 바울에게 주셨던 뱃길과 날씨, 그리고 그들 목숨에 대한 예언의 지혜를 선장과 백부장이 알 수가 없다. 사람은 십년 이십년 후가 아니라 내일 하루에 무엇이 일어날지 알 수 없는 부족한 존재이다.

예전 사람들이 상상도 못했던 지금의 텔레비전·세탁기·에어컨·컴퓨터·휴대전화·배·자동차·초고속열차·비행기·로켓과 인공위성 등등의 발명품들은 모두 하나님께서 주신 지혜로 발명된 것이다. 하나님은 태초에 천지창조를 하셨을 뿐 아니라 지금도 우리들에게 지혜를 주시어 사람들과 함께 계속적으로 천지 만물을 창조해 나가신다. 우리는 하나님의 자녀 된 존재로서 하나님의 천지만물과 우주 창조에 동역자로 쓰임받는다.

날카로운 이빨과 발톱이 없으며 힘도 약한 사람이 만물의 영장이 된 것은 두뇌활동, 곧 하나님께서 주신 지혜로 사물과 환경을 개선시키고 변화시키고 창조하는 능력을 받았기 때문이다. 지혜의 대명사인 솔로몬 왕이 하나님께 꼭 필요한 것을 구할 때, 금과 은을 구하지 않고 지혜를 구하여 하나님께서 그를 칭찬하시고 뛰어난 지혜뿐 아니라 다른 모든

부귀와 영화를 주신 내용은 잘 알려져 있다

시편 119편의 말씀처럼 하나님의 말씀은 우리를 지혜롭게 하므로 우리는 자주 하나님의 말씀을 묵상해야 하며, 우리에게 지혜가 부족할 때 지혜의 보고이신 하나님께 지혜를 주십사고 기도로 간구하면 하나님께서는 가장 적절하고 정확한 지혜를 주신다.

현대에는 어느 분야든 독창성이 중요한데 이 독창적인 지혜도 해당 전문 분야의 지식을 쌓고 연구하고 어느 특정 대상에 대하여 가장 최선의 길을 찾으려고 몰입할 때, 이 독창적인 지혜가 나온다고 알려져 있다. 몰입이란 어떤 의문에 대한 해답을 얻기 위하여 자나 깨나, 앉으나 서나, 꿈에서도 궁리하는 생각을 놓지 않을 때 갑자기 불현듯 아이디어나 생각이 떠올라 그것이 가장 정확한 답이 되는 것을 의미한다.

누가 만유인력을 발견한 뉴턴에게 어떻게 그것을 발견하게 되었느냐고 물으니 그가 답하길 "자나 깨나 그것만 생각했다."라고 답했으며 아인슈타인에게도 그가 발견한 상대성 원리에 대하여 같은 질문을 했더니 그가 답하길 "수년 동안 그것만 생각했다"라고 했다.

이는 불교의 참선에서 수도하는 방법과 비슷한데 화두(話頭)라고 부르는 어떤 논제에 대하여 하루 종일 이것만 생각하며 일하거나 움직일 때나 앉아 있을 때나, 자나 깨나 그것만 생각해야 한다고 하여 정동일여(靜動一如), 또는 몽중일여(夢中一如) 라고 하며 수도 활동이 어느 정도 수준에 도달하면 어느 날 갑자기 도道를 깨친다고 하여 이를 돈오(頓悟)라고 한다. 이처럼 일에 있어 해답을 얻는 경우나 연구의 해답을 얻어, 지식과 지혜를 얻는 과학적 방법으로 몰입이 중요하다. 그러나 이보다 더 탁월한 방법은 하나님께 기도드릴 때 하나님께서 직접 주시는 지혜와 지식이다.

2) 지식

"내 백성이 지식이 없으므로 망하는도다 네가 지식을 버렸으니 나도 너를 버려 내 제사장이 되지 못하게 할 것이요 네가 네 하나님의 율법을 잊었으니 나도 네 자녀들을 잊어버리리라 The people are destroyed from lack of knowledge. Because you have rejected knowledge, I also reject you as my priests: because you have ignored the law of your God, I will ignore your children"(호 Hosea 4:6).

"여호와를 경외하는 것이 지식의 근본이거늘 미련한 자는 지혜와 훈계를 멸시하느니라 The fear of the Lord is the beginning of knowledge, but fools despise wisdom and discipline"(잠 Proverbs 1:7).

"여호와의 신 곧 지혜와 총명의 신이요 모략과 재능의 신이요 지식과 여호와를 경외하는 신이 그 위에 강림하시리니 The Spirit of the Lord will rest on Him--the Spirit of wisdom and understanding, the Spirit of counsel and power, the Spirit of knowledge and of the fear of the Lord"(사 Isaiah 11:2).

"또한 모든 것을 해로 여김은 내 주 그리스도 예수를 아는 지식이 가장 고상함을 인함이라 내가 그를 위하여 모든 것을 잃어버리고 배설물로 여김은 그리스도를 얻고 그 안에서 발견되려 함이니 내가 가진 의는 율법에서 난 것이 아니요 오직 그리스도를 믿음으로 말미암은 것이니 곧 믿음으로 하나님께로서 난 의라"(빌 3:8~9).

국어사전에 보면 지식을 "어떤 대상에 대하여 배우거나 실천을 통하여 알게 된 명확한 인식이나 이해"라고 했다. 지혜는 두뇌 활동의 깊이를 나타내고 지식은 두뇌 활동의 넓이를 나타낸다고 할 수 있다. 우리가 일반적인 일이나 전문적인 일을 하는 데 있어 지식이 없으면 일을 제대로 잘 할 수 가 없다. 또한 기독인들은 하나님에 대한 지식이 없으면 하나님과 교제하거나 동행하며 하나님 임재를 구하기도 어렵다.

지식은 우리가 어떤 대상에 대하여 학교나 학원에서 이를 잘 아는 사람에게서 배우거나 우리의 경험을 통하여 알게 되는 우리의 내적 자산이다. 이 지식이 중요한 이유는 대개의 경우 지식이 쌓일 때, 그 알게 된 지식의 검토나 연구 등의 수렴작용을 통하여 지혜가 나오기 때문이다. 하나님께서 우리에게 직접 주시는 지혜 외에 일반적인 지혜는 이처럼 지식의 수렴작용을 통하여 나오기 때문에 지식은 지혜의 밭이나 모태라고 할 수 있다.

그리스도인은 신앙생활에 있어선 하나님을 잘 알아야 하고 일상생활에서는 자기가 맡은 분야에 대하여 관련된 전문지식을 꾸준히 많이 쌓고 쌓아야 일을 제대로 잘 할 수 있다.

'일만 시간의 법칙'이란 용어처럼 어떤 사람이 자기의 전문 분야에서 탁월한 성과를 얻으려면 일만 시간, 즉 하루 평균 8시간 근무 기준으로 따져 약 10년간 자기의 전문 분야에서 꾸준히 공부하고 훈련하고 연구해야 탁월한 결과를 가져올 수 있다고 한다. 옛말에 고절십년(苦節十年), 즉 장구를 쳐도 적어도 십년은 쳐야 제대로 소리가 난다는 말과 같다. 그러므로 항상 배우는 자세를 가지고 꾸준히 책을 읽고 공부하며 연구하여 자기 관련된 분야에 충분히 지식을 쌓아 준비된 사람을 하나님께서 쓰신다. 예를 들어 이방인들에게 선교사로 파송된 자가 현지 언어를 제대로 구사치 못하면 선교사역이 제대로 될 리가 없다.

음악의 신동이라 불렸던 모차르트의 경우에도 그가 타고난 천재성을 발휘했다기보다 어린 나이부터 철저하게 음악 공부를 하고 훈련된 결과 천재적인 탁월성을 나타냈다고 해석된다. 이처럼 음악이나 미술·

기술·과학이나 다른 학문 등에서의 위대한 업적이 그 사람의 천재성에서 나온 것인지, 아니면 그 사람의 후천적 노력에서 나오는 것인지에 대한 연구 결과로서 후자, 즉 어떤 전문 분야에서 후천적으로 다른 사람들 보다 훨씬 많이 쏟아붓는 그 사람의 노력에 따른다는 것이 이 점에 대해 여러 사람들이 연구한 공통된 결론이다.

앞의 이사야서 11장 말씀은 선지자 이사야가 예수님의 출현에 대하여 예언한 말씀인데 성령, 곧 지혜와 총명의 신이요 모략과 재능의 신이요 지식과 여호와를 경외하는 신이 예수님 위에 강림하신다고 했다. 즉 성령님의 여러 성품 중 하나로 지식을 들었다. 즉 성령님은 귀한 지혜뿐 아니라 지식도 무한하신 분이시다.

호세아서 4장에서는 이스라엘 백성들이 하나님에 대한 지식이 없어서 망한다고 했다.

또한 앞의 빌립보서 3장 말씀에 바울 선생은 예수 그리스도를 아는 지식을 가장 고상하게 여긴다고 했고 그것 이외에는 모든 것은 배설물과 같이 여긴다고 말했다.

이처럼 기독인에게 가장 중요한 지식은 성삼위 하나님에 대한 지식이다.

3) 믿음

성경에 믿음에 대한 말씀은 다음에 적힌 말씀들 이외에 수도 없이 많으나 대표적으로 많이 인용되는 말씀을 적어 본다.

"예수께서 즉시 손을 내밀어 저를 붙잡으시며 가라사대 믿음이 적은 자여 왜 의심하였느냐 하시고"(마 14:31).

"너희 믿음이 적은 연고이니라 진실로 너희에게 이르니 너희가 만일 믿음이 한 겨자씨만큼만 있으면 이 산을 명하여 여기서 저기로 옮기라 하여도 옮길 것이요 또 너희가 못할 것이 없으리라"(마 17:20).

"믿는 자에게는 능치 못할 일이 없느니라"(막 9:23).

"하나님을 믿으라 내가 진실로 너희에게 이르노니 누구든지 이 산더러 들리워 바다에 던지우라 하며 그 말하는 것이 이룰 줄 믿고 마음에 의심치 아니하면 그대로 되리라 그러므로 내가 너희에게 말하노니 무엇이든지 믿고 구하는 것은 받은 줄로 믿으라 그리하면 너희에게 그대로 되리라"(막 11:22~24).

"내 말이 네가 믿으면 하나님의 영광을 보리라 하지 아니하였느냐? Did I not tell you that if you believed, you would see the glory of God?"(요 John 11:40).

"믿음으로 좇아하지 아니하는 모든 것이 죄니라"(롬 14:23).

"오직 나의 의인은 믿음으로 말미암아 살리라 또한 뒤로 물러가면 내 마음이 저를 기뻐하지 아니하리라 My righteous one will live by faith. And if he shrinks back, I will not be pleased with him"(히 Hebrews 10:38).

"믿음은 바라는 것들의 실상이요 보지 못하는 것들의 증거니 선진들이 이로써 증거를 얻었느니라 믿음으로 모든 세계가 하나님의 말씀으로 지어진 줄을 우리가 아나니 보이는 것은 나타난 것으로 말미암아 된 것이 아니니라 Now faith is the substance of things hoped for, the evidence of things not seen. For by it the elders obtained a good report. Through faith we understand that the worlds were framed by the word of God, so that things which are seen were not made of things which do appear"(히

Hebrews 11:1~3).

"믿음이 없이는 기쁘시게 못하나니 하나님께 나아가는 자는 반드시 그가 계신 것과 또한 그가 자기를 찾는 자들에게 상 주시는 이심을 믿어야 할지니라 Without faith it is impossible to please God, because anyone who comes to Him must believe that He exists and that He rewards those who earnestly seek Him" (히 Hebrews 11:6).

"저희가 믿음으로 나라들을 이기기도 하며"(히 11:33).

"믿음의 주요 또 온전케 하시는 이인 예수를 바라보자 그는 그 앞에 있는 기쁨을 위하여 십자가를 참으사 부끄러움을 개의치 아니하시더니 하나님 보좌 우편에 앉으셨느니라 Let us fix our eyes on Jesus, the author and perfecter of our faith, who for the joy set before Him endured the cross, scorning its shame, and sat down at the right hand of the throne of God"(히 Hebrews 12:2).

"행함이 없는 믿음은 그 자체가 죽은 것이라"(약 2:17).

"너희가 믿음에 있는가 너희 자신을 시험하고 너희 자신을 확증하라 예수 그리스도께서 너희 안에 계신 줄을 너희가 스스로 알지 못하느냐 Examine yourselves to see whether you are in the faith: test yourselves. Do you not realize that Christ Jesus is in you?" (고후 2 Corinthians 13:5).

"대저 하나님께로서 난 자마다 세상을 이기느니라 세상을 이긴 이김은 이것이니 우리의 믿음이니라 For everyone born of God overcomes the world: This is the victory that has overcome the world, our faith"(요일 1 John 5:4).

위의 말씀에서 보듯이 예수님을 영접한 자들에게 하나님께서 그 사람의 형편에 따라 여러 가지 성령의 은사와 성령의 열매를 주시나, 그 중에서 가장 기본이 되는 것이 믿음이고 예수님은 우리에게 이 믿음을 주기 위해 오셨다.

그러므로 예수님은 그의 제자들이 어리석게 행동할지라도, 품위 없이 행동할지라도, 규모 없이 행동하고 무식하게 행동할지라도 꾸짖지 아니하시며 크게 인자하신 분이셨지만 제자들이 믿음 없이 행동할 때는 예외 없이 꾸짖으셨다.

왜냐하면 예수님은 십자가에서의 사명 이외에 우리에게 믿음을 주시기 위하여 오셨다고 할 수 있기 때문이다. 사람들에게 가장 중요한 영혼 구원도 주 예수 그리스도를 믿음으로 이루어진다.

우리가 하나님께로부터 받는 귀한 지혜와 능력도 믿음이 있을 때 허용된다. 하나님께서 역사하심으로 나타나는 기사와 이적도 믿음이 있는 곳에 일어난다. 베드로가 물위를 걸어오시는 예수님을 보고 주님을 믿었기에 "오라." 하시는 주님의 말씀에 따라 그도 바다에 뛰어들어 물위를 주님처럼 걸을 수 있었다. 그러나 그가 발아래 파도를 보고 두려움이 엄습하여 믿음이 흔들리자 물속에 빠졌다. 이때 주님은 "믿음이 작은 자여, 왜 의심하느냐"라고 말씀하시고 물에 빠진 베드로를 잡아 구해주셨다(마 14:22~33).

아브라함이 믿음으로 열국의 아비가 되는 축복을 받았고 그의 아내 사라를 통하여 백세에 자식 이삭을 얻는 하나님의 은혜를 입었다. "나는 너의 방패요 너의 지극히 큰 상급이니라 I am your shield, your exceedingly great reward"(창 Genesis 15:1)는 말씀처럼 하나님은 자기를 믿고 따르는 자들을 보호하시며 이들에게 상과 축복을 주신다.

다윗은 목동으로 일할 때 곰과 사자를 물리치게 하신 하나님의 임재하심을 경험했기 때문에 유대 땅을 침략한 블레셋 군대와 골리앗을 믿음으로 이길 수 있었다.

초라한 소년 목동이었던 그는 모든 이스라엘 군인들이 두려워 떨었던 8척 거인인 골리앗을 대적하며, "너는 칼과 창과 단창으로 내게 오거니와 나는 만군의 여호와의 이름 곧 네가 모욕하는 이스라엘 군대의 하나님의 이름으로 네게 나아가노라 You come against me with sword and spear and javelin, but I come against you in the name of the Lord Almighty, the God of the armies of Israel, whom you have defied"(삼상 1 Samuel 17:45)라고 말하며 방패와 갑옷도 없이 나아가 그 대적을 칼과 창도 아닌 작은 물맷돌로 거꾸러뜨렸다. 여호수아는 사람들이 보기에 우습게, 믿음으로 여리고 성을 칠일을 도니 난공불락의 큰 성이 무너졌으며, 다니엘은 믿음으로 사자의 입을 봉하였으며, 어떤 이들은 믿음으로 나라를 이기기도 했다.

이런 사람들은 믿음으로 축복을 받고 승리한 경우인 반면, 한편으론 성도들이 세상 권력의 압제와 핍박을 받을 경우 믿음으로 이기게 하신다. 로마 네로 왕 시대의 핍박과, 종교개혁 후 신교에 대한 구교의 박해, 조선과 일본에 기독교가 처음 전파되었을 때의 권력에 의한 핍박, 공산주의 체제하의 교회와 성도들에 대한 핍박이 있을 때 이들은 목숨을 버릴지언정 주님을 부정하는 배교를 하지 않았고 영적으로 승리했다.

"또 어떤 이들은 조롱과 채찍질뿐 아니라 결박과 옥에 갇히는 시련도 받았으며 돌로 치는 것과 톱으로 켜는 것과 시험과 칼로 죽임을 당하고 양과 염소의 가죽을 입고 유리하며 궁핍과 환난과 학대를 받았으니 이런 사람은 세상이 감당치 못하느니라. 그들이 광야와 산과 동굴과 토

굴에 유리하였느니라. …이는 하나님이 우리를 위하여 더 좋은 것을 예비하셨은즉 우리가 아니면 그들로 온전함을 이루지 못하게 하려 하심이라"(히 11:36~40)라는 말씀처럼, 그 어떤 핍박과 박해 속에서도 하나님께서는 믿음으로써 성도들이 승리케 하셨는데 이런 사람들은 세상이 감당치 못한다 하셨고 또 이처럼 핍박당하는 사람을 통하여 먼저 간 믿음의 세대들이 온전함을 이루기 위해서라고 말씀하신다.

바울 선생도 말로 다할 수 없는 수많은 핍박과 고초를 겪었으나 믿음으로 승리한 후 다음과 같이 말했다.

"내가 수고를 넘치도록 하고 옥에 갇히기도 더 많이 하고 매도 수 없이 맞고 여러 번 죽을 뻔하였으니 유대인들에게 사십에서 하나 감한 매를 다섯 번 맞았으며 세 번 태장으로 맞고 한번 돌로 맞고 세 번 파선하고 일주야를 깊은 바다에서 지냈으며 여러 번 여행하면서 강의 위험과 강도의 위험과 동족의 위험과 이방인의 위험과 시내의 위험과 광야의 위험과 바다의 위험과 거짓 형제 중의 위험을 당하고 또 수고하며 애쓰고 여러 번 자지 못하고 주리며 목마르고 여러 번 굶고 춥고 헐벗었노라 I have worked much harder, been in prison more frequently, been flogged more severely, and been exposed to death again and again. Five times I received from the Jews the forty lashes minus one. Three times I was beaten with rods, once I was stoned, three times I was shipwrecked, I spent a night and a day in the open sea. I have been constantly on the move, I have been in danger from rivers, in danger from bandits, in danger from my own countrymen, in danger from gentiles: in danger in the city, in danger in the country, in danger at sea: and in danger from false brothers. I have labored and toiled and have often

gone without sleep: I have known hunger and thirst and have often gone without food: I have been cold and naked"
(고후 2 Corinthians 11:23~27).

믿음이 없는 세상 사람들은 이 같은 고초와 핍박을 두려워하고 멀리 피하고 도망하지만, 믿음은 이처럼 성도들에게 핍박과 고초와 학대가 닥쳐와도 이것에 꿈쩍하지 않는 초인으로 만들어 준다.

4) 신유

"믿는 자들에게는 이런 표적이 따르리니 곧 그들이 내 이름으로 귀신을 쫓아내며 새 방언을 말하며 뱀을 집어 올리며 무슨 독을 마실지라도 해를 받지 아니하며 병든 사람에게 손을 얹은즉 나으리라 하시더라 These signs shall follow them that believe: In My name shall they cast out devils: they shall speak with new tongues; They shall take up serpents: and if they drink any deadly thing, it shall not hurt them: they shall lay hands on the sick, and they shall recover"(막 Mark 16:17~18).

"해질 무렵에 사람들이 온갖 병자들을 데리고 나아오매 예수께서 일일이 그 위에 손을 얹으사 고치시니"(눅 4:40).

사람들에게 병과 죽음은 죄로 인해 들어왔다. 그러므로 죄가 없으셨던 예수님께서 병에 걸리셨던 적은 한 번도 없으셨다. 예수님의 사역으로 제자들을 가르치심, 복음을 전파하심, 병자들을 고치심을 예수님의 삼대 사역이라 하는데 그중 하나가 하나님의 능력으로 병을 고치심, 즉 신유이다. 하나님께서 태초에 말씀으로 천지를 창조하셨듯이 예수님의 병 고침 사역, 곧 신유 사역도 약이나 의료기구에 의한 치료가 아니라 말씀과 안수기도로 병을 낫게 하셨다.

예수님은 소경과 귀머거리를 보고 듣게 하셨고 문둥병자를 낫게 하셨고, 혈루병자·중풍병자 등 각종 병든 자를 치료하셨고, 귀신 들린 자들에게서 귀신을 쫓아내셨고, 죽은 나사로와 야이로의 딸을 살리셨다.

예수님이 승천하신 이후 그 제자들도 손을 얹어 안수기도 하여 많은 병자들을 낫게 하였고, 죽은 자들을 일으켜 세워 살렸고, 지금도 선교 사역의 곳곳에서 이 하나님께서 주시는 은사로서 신유의 이적이 이루어지고 있다.

베드로도 8년을 중풍병자로 병석에 있었던 애니아를 "예수 그리스도께서 너를 낫게 하시니 일어나 네 자리를 정돈하라." 하니, 병이 나아 일어났고 그를 본 룻다와 사론에 사는 사람들이 모두 주께로 돌아왔다(행 9:32~35).

또 욥바에 다비다란 제자가 있었는데 병들어 죽으매 시체를 씻어 다락에 뉘었고, 베드로가 가서 사람들을 다 내보내고 무릎을 꿇고 기도한 후 시체를 향하여 "다비다야, 일어나라." 하니 그가 눈을 떠 베드로를 보고 일어나 앉았다. 온 욥바 사람들이 이 사실을 알고 많은 사람들이 주를 믿었다(행 9:36~42).

루스드라에 태어나면서부터 발을 쓰지 못하는 앉은뱅이가 있었는데 바울 선생이 그에게 구원받을 만한 믿음이 있는 것을 보고 큰 소리로 "네 발로 바로 일어서라." 하니 그 사람이 일어나 걸었다(행 14:8~10).

또 바울은 자기에게 여러 날을 따라다니며 "이 사람은 지극히 높은 하나님의 종으로서 구원의 길을 너희에게 전하는 자"라 하며 크게 소리를 지르는 점치는 귀신 들린 여종에게 "예수 그리스도의 이름으로 내가 네게 명하노니 그에게서 나오라" 하니 귀신이 즉시 그녀에게서 나왔다(행 16:16~18).

심지어 사람들이 바울의 손수건이나 앞치마를 가져다가 병든 사람에게 얹으면 병이 낫고 귀신도 떠나갔다(행 19:12).

앞에서 소개한 바대로 현재 카메룬에서 사역하시는 마마지 앙드레 목사님도 죽은 지 사흘이 되어 장사 지내러 가는 소녀의 시체를 향하여 "예수 그리스도의 이름으로 명하노니 일어나라!"고 외치자, 소녀가 발가락을 꼼지락거리며 살아나서 일어났고 이를 본 그 소녀의 친척들이 모두 예수를 믿게 되었다.

『붕어빵 전도행전』의 저자인 박복남 장로님은 그의 형님이 식도암 4기로 판정받아 병원서 입원도 더 안 시켜주고 집에 가서 초상 치를 준비나 하라는 사형선고를 받았는데, 온 가족이 모여 환자의 목에 함께 손을 얹고 박 장로께서 "나사렛 예수 그리스도의 이름으로 명하노니 형님 몸 안에 있는 암 덩어리는 모두 떠나갈지어다."라고 명령했고 그 후 병이 완쾌되었다. 그전에 식도암 4기로 진단한 암센터 원장이 이 사실을 보고 "현대의학으로는 설명할 수 없는 일이 일어났습니다."라고 말했다.

이처럼 신유의 기적은 특히 복음이 전파되는 선교 사역지에서 그 선교 사역의 부흥을 위하여 하나님께서 직접 일으키시는 경우가 많다. 즉 하나님은 기독교의 초창기에 베드로와 바울의 신유를 통하여 복음이 불길처럼 흥왕하여 전파되도록 하셨고, 아프리카나 다른 오지에 그동안 복음을 제대로 듣지 못한 사람들의 영혼 구원을 위하여, 우리나라의 경우 1960년대와 70년대에 교회가 불 일 듯이 일어날 때, 이런 신유의 기적을 많이 일으키셨다.

그러나 여기서 주의해야 할 것은 이런 신유의 기적은 마귀의 힘에 의해 이단 종교들도 일으킬 수 있으니 하나님의 뜻에 위배되지 않는지 잘 분별해야 하며, 이 신유의 은혜를 하나님의 것으로 돌리지 않고 어떤 욕심에 이끌려 어느 사람이 가진 개인적인 능력으로 선전할 때에는 그에 상응한 하나님의 벌이 그에게 따름을 주의해야 한다.

5) 능력 행함(기적)

위의 신유도 같은 기적이라 할 수 있으나 여기서의 기적은 신유를 제외한 다른 기적을 보기로 한다. 성경에는 하나님께서 일으키신 기적이 수없이 기록되어 있다. 이 기적은 예수님께 전수되었고 그 제자들과 또 현대를 살아가는 우리들에게도 하나님의 은사로 나타난다.

아브라함이 백 세에 아들 이삭을 얻었고, 모세가 광야에서 연단받은 지 40년 되던 때 시내산에서 하나님께서 떨기나무에 소멸치 않는 불을 붙이사 사명을 주신 일, 노예로 일하던 이스라엘 백성을 애굽이 내보내 주지 않자 하나님께서 아론의 지팡이가 뱀이 되게 하시고 나일 강물이 피가 되고, 개구리와 이와 파리의 재앙이 일어나고, 애굽의 가축들에게 병이 내리고, 우박과 번갯불이 내리고, 메뚜기 떼가 애굽의 채소와 열매를 다 먹고, 애굽의 장자와 첫 번째 난 짐승들이 모두 죽는 기사가 일어났고, 드디어 이스라엘 백성들이 출애굽하여 홍해를 앞에 두고 뒤에는 애굽 군대가 이스라엘 백성들을 죽이려고 급히 돌진해 올 때 하나님께서 홍해를 가르시어 이스라엘 백성들이 한 명도 목숨을 잃지 않고 홍해를 건넌 일, 먹을 것이 없어 사막에서 고통받는 이스라엘 백성들에게 매일 만나를 내려 주시고 메추라기를 보내어 먹이신 일, 모세의 후계자 여호수아가 여리고 성을 칼과 창과 공성무기로 무너뜨린 것이 아니라 이스라엘 백성들이 여리고 성을 7일째 돎으로써 성을 무너뜨린 일, 엘리야가 일곱 번 기도하여 비가 오게 한 일, 엘리야가 가난한 사르밧 과부의 떡과 기름을 축복하여 풍족하게 한 일, 엘리사가 엘리야의 겉옷을 요단 강물에 칠 때 강물이 갈라져 강을 건넌 일, 다니엘이 굶주린 사자 굴에 갇혔으나 천사들이 사자들의 입을 봉한 일, 범죄가 창궐한 소돔과 고모라를 하나님께서 불로 치신 일, 기드온을 부르실 때 흔들리는 기드온에게 양털과 이슬로 확신을 주시고 미디안 대군을 작은 병사로써 이긴 일, 요나가 큰 물고기, 아마 고래의 뱃속에 3일을 삼킨 바 되었으나 토해진 후 니느웨에 가서 하나님 말씀을 선포한 일 등등이 구약 시대에 있었다.

예수님이 세상에 오신 신약 시대 때 예수님은 남자의 후손이 아닌 동정녀 마리아의 몸을 통하여 성령으로 잉태되셨고, 공생애를 시작하신 후 첫 번째 기적으로 가나의 혼인 잔칫집에서 포도주가 떨어지자 물을 포도주로 만드셨다.

한밤중에 예수님은 바닷물 위를 걸어 배를 타고 바다를 건너던 베드로와 제자들에게 나타나셨고 베드로에게 물위를 걷게 하셨고 의심하여 물에 빠진 베드로를 구하셨고, 배에서 주무실 때 풍랑이 일자 일어나시어 바다를 꾸짖어 잠잠케 하셨다. 그를 따르는 몇천 명을 물고기 두 마리와 떡 다섯 덩이로 먹이신 오병이어의 기적을 행하셨고, 야이로의 죽은 딸과 나사로를 살리셨다. 예수님이 십자가에 달려 돌아가시자 큰 지진이 일어났고 성전의 휘장이 위에서 아래로 둘로 찢어졌고, 가장 크신 기적으로 십자가에 달려 죽으신 지 3일 만에 부활하셨다.

베드로가 헤롯 왕의 박해로 옥에 갇혀 사형당하기 직전, 여러 믿는 성도들이 기도드리자 천사들이 나타나 옥문을 열고 매인 차꼬(착고)를 풀어주어 베드로가 자유의 몸이 된 일, 바울도 감옥에 갇혀 하나님께 찬송과 기도를 드리니 감옥 문이 열렸으나 바울이 피신치 않아 간수와 그 가족들이 모두 예수님을 믿게 된 일, 그가 로마로 압송당하기 위해 탔던 배가 파선한 후 상륙한 몰타 섬에서 불을 피우다 독사에게 물렸으나 몸에 아무런 이상이 없었던 일, 바울이 삼층천 곧 천국과 지옥을 보고 온 일, 등등 수많은 기적이 성경에 기록되어 있고 이런 기적은 현세에도 여러 믿는 자들에게 곳곳에서 일어나고 있다.

우리나라의 경우, 일제 식민지 시절에 1945년 8월 17일 일본 군경들이 많은 기독교 목회자들과 성도들을 처형하려고 계획했었는데 그 이틀 전인 8월 15일 나라가 광복되어 이들이 기적적으로 살아난 일, 6.25 전쟁을 북한 공산주의자들이 일으켜 탱크를 앞세워 맨주먹인 남한에 밀고 내려와 한반도의 공산화가 눈앞일 때, 여러 믿는 자들이 기도하였더니 유엔의 상임이사국 대표인 구소련 대사가 배가 아파 유엔군의 참전 여부를 의결하는 투표에 참석치 못했고 반대표가 없어 유엔군이 참전토록 결정되었고, 이들의 참전과 한국군의 노력으로 공산화가 저지된 일, 기독인들이 뜨겁게 기도하자 아무것도 없던 전쟁의 폐허 속에서 경제가 빠르게 성장하여 '한강의 기적'을 이루었고, 수출대국이 되어 여러 나라들의 원조를 받던 나라에서 원조하는 나라가 되었고 선진국 그룹인 OECD의 회원국이 된 일, 또한 미국과 브라질 다음으로 해외에 선교사를 가장 많이 파송하여 열심히 선교하는 나라가 된 일 등이 모두 하나님의 기적이요 하나님의 크신 은혜였다.

6) 예언

"하나님이 말씀하기기를 말세에 내가 내 영을 모든 육체에 부어 주리니 너희의 자녀들은 예언할 것이요 너희의 젊은이들은 환상을 보고 너희의 늙은이들은 꿈을 꾸리라 It shall come to pass in the last days, God says, I will pour out of My Spirit upon all flesh: and your sons and your daughters shall prophesy, and your young men shall see visions, and your old men shall dream dreams"(행 Acts 2:17).

"바울이 그들에게 안수하매 성령이 그들에게 임하시므로 방언도 하고 예언도 하니"(행 19:6).

"사랑을 추구하며 신령한 것들을 사모하되 특별히 예언을 하려고 하라"(고전 14:1).

"방언을 말하는 자는 자기의 덕을 세우고 예언하는 자는 교회의 덕을 세우나니 나는 너희가 다 방언 말하기를 원하나 특별히 예언하기를 원하노라"(고전 14:4~5).

"그러므로 방언은 믿는 자들을 위하지 아니하고 믿지 아니하는 자들을 위한 표적이나 예언은 믿지 아니하는 자들을 위하지 않고 믿는 자들을 위함이라"(고전 14:22).

"그런즉 내 형제들아 예언하기를 사모하며 방언 말하기를 금하지 말라"(고전 14:39).

"예언은 언제든지 사람의 뜻으로 낸 것이 아니요 오직 성령의 감동하심을 받은 사람들이 하나님께 받아 말한 것임이라"(벧후 1:21).

"예언을 멸시하지 말고 범사에 헤아려 좋은 것을 취하고 악은 어떤 모양이라도 버리라"(살전 5:20~22).

"이는 그가 예언하기를 여호와의 말씀에 보라 내가 이 성을 바벨론 왕의 손에 넘기리니 그가 차지할 것이며 유다 왕 시드기야는 갈대아인의 손에서 벗어나지 못하고 반드시 바벨론 왕의 손에 넘겨진 바 되리니"(렘 32:3).

"일을 행하시는 여호와, 그것을 만들며 성취하시는 여호와, 그의 이름을 여호와라 하는 이가 이와 같이 이르시도다 너는 내게 부르짖으라 내가 네게 응답하겠고 네가 알지 못하는 크고 은밀한 일을 네게 보이리라 This is what the Lord says, He who made the earth, the Lord who formed it and established it, the Lord is His name: Call to me and I will answer you and show you great and mighty things which you do not know"(렘 Jeremiah 33:2~3).

사람은 어리석고 미흡하므로 내일 일도 잘 모른다.

그러나 하나님의 영이신 성령님께서 어느 사람에게 임하시어 그 사람의 입을 통하여 장래 일을 미리 말하게 하시는 예언은 반드시 그대로 이루어진다.

가장 크신 선지자이신 예수님은 자신이 십자가에 달려 죽으신 후 3일 만에 부활하실 것임을 예언하셨고, 제자 중의 한 명이 예수님을 팔 것이며 베드로도 예수님을 세 번 부정할 것이라고 예언하셨고, 또한 이스라엘 나라가 죄악으로 멸망할 것임도 예언하셨다.

선지자 이사야는 예수님께서 이 세상에 오시기 전 약 700년 전에 예수님께서 이새의 줄기에서 태어나실 것임을 예언하였다. "이새의 줄기에서 한 싹이 나며 그 뿌리에서 한 가지가 나서 결실할 것이요 그 위에 여호와의 영 곧 지혜와 총명의 영이요 모략과 재능의 영이요 지식과 여호와를 경외하는 영이 강림하시리니 그가 여호와를 경외함으로 즐거움을 삼을 것이며 그의 눈에 보이는 대로 심판하지 아니하며 그의 귀에 들리는 대로 판단하지 아니하며 공의로 가난한 자를 심판하며 정직으로 세상의 겸손한 자를 판단할 것이며 그의 입의 막대기로 세상을 치며 그의 입술의 기운으로 악인을 죽일 것이며 공의로 그이 허리띠를 삼으며 성실로 그의 몸의 띠를 삼으리라"(사 11:1~5).

이처럼 하나님은 그분이 선택하신 선지자를 통하여, 또는 성령 충만한 사람을 통하여 장래 일어날 일을 미리 예언케 하시며 귀 있는 자들이 듣고 예비케 하신다.

예로서 하나님은 노아에게 죄악이 창궐한 세상을 물로 심판하시겠으며 노아의 가족들만 살리겠으니 방주를 지으라고 말씀하셨다. 하나님 말씀을 들은 노아는 오랫동안 방주를 지었고 드디어 하나님께서 사십 주야로 비를 내리게 하시어 세상을 물로 심판하실 때에 그 가족들은 심판을 면하게 되었다.

바울 선생은 예언은 교회의 덕을 세우는 것이라며 "신령한 것들을 사모하되 특별히 예언을 하려고 하라"(고전 14:1)며 권고하였다.

그 자신도 종종 예언하였는데 바울 선생이 로마 군인들에 의하여 로마로 압송될 때, 그가 탄 선박이 조만간 '유라굴로'라는 풍랑을 만나 큰 손실을 입을 것이니 출항을 늦추라고 예언했으나 그 말을 무시하고 출항한 선장과 백부장은 바울의 예언대로 일어난 큰 풍랑으로 큰 손실을 입었다. 또 배가 파선할 때 바울 선생은 다시 예언하여 배만 파선될 것이요 그 배에 탄 사람들의 생명은 한명도 잃지 않을 것이라 예언했는데 그대로 이루어졌다.

요한계시록 6장부터 22장까지는 말세에 이 세상에 어떤 일과 재앙들이 일어날지에 대하여 여러 가지 상징으로 예언되어져 있고 하나님만이 아시는 그날에 예수님께서 재림하시어 최후의 심판을 하실 것이며 믿는 자는 이때 성스러운 몸으로 다시 부활할 것이 예언되어져 있다. 예언은 말씀뿐만 아니라 어떤 형상이나 숫자나 이미지로 주어지는 경우도 있다.

내가 예전에 무선전화기 제조사인 모 상장회사에 재무담당 임원으로 근무할 때에 있었던 일을 소개하면 회사에 자본 감소, 즉 감자(減資)가 필요했는데, 이는 상법상 주주총회에서 주식의결권 3분의 1 이상, 그리고 출석의결권의 3분의 2 이상 찬성이란 특별결의를 득해야 가능하다. 이때 찬성표가 부족해 가결치 못하면 회사가 상장 폐지되고 아주 위험한 상태에 빠지게 되므로 새벽 기도의 기도제목으로 열심히 기도드렸다. 하나님께서는 주주총회 며칠 전에 주주총회의 결과를 미리 보여 주셨는데 '423만'이란 숫자를 내게 보여 주셨다. 며칠 후 주주총회에서 투표 결과 380만 주 이상 찬성표가 나오면 가결되는데 투표결과는 423만 주, 정확히 찬성표가 나와 나도 크게 놀란 적이 있다. 또한 어떤 중요한 일의 미래 결과에 대하여 질문을 드리면 하나님께서는 말씀이 아니라 우리가 추론할 수 있는 그림이나 형상, 또는 이미지로 보여 주신 경우가 종종 있었다.

예언에 있어 주의할 것으로는 "예수님께서 OOOO년 OO월 OO일 재림하신다."는 등 예언을 사사로이, 자기의 심령, 곧 자기 생각에 따라 예언하는 자가 있고, 혹은 자기의 이익에 따라 예언을 하며 혹세무민하는 자들이 있는데, 믿는 성도들은 성경에 반하는 사적인 거짓 예언에 현혹되지 않아야 하겠고 선지자 에스겔은 이들 거짓 예언자들에게 화가 있을 것이라고 했다.

7) 영 분별, 방언, 통변

"사랑하는 자들아 영을 다 믿지 말고 오직 영들이 하나님께 속하였나 분별하라 많은 거짓 선지자가 세상에 나왔음이라"(요일 4:1).

"우리가 세상의 영을 받지 아니하고 오직 하나님으로부터 온 영을 받았으니 이는 우리로 하여금 하나님께서 우리에게 은혜로 주신 것들을 알게 하려 하심이라"(고전 2:12).

"너희는 다시 무서워하는 종의 영을 받지 아니하고 양자의 영을 받았으므로 우리가 아바 아버지라고 부르짖느니라 You did not receive a spirit that makes you a slave again to fear, but you recceived the Spirit of sonship. And by Him we cry 'Abba, Father'"(롬 Romans 8:15).

영 분별은 성령님께서 어떤 사람의 영에 대하여 내밀히 알려 주시는 은사로서 어느 사람이 과거에 어떠했으며, 현재 어떤 상황에 처해 있고 그 사람의 현재 문제가 무엇이며, 이에 대한 그의 생각과 계획, 그리고 그 사람의 성품·믿음·정직성, 외식이나 거짓과 속임 등 그 사람의 영과 혼적인 일에 대하여 정확히 알고 분별하는 것이다. 앞의 요한일서 4장 1절 말씀처럼 세상의 영, 종의 영, 속이는 영인지 하나님께로부터 온 영인지 분별해야 우리가 하나님의 뜻을 바르게 실천할 수 있다.

이는 하나님께서 직접 알려주시는 경우도 있지만 하나님께서 주신 이성으로 판단할 수도 있는데, 이에는 사람의 영적 상태가 그 사람의 얼굴(얼, 즉 영의 거울이란 뜻)에 나타나므로 얼굴과 눈빛을 관찰하거나 그 사람의 몇 마디 말을 주의 깊게 듣거나 그 사람의 행동이 그가 한 말과 일치되는지를 보아 분별할 수 있는데, 말에는 거짓이 들어가기 쉬우므로 그 사람의 행동으로 판단하는 것이 말에 의한 분별보다 더 정확하다.

의사가 먼저 병을 정확히 진단해야 제대로 된 처방과 치료를 할 수 있듯이 어떤 일을 처리함에 있어서는 관련된 사람의 영적 상태를 정확히 알아야 우리가 하나님의 말씀을 바르게 행할 수 있게 되니 이 영 분별의 은사는 중요한 은사 중 하나이다.

믿는 자들이 성령 충만함을 받으면 방언을 하게 되는데 성경의 곳곳에 방언에 대한 언급이 있다.

"믿는 자들에게는 이런 표적이 따르리니 곧 그들이 내 이름으로 귀신을 쫓아내며 새 방언을 말하며"(막 16:17).

"바울이 그들에게 안수하매 성령이 그들에게 임하시므로 방언도 하고"(행 19:6).

"방언을 말하는 자는 사람에게 하지 아니하고 하나님께 하나니 이는 알아듣는 자가 없고 영으로 비밀을 말함이라"(고전 14:2).

"방언을 말하는 자는 자기의 덕을 세우고"(고전 14:4).

"내가 너희 모든 사람보다 방언을 더 말함으로 하나님께 감사하노라"(고전 14:18).

"그러므로 방언은 믿는 자들을 위하지 아니하고 믿지 아니하는 자들을 위하는 표적이나"(고전 14:22).

"그러므로 내 형제들아 예언하기를 사모하며 방언하기를 금하지 말라"(고전 14:39).

"다른 사람에게는 각종 방언 말함을, 어떤 사람에게는 방언을 통역함을 주시나니 이 모든 일은 한 성령이 행하사 그의 뜻대로 각 사람에게 나누어 주시는 것이니라"(고전 12:10~11).

"그러므로 방언을 말하는 자는 통역하기를 기도할지니"(고전 14:13).

성령님께서 임하실 때 주시는 은사 중 하나로서 방언을 하게 된다. 이는 자의적으로 혀를 굴려 이상하게 말하는 것이 아니고 성령님께서 하게 하심을 따라 말하게 되는 것이다.

바울 선생이 설명하시길 방언은 사람에게 하지 아니하고 영으로 하나님께 비밀을 말하는 것이라고 했으며, 믿는 자들을 위함이 아니요 믿지 않는 자들을 위한 표적이며, 교회의 덕이라기보다는 자기의 덕을 세우며, 방언을 통역하여(통변) 교회의 덕을 세우지 아니하면 예언보다 못하다고 했다. 그러나 그는 다른 사람들보다 더 방언을 말하므로 하나님께 감사드린다고 했으며, 방언을 말하는 자는 심령이 뜨거워져 크게 말하는 경우가 많으니 이를 이상히 여겨 금하지 말라고 했다.

한편 방언은 타인이 알 수 없는 언어로서 하나님께 비밀을 말하는 것이다. 이는 자신과 극히 소수의 통역 은사가 있는 사람만이 알아들을 수 있으므로 교회에 덕이 되기 위해선 통변의 은사가 있는 사람이 방언을 듣고 통역을 해야 일반인들이 알아들을 수 있게 된다. 그러므로 바울 선생은 방언하는 자는 통역하기를 기도하라고 했다. 이 방언 통역의 은사도 세상적인 능력이 아니라 성령님께서 주시는 귀한 은사 중 하나이다.

✸ 성령의 열매

상기 성령의 은사는 하나님께서 하나님의 말씀인 복음 전파를 위하여, 하나님 나라 확장을 위하여 성령 충만한 사람에게 주시는 여러 가지 달란트, 혹은 능력이라면 성령의 열매는 성령 충만한 사람이 그 열매로서 가지게 되는 내적인 가치, 내적인 품성과 덕, 내적인 인격이라고 할 수 있다. 이에는 사랑·희락·화평·오래 참음·자비·양선·충성·온유·절제의 9가지 덕이 있다(갈 5:22~23).

이 9가지의 열매는 서로 성격이 다른 품성들이 아니라 서로 연결되어 있다고 볼 수 있다. 즉 사랑은 기쁨, 곧 희락이며 화평을 가져오며 오래 참아야 하며 자비와 양선과 충성과 온유와 절제가 있어야 하듯이 모두 서로 연결되어 있다.

1) 사랑

"네 마음을 다하고 목숨을 다하고 뜻을 다하고 힘을 다하여 주 너의 하나님을 사랑하라 하신 것이요 둘째는 이것이니 네 이웃을 네 자신과 같이 사랑하라 하신 것이라 이보다 더 큰 계명이 없느니라 Love the

Lord your God with all your heart and with all your soul and with all your mind and with all your strength. The second is this: Love your neighbor as yourself. There is no commandment greater than these"(막 Mark 12:30~31).

"너희가 만일 너희를 사랑하는 자만을 사랑하면 칭찬받을 것이 무엇이냐 죄인들도 사랑하는 자는 사랑하느니라"(눅 6:32).

"하나님이 세상을 이처럼 사랑하사 독생자를 주셨으니 이는 저를 믿는 자마다 멸망치 않고 영생을 얻게 하려 하심이라 For God so loved the world that He gave His one and only Son, that whoever believes in Him shall not perish but have eternal life"(요 John 3:16).

"새 계명을 너희에게 주노니 서로 사랑하라 내가 너희를 사랑한 것같이 너희도 서로 사랑하라 너희가 서로 사랑하면 이로써 모든 사람이 너희가 내 제자인 줄 알리라"(요 13:34~35).

"내가 아버지의 계명을 지켜 그의 사랑 안에 거하는 것같이 너희도 내 계명을 지키면 내 사랑 안에 거하리라"(요 15:10).

"내 계명은 곧 내가 너희를 사랑한 것같이 너희도 서로 사랑하라 하는 이것이니라"(요 15:12).

"누가 우리를 그리스도의 사랑에서 끊으리요 환난이나 곤고나 박해나 기근이나 적신이나 위험이나 칼이랴 …그러나 이 모든 일에 우리를 사랑하시는 이로 말미암아 우리가 넉넉히 이기느니라 내가 확신하노니 사망이나 생명이나 천사들이나 권세자들이나 현재 일이나 장래 일이나 능력이나 높음이나 깊음이나 다른 어떤 피조물이라도 우리를 우리 주 그리스도 예수 안에 있는 하나님의 사랑에서 끊을 수 없으리라"(롬 8

:35~39).

"깨어 믿음에 굳게 서서 남자답게 강건하라 너희 모든 일을 사랑으로 행하라 Be on your guard: stand firm in the faith: be men of courage: be strong. do everything in love"(고전 1 Corinthians 16:13~14).

"하나님이 우리에게 주신 것은 두려워하는 마음이 아니요 오직 능력과 사랑과 절제하는 마음이니 For God has not given us the spirit of fear; but of power, and of love, and of a sound mind"(딤후 2 Timothy 1:7).

"무엇보다 뜨겁게 서로 사랑할지니 사랑은 허다한 죄를 덮느니라"(벧전 4:8).

"우리는 형제를 사랑함으로 사망에서 옮겨 생명으로 들어간 줄을 알거니와 사랑하지 아니하는 자는 사망에 머물러 있느니라"(요일 3:14).

"자녀들아 우리가 말과 혀로만 사랑하지 말고 행함과 진실함으로 하자"(요일 3:18).

"사랑하는 자들아 우리가 서로 사랑하자 사랑은 하나님께 속한 것이니 사랑하는 자마다 하나님으로부터 나서 하나님을 알고 사랑하지 아니하는 자는 하나님을 알지 못하나니 이는 하나님은 사랑이심이라 하나님의 사랑이 우리에게 이렇게 나타난 바 되었으니 하나님이 자기의 독생자를 세상에 보내심은 그로 말미암아 우리를 살리려 하심이라 사랑은 여기 있으니 우리가 하나님을 사랑한 것이 아니요 하나님이 우리를 사랑하사 우리 죄를 속하기 위하여 화목제물로 그 아들을 보내셨음이라 사랑하는 자들아 하나님이 이같이 우리를 사랑하셨은즉 우리도 서로 사랑하는 것이 마땅하도다 Beloved, let us love one another; for love is of God; and every one that loves is born of God, and knows God. Whoever does not love does not know God, because God is love. This is how God showed His love among us : He sent His one and only Son into the world that we might live through Him. Herein is love, not that we loved God, but that He loved us, and sent His son to be the propitiation for our sins. Beloved, if God so loved us, we ought also to love one another"(요일 1 John 4:7~11).

"하나님이 우리를 사랑하시는 사랑을 우리가 알고 믿었노니 하나님은 사랑이시라 사랑 안에 거하는 자는 하나님 안에 거하고 하나님도 그 안에 거하시느니라 …사랑 안에 두려움이 없고 온전한 사랑이 두려움을 내어 쫓나니 두려움에는 형벌이 있음이라 두려워하는 자는 사랑 안에서 온전히 이루지 못하였느니라"(요일 4:16~18).

"내가 사람의 방언과 천사의 말을 할지라도 사랑이 없으면 소리 나는 구리와 울리는 꽹과리가 되고 내가 예언하는 능력이 있어 모든 비밀과 모든 지식을 알고 또 산을 옮길 만한 모든 믿음이 있을지라도 사랑이 없으면 내가 아무것도 아니요 내가 내게 있는 모든 것으로 구제하고 또 내 몸을 불사르게 내줄지라도 사랑이 없으면 내게 아무 유익이 없느니라 사랑은 오래 참고 사랑은 온유하며 시기하지 아니하며 사랑은 자랑하지 아니하며 교만하지 아니하며 무례히 행치 아니하며 자기의 유익을 구하지 아니하며 성내지 아니하며 악한 것을 생각하지 아니하며 불의를 기뻐하지 아니하며 진리와 함께 기뻐하고 모든 것을 참으며 모든 것을 믿으며 모든 것을 바라며 모든 것을 견디느니라 사랑은 언제까지나 떨어지지 아니하되 예언도 폐하고 방언도 그치고 지식도 폐하리라 …그런즉 믿음, 소망, 사랑, 이 세 가지는 항상 있을 것인데 그중에 제일은 사랑이라 If I speak in tongues of men and of angels, but have not love, I am only a resounding gong or clanging cymbal. If I have the gift of prophecy and can fathom all mysteries and all knowledge, and if I have a faith that can move mountains, but have not love, I am nothing. If I give all I possess to the poor and surrender my body to the flames, but have not love, I gain nothing. Love is patient, love is kind, it does not envy, it does not boast, it is not proud. It is nor rude, it is not self-seeking, it is not easily angered, it keeps no record of wrongs. Love does not delight in evil but rejoices with the truth. It always bears, always trusts, always hopes, always perseveres. Love never fails. But where there are prophecies, they will cease: where there are tongues, they will be stilled: where there is knowledge, it will pass away. ~And now these three remain: faith, hope and love. But the greatest of these is love"(고전 1 Corinthians 13:1~13).

하나님은 사랑이시다. 그러므로 사랑치 않는 자는 하나님의 자녀라 할 수 없다. 그래서 성경에서 가장 많이 찾을 수 있는 말씀이 사랑에 대한 말씀이다.

고린도전서 13장 13절에서는 성도들에게 믿음·소망·사랑, 이 세 가지는 항상 있을 것인데 그중에서 제일은 사랑이라 했다.

'사랑의 원자탄'이라 불리는 손양원 목사님의 경우, 6.25전쟁 당시 사랑하는 아들 두 명이 공산주의자에게 총살당했는데 추후 그 공산주의 살인자가 우리 군경에게 사로잡혀 사형에 처해지게 되었다. 그 소식을 들은 손양원 목사님은 그 공산주의자를 사형에 처하지 말고 목숨을 살려달라고 군경에게 진정하여 사면시켰고 그뿐 아니라 그를 양자로 삼았다. 이 같은 일은 사람의 힘과 능력으로는 될 수 없고 오직 성령님께서 주시는 사랑의 능력으로만, 성령 충만으로만 행할 수 있는 일인데, 그랬던 그분도 나중에 공산주의자에 붙잡혀 고문을 당하시고 깨끗이 순교하셨다.

앞의 고린도전서 13장은 '사랑 장'이라고도 부른다. 이 '사랑 장'에서 사랑을 다시 15가지로 세분하여 언급하고 있는데 사랑하기 위해선 오래 참고, 온유하며, 진리를 기뻐하고, 모든 것을 참으며, 모든 것을 믿으며, 모든 것을 바라며, 모든 것을 견뎌야 하며 또한 조심하고 피할 것으로 시기와 자랑과 교만, 무례함, 자기 유익을 구함, 성냄, 악을 생각함, 불의를 기뻐하는 것이다. 이 중 사람으로서 잘하기 힘들고 따라서 매우 중요하면서도 꼭 필요한 것은 '오래 참음'이라고 할 수 있다. 요사이 이 나라에 부부간의 이혼율이 매우 높아지고 결손가정들이 많이 생기고 있음은 심히 우려할 사항인데, 이는 이 '오래 참음'이 부족하여 사랑이 실종해 생기는 것이다.

2) 희락

"하나님 나라는 먹는 것과 마시는 것이 아니요 오직 성령 안에 있는 의와 평강과 희락이라 The kingdom of God is not a matter of eating and drinking, but of righteousness, peace and joy in the Holy Spirit"(롬 Romans 14:17).

"여호와께서 또 가라사대 은혜의 때에 내가 네게 응답하였고 구원의 날에 내가 너를 도왔도다 내가 장차 너를 보호하여 너로 백성의 언약을 삼으며 나라를 일으켜 그들로 황무하였던 땅을 기업으로 상속케 하리라 …하늘이여 노래하라 땅이여 기뻐하라 산들이여 즐거이 노래하라 여호와가 그 백성을 위로하였은즉 그 고난당한 자를 긍휼히 여길 것임이니라"(사 49:8~13).

"예루살렘을 사랑하는 자여 다 그와 함께 기뻐하라 다 그와 함께 즐거워하라 그를 위하여 슬퍼하는 자여 다 그의 기쁨을 인하여 그와 함께 기뻐하라 너희가 젖을 빠는 것같이 그 위로하는 품에서 만족하겠고 젖을 넉넉히 빤 것같이 그 영광의 풍성을 인하여 즐거워하리라"(사 66:10~11).

"여호와를 기뻐하라 그가 네 마음의 소원을 네게 이루어 주시리로다 네 길을 여호와께 맡기라 그를 의지하면 그가 이루시고 네 의를 빛같이 나타내시며 네 공의를 정오의 빛같이 하시리로다 Delight yourself in the Lord and He will give you the desires of your heart. Commit your way to the Lord: trust in Him and He will do this. He will make your righteousness shine like the dawn, the justice of your cause like the noonday sun"(시 Psalms 37:4~6).

"네 샘으로 복되게 하라 네가 젊어서 취한 아내를 즐거워하라"(잠 5:18).

"나를 인하여 너희를 욕하고 핍박하고 거짓으로 너희를 거스려 모든 악한 말을 할 때에는 너희에게 복이 있나니 기뻐하고 즐거워하라 하늘에서 너희의 상이 큼이라 너희 전에 있던 선지자들도 이같이 핍박하였느니라"(마 5:11~12).

"오직 너희가 그리스도의 고난에 참예하는 것으로 즐거워하라 이는 그의 영광을 나타내실 때에 너희로 즐거워하고 기뻐하게 하려 함이라"(벧전 4:13).

"그러나 귀신들이 너희에게 항복하는 것으로 기뻐하지 말고 너희 이름이 하늘에 기록된 것으로 기뻐하라 However, do not rejoice that the spirits submit to you, but rejoice that your names are written in heaven"(눅 Luke 10:20).

"주 안에서 항상 기뻐하라 내가 다시 말하노니 기뻐하라 너희 관용을 모든 사람에게 알게 하라 주께서 가까우시니라 아무것도 염려하지 말고 오직 모든 일에 기도와 간구로 너희 구할 것을 감사함으로 하나님께 아뢰라 그리하면 모든 지각에 뛰어난 하나님의 평강이 그리스도 예수 안에서 너희 마음과 생각을 지키시리라 Rejoice in the Lord always. Again I will say, rejoice! Let your gentleness be known to all men. The Lord is at hand. Be anxious for nothing, but in everything by prayer and supplication, with thanksgiving, let your request be known to God: and the peace of God, which surpasses all understanding, will guards your hearts and minds through Christ Jesus"(빌 Philippians 4:4~7).

"항상 기뻐하라 쉬지 말고 기도하라 범사에 감사하라 이는 그리스도 예수 안에서 너희를 향하신 하나님의 뜻이니라 Rejoice always. Pray constantly. Give thanks in all circumstances: for this is the will of God in Christ Jesus for you"(살전 5:16~18).

우리가 성령 충만할 때 하나님은 큰 기쁨을 주신다. 성령 충만할 때, 곧 하나님의 임재 시에 빚는 기쁨은 세상적인 기쁨과 비교할 수 없다. 그러므로 『하나님 임재 연습』의 저자 로렌스 수사는 이 기쁨을 다음과 같이 표현했다.

"세상에서 가장 큰 기쁨이라도, 종종 체험했고 지금도 여전히 체험하고 있는 더 없는 기쁨에 비하면 아무것도 아니기 때문에 아무것도 염려하지 않고 아무것도 두려워하지 않으며 하나님의 뜻을 거스르지 않게 해달라는 것 말고는 아무것도 구하지 않았습니다."

"이는 심오한 내적 만족과 기쁨을 주며 또 종종 엄청난 외적 감격을 안겨 주기도 합니다. 이 기쁨과 감격이 너무 커서 그 기쁨을 드러내지 않으면 미칠 것 같고 유치한 행동을 하지 않을 수 없을 때도 있습니다."

세상이 주는 기쁨은 일시적이지만 하나님께서 주시는 기쁨은 지속적이다. 세상적인 기쁨은 중독성이 있고 그것을 얻기 위해 시간과 재물과 육체적인 손실이 따르나, 하나님께서 주시는 기쁨은 영을 살리고 강하게 하며 우리 인생을 더욱 풍요롭게 한다.

3) 화평

"하나님은 주권과 위엄을 가지셨고 높은 곳에서 화평을 베푸시느니라" (욥 25:2).

"공의의 열매는 화평이요 공의의 결과는 영원한 평안과 안전이라"(사 32:17).

"내가 금을 가지고 놋을 대신하며 은을 가지고 철을 대신하며 놋으로 나무를 대신하며 철로 돌을 대신하며 화평을 세워 관원으로 삼으며 공의를 세워 감독으로 삼으리니"(사 60:17).

"만군의 여호와가 이같이 말하노라 …금식이 변하여 유다 족속에게 기쁨과 즐거움과 희락의 절기들이 되리니 오직 너희는 진리와 화평을 사랑할지니라"(슥 8:19).

"화평케 하는 자는 복이 있나니 그들이 하나님의 아들이라 일컬음을 받을 것임이요 Blessed are the peacemakers, for they will be called sons of God"(마 Matthew 5:9).

"그러므로 우리가 믿음으로 의롭다 하심을 받았으니 우리 주 예수 그리스도로 말미암아 하나님과 화평을 누리자 Therefore, since we have been justified through faith, we have peace with God through our Lord Jesus Christ"(롬 Romans 5:1).

"하나님은 무질서의 하나님이 아니시요 오직 화평의 하나님이시니라"(고전 14:33).

"그는 우리의 화평이신지라 둘로 하나를 만드사 원수 된 것 곧 중간에 막힌 담을 자기 육체로 허시고"(엡 2:14).

"모든 사람과 더불어 화평함과 거룩함을 따르라 이것이 없이는 아무도 주를 보지 못하리라"(히 12:14).

하나님은 사랑과 공의의 하나님이시면서 또한 화평의 하나님이시다. 하나님은 거룩하시니 이 거룩함과 화평이 없이는 하나님을 보지 못할 것이라고 바울 선생이 히브리서 12장에서 말씀하셨다.

아담 이후 사람이 죄를 지으면서 하나님과 사람은 원수가 되었고, 주 예수 그리스도께서 십자가에 못 박히시고 우리 죄를 대속하심으로 그 보혈로 원수 된 담을 허셨고 하나님과 우리 사이에 화평을 가져오셨다. 그러므로 예수님을 영접한 사람에게 제일 먼저 오는 큰 변화는 그 마음에 화평이 오는 것이다. 우리 주님은 화평의 왕이시다. 그러므로 화평케 하는 자는 복이 있나니 하나님의 아들이라 일컬음을 받을 것이라고 했다.

어느 사람의 심령에 이 화평이 없으면 그는 불행하다. "모든 지킬 만한 것 중에 더욱 네 마음을 지키라 생명의 근원이 이에서 남이니라 Keep your heart with all diligence: for out of it are the issues of life"(잠 Proverbs 4:23)라는 말씀처럼, 우리 마음에 하나님의 뜻에 합하지 않은 것이 들어오지 않도록 마음을 지켜야 하는데 그중에 우선되는 것이 화평을 깨는 미움이나 불화나 염려, 또는 두려움이 엄습치 못하도록 지키는 것이다. 마음에 이 화평이 깨지면 "생명의 근원이 이에서 난다"고 하셨으므로 우리 육체도 건강하지 못하게 되고 병이나 장애가 생기게 된다. 그러므로 병이 든 자들은 제일 먼저 그 마음속에 있는 분쟁・시기・질투・미움・화냄・탐욕・두려움 등을 회개하고, 이들을 깨끗이 없앤 후 마음의 화평을 찾는 것이 필수적이다.

4) 오래 참음

"오래 참으면 관원도 설득할 수 있나니 부드러운 혀는 뼈를 꺾느니라"(잠 25:15).

"사랑은 오래 참고 사랑은 온유하며 시기하지 아니하며 사랑은 자랑하지 아니하며 교만하지 아니하며"(고전 13:4).

"깨끗함과 지식과 오래 참음과 자비함과 성령의 감화와 거짓이 없는 사랑과 진리의 말씀과 하나님의 능력 안에 있어 의의 병기로 좌우하고"(고후 6:6~7).

"내가 너희를 권하노니 너희가 부르심을 받은 일에 합당하게 행하여 모든 겸손과 온유로 하고 오래 참음으로 사랑 가운데서 서로 용납하고 평안의 매는 줄로 성령이 하나 되게 하신 것을 힘써 지키라"(엡 4:1~3).

"그 영광의 힘을 따라 모든 능력으로 능하게 하시며 기쁨으로 모든 견딤과 오래 참음에 이르게 하시고 우리로 하여금 빛 가운데서 성도의 기업의 부분을 얻기에 합당하게 하신 아버지께 감사하게 하시기를 원하노라 Strengthened with all might, according to His glorious power, unto all patience and long suffering with joy: Giving thanks unto the Father, who has qualified us to be partakers of the inheritance of the saints in light"(골 Colossians 1:11~12).

"너희는 하나님의 택하신 거룩하고 사랑하신 자처럼 긍휼과 자비와 겸손과 온유와 오래 참음을 옷 입고 누가 뉘게 혐의가 있거든 서로 용납하여 피차 용서하되 주께서 너희를 용서한 것과 같이 너희도 그리하고 이 모든 것 위에 사랑을 더하라 이는 온전하게 매는 띠니라 그리스도의 평강이 너희 마음을 주장하게 하라 평강을 위하여 너희가 한 몸으로 부르심을 받았나니 또한 너희는 감사하는 자가 되라 그리스도의 말씀이 너희 속에 풍성히 거하여 … 마음에 감사함으로 하나님을 찬양하고 또 무엇을 하든지 말에나 일에나 다 주 예수의 이름으로 하고 그를 힘입어 하나님 아버지께 감사할지어다"(골 3:12~17).

"또 형제들아 너희를 권면하노니 규모 없는 자들을 권계하며 마음이 약한 자들을 안위하고 힘이 없는 자들을 붙들어 주며 모든 사람을 대하여 오래 참으라"(살전 5:14).

"그러나 내가 긍휼을 입은 까닭은 예수 그리스도께서 내게 먼저 일체 오래 참으심을 보이사 후에 주를 믿어 영생 얻는 자들에게 본이 되게 하려 하심이니라"(딤전 1:16).

"너는 말씀을 전파하라 때를 얻든지 못 얻든지 항상 힘쓰라 범사에 오래 참음과 가르침으로 경책하며 경계하며 권하라"(딤후 4:2).

"게으르지 아니하고 믿음과 오래 참음으로 말미암아 약속들을 기업으로 받는 자들을 본받는 자 되게 하려는 것이니라 … 가라사대 내가 반드시 너를 복주고 복주며 너를 번성케 하고 번성케 하리라 하셨더니 저가 이같이 오래 참아 약속을 받았느니라 We do not want you to become lazy, but to imitate those who through faith and patience inherit what has been promised. …Saying I will surely bless you and give you many descendants. And so after waiting patiently, Abraham received what was promised"(히 Hebrews 6:12~15).

"주의 약속은 어떤 이의 더디다고 생각하는 것같이 더딘 것이 아니고 오직 너희를 대하여 오래 참으사 아무도 멸망치 않고 다 회개하기에 이르기를 원하시느니라"(벧후 3:9).

우리는 죄인으로서 하나님의 오래 참으심이 없었다면 소돔과 고모라처럼 벌써 멸망했을 것이다. 하나님께서 오래 참으셨기에 그 외아들 독생자 예수 그리스도를 보내시어 십자가의 보혈로 우리를 구원하시고 하나님 자녀의 신분을 회복시켜 주셨다.

아브라함이 오래 참아 열국의 아비가 되었듯이 하나님께서 자녀들에게 약속하신 기업도 오래 참음으로 얻게 된다. 우리가 공부나 사업이나 세상일을 함에 있어서도 이 오래 참음이 없으면 결실을 얻지 못한다. 마찬가지로 하나님께서는 사람들 각자에게 주신 사명이 있는데 이 사명을 추진하고 달성하는 데도 오래 참음이 없으면 이룰 수가 없다.

하나님께서 명하셨듯이 우리가 이웃을 사랑하는 데 있어 가장 필요한 것이 아마 오래 참음일 것이다. 사람은 부족하고 미흡한 존재이므로 그 관계를 아름답게 가져가는 데 있어 이 오래 참음은 필수 사항이다. 현세는 모든 것이 빨라지고 있다. 교통도 통신도 음식도 문화도 더욱 빨라지고 있으니 사람들의 성격도 더욱 조급해지고 있다. 우리 한민족의 장점이자 단점이 "빨리, 빨리"이다. 해외에 나가면 외국인들이 한국

사람을 향하여 한국말로 "빨리, 빨리"라고 농담조로 부른다. 한국의 무선인터넷 속도는 세계에서 제일 빠르다. 우리 한국인들이 1960년대 이후 경제성장을 그렇게 크게 이룩한 데는 우리 국민성이 이처럼 일을 빨리 해치우는 습성이 있는 데에도 기인할 것이다. 그러나 그 단점과 폐해도 많다. 첫째 인간관계에서 오래 참지를 잘 못한다. 부족한 것이 인간인데 그 부족한 것에 대하여 오래 참는 데 약하다. 이 결과, 한국인의 이혼율이 평균 35%로 OECD 국가 중 상위권으로 높아졌다. 결혼한 부부 세 쌍 중 한 쌍이 이혼하는 셈이다. 오래 참지를 못하니 한국의 자살률은 하루 평균 약 36명(10만 명당 25명)으로 OECD 국가 중 1위이다. 타인을 살해하는 것만 살인죄가 아니라 자살하는 것도 살인죄이다. 성경적으로 보면 그 죄가 자살의 경우가 더 무겁다. 즉 타인을 살해한 죄인은 그가 감옥에서라도 진정으로 회개하고 예수님을 영접하면 그 죄가 비록 주홍 같을지라도 씻어지고 영혼 구원을 받게 되지만, 자살의 경우에는 이런 회개나 예수님 영접의 기회가 없으므로 영혼 구원이 없고 더 안타까운 처지가 되는 것이다.

5) 자비, 양선

"너희는 옷을 찢지 말고 마음을 찢고 너희 하나님 여호와께로 돌아올지어다 그는 은혜로우시며 자비로우시며 노하기를 더디 하시며 인애가 크시사 뜻을 돌이켜 재앙을 내리지 아니하시나나"(욜 2:13).

"나는 자비를 원하고 제사를 원하지 아니하노라 하신 뜻을 너희가 알았더라면 무죄한 자를 정죄하지 아니하였으리라"(마 12:7).

"너희 아버지께서 자비로우심과 같이 너희도 자비로운 자가 되라"(눅 6:36).

"그러므로 형제들아 내가 하나님의 모든 자비하심으로 너희를 권하노니 너희 몸을 하나님이 기뻐하시는 거룩한 산제사로 드리라 이는 너희가 드릴 영적 예배니라 Therefore I urge you, brothers, in view of God's mercy, to offer your bodies as living sacrifices, holy and pleasing to God. This is your spiritual act of worship"(롬 Romans 12:1).

"찬송하리로다 그는 우리 주 예수 그리스도의 하나님이시요 자비의 아버지시요 모든 위로의 하나님이시며 우리의 모든 환난 중에서 우리를 위로하사 우리로 하여금 하나님께 받는 위로로써 모든 환난 중에 있는 자들을 능히 위로하게 하시는 이시로다"(고후 1:3~4).

"선한 눈을 가진 자는 복을 받으리니 이는 양식을 가난한 자에게 줌이니라"(잠 22:9).

"사람아 주께서 선한 것이 무엇임을 네게 보이셨나니 여호와께서 네게 구하시는 것이 오직 공의를 행하며 인자를 사랑하며 겸손히 네 하나님과 함께 행하는 것이 아니냐"(미 6:8).

"나는 선한 목자라 내가 내 양을 알고 양도 나를 아는 것이 I am a good shepherd: I know My sheep and My sheep know Me"(요 John 10:14).

"아무에게도 악을 악으로 갚지 말고 모든 사람 앞에서 선한 일을 도모하라"(롬 12:17).

"우리는 그의 만드신 바라 그리스도 예수 안에서 선한 일을 위하여 지으심을 받은 자니 이 일은 하나님이 전에 예비하사 우리로 그 가운데서 행하게 하려 하심이니라 For we are God's workmanship, created in Christ Jesus to do good works, which God prepared in advance for us to do"(엡 Ephesians 2:10).

"선을 행하는 자는 하나님께 속하고 악을 행하는 자는 하나님을 뵈옵지 못하였느니라"(요삼 1:11).

영어로 자비는 kindness, 양선은 goodness로 번역되고 있는데 보통 자비는 남에 대한 깊은 사랑과 베푸는 혜택을 의미하고, 양선은 남에게 선을 행하거나 유익을 끼치는 행위를 의미하며 양선에는 사랑의 행위뿐 아니라 공의의 행위도 포함되는 점이 그 뜻에 있어 조금 다르다.

하나님께서 우리에게 요구하시는 것을 크게 두 가지로 나누면 선교와 구제를 들 수 있다.

즉 하나님은 복음이 세상 끝까지 전파되어 모든 사람이 구원에 이르길 원하시며 또한 세상에는 가난하고 힘없고 병든 자, 소외된 자, 절망하고 있는 자들이 많으므로 하나님의 사랑과 은혜를 입은 우리가 하나님께서 주신 사랑으로 이들을 위로하고 도와주길 원하신다.

하나님께서 이러한 선행을 기뻐하시는 한 증거로서 우울증 환자를 치료하는 방법 중 하나로 그들로 하여금 자비를 베풀고 선행과 봉사를 하게 하는 것을 들 수 있다. 우리가 사랑할 때, 남을 도울 때, 우리 몸속에 '옥시톡신'이란 행복물질이 생성된다. 이 물질은 기분을 좋게 하고 긍정적이고 낙관적 감정을 만들며 심장을 튼튼하게, 혈류를 좋게 만들며 우울증을 치료한다. 즉 선행을 베풀고 자비롭고 사랑이 많은 사람이 장수한다는 통계가 있듯이 자비와 양선은 우리 마음에 기쁨과 뿌듯함과 만족감을 주므로 우리가 세상살이에서 받은 스트레스를 해소해주고 몸을 건강하고 장수하게 만든다.

내가 출석하는 교회에서는 정기적으로 노숙자 및 극빈자들에게 식사를 제공하고 달동네에 연탄을 공급하며, 또한 '베데스다부'라는 장애인

학교가 있어 장애인들이 함께 모여 예배드리고, 자활교육을 받고, 서로 친교하고 있으며, 이를 위해 목회자들과 성도들이 장애자들을 섬기고 있다. 이와 같은 교회의 선행은 세상에 사랑의 빛을 비추는 것이므로 선교에도 물론 큰 도움이 된다. 그동안 한국교회의 평판이 나빠지고 세상에 미치는 영향력이 줄어든 이유는 교회가 외적 성장에 치중하여 교회건물을 크게 짓는 등 비본질적인 사항을 강조, 중시하여 선교와 구제에 책정하는 예산이 적은 점을 들 수 있다. 몇몇 교회들이 교회 재정의 50% 이상을 선교와 구제 사업에 배정하는 것을 볼 수 있는데, 이는 하나님께서 기뻐하시고 또한 장기적으로 보아 교회가 부흥하는 길이 될 것이다.

내 자랑이 되지 않기를 바라면서 선행이 선교의 밑거름이 되는 한 경험을 소개하겠다.

얼마 전 내 사무실이 있는 합정동 소재 선교사 묘지공원에 점심 식사 후 성경 말씀을 묵상을 하며 산책을 하던 중 공원에서 노숙을 하는 한 청년을 보았다. 시절은 벌써 초겨울이라 기온은 밤에 영하로 떨어지는데 30대 초반으로 보이는 청년이 공원에서 땅바닥에 슬리핑백을 깔고 노숙하고 있는 것이 안타까워 말을 걸었다. "청년, 여기서 노숙을 하면 겨울철인데 체온이 떨어져 저체온증으로 죽을 수 있네. 왜 노숙을 하게 되었는가?"라고 질문하니, "몇 개월 전 지방에서 올라와 건설현장에서 막노동을 했는데 얼마 전 일을 하다 허리를 다쳐 더 이상 일 할 수 없게 되었고 모은 돈도 없으니 이 공원에서 노숙하게 되었습니다."라고 답했다. 그래서 "보아하니 밥도 제대로 먹지 못한 것 같으니 가까운 식당에 가서 따뜻한 밥을 사 먹게."라며 지갑에 있던 몇만 원을 그에게 주었다. 그 청년은 "감사합니다." 하며 그 돈을 받은 후 헤어졌다. 며칠 후 같은 장소에 다시 산책하다가 그 자리에서 그 청년을 다시 만났다.

지난번에 준 몇만 원은 벌써 다 없어졌을 테니 다시 몇만 원을 주면서 "따뜻한 해장국이나 사먹고 예수님을 믿으라. 그러면 하나님께서 당신에게 좋은 일자리를 마련해 주실 것이다. 그리고 일반 병원은 치료비가 꽤 나올 것이니 내가 아는 보건소 의사 한 분 소개해 줄 테니 이곳에 가서 다친 허리를 치료받으라."고 전도했고 한 보건소의 지인 의사를 소개해 주었다. 며칠 후 다시 그 장소에 갔더니 그 청년은 외출을 했고 그 자리에 전에 본 그의 슬리핑백이 있는데 그 머리맡에 이전에 보지 못했던 성경책이 놓여 있었다. 할렐루야! 그 며칠 후에는 그 자리에 아무것도 없었고 그 청년은 일자리를 구해 떠나서 다시는 볼 수 없었지만 그는 자기에게 주어진 선행을 보고 예수님을 믿기로 한 것은 분명해 보였다. 이처럼 자비나 양선은 선교, 즉 하나님 나라 확장에 바로 연결되어 있다.

6) 충성

"이르시되 내말을 들으라 너희 중에 선지자가 있으면 나 여호와가 이상으로 나를 그에게 알리기도 하고 꿈으로 그와 말하기도 하거니와 내 종 모세와는 그렇지 아니하니 그는 나의 온 집에 충성됨이라. 그와는 내가 대면하여 명백히 말하고 은밀한 말로 아니하며 그는 또 여호와의 형상을 보겠거늘"(민 12:6~8).

"그(아브라함) 마음이 주 앞에서 충성됨을 보시고 더불어 언약을 세우사 가나안 족속과 헷 족속과 아모리 족속과 브리스 족속과 여부스 족속과 기르가스 족속의 땅을 그 씨에게 주리라 하시더니 그 말씀대로 이루셨사오니 주는 의로우심이로소이다"(느 9:8).

"충성된 사자는 그를 보낸 이에게 마치 추수하는 날에 얼음냉수 같아서 능히 그 주인의 마음을 시원하게 하느니라 Like the coolness of snow at harvest time is a trustworthy messenger to those who send him, he refreshes the spirit of his masters"(잠 Proverbs 25:13).

"그 주인이 이르되 착하고 충성된 종아 네가 작은 일에 충성하였으매 내가 많은 것으로 네게 맡기리니 네 주인의 즐거움에 참여할지어다 하고 His master replied, 'Well done, good and faithful servant! You have been faithful with a few things: I will put you in charge of many things. Come and share your master's happiness!'"(마 Matthew 25:21).

"지극히 작은 것에 충성된 자는 큰 것에도 충성되고 지극히 작은 것에 불의한 자는 큰 것에도 불의하니라 너희가 만일 불의한(세상적인) 재물에 충성하지 아니하면 누가 참된 것으로 너희에게 맡기겠느냐 Whoever can be trusted with very little can also be trusted with much, and whoever is dishonest with very little will also be dishonest with much. So if you have not been trustworthy in handling worldly wealth, who will trust you with true riches?"(눅 Luke 16:10~11).

"사람이 마땅히 우리를 그리스도의 일꾼이요 하나님의 비밀을 맡은 자로 여길지어다 그리고 맡은 자들에게 구할 것은 충성이니라 So then, men ought to regard us as servants of Christ and as those entrusted with the secret things of God. Now it is required that those who have been given a trust must prove faithful"(고전 1 Corinthians 4:1~2).

"집마다 지으신 이가 있으니 만물을 지으신 이는 하나님이시라 또한 모세는 장래의 말할 것을 증거하기 위하여 하나님의 온 집에서 사환으로 충성하였고 그리스도는 그의 집 맡은 아들로 충성하였으니 우리가 소망의 담대함과 자랑을 끝까지 견고히 잡으면 그의 집이라"(히 3:4~6).

"네가 죽도록 충성하라 그리하면 내가 생명의 면류관을 네게 주리라 Be faithful unto death and I will give you a crown of life"(계 Revelation 2:10).

회사나 어떤 조직에서 사람을 구할 때는 지식이나 기술이나 그 사람의 능력도 중요하지만 그보다 더 충성 여부를 먼저 본다. 왜냐 하면 같이 일하는 사람이 그 조직에 충성하지 않으면 조직이 무너지기 때문이다. 하나님도 이처럼 충성스러운 사람을 쓰신다. 하나님은 죽기까지 충성하는 자에게 생명의 면류관을 주신다고 말씀하셨다.

예수님은 하나님의 뜻에 따라 십자가에 죽으실 만큼 그 누구보다 더 하나님께 충성하셨다.

아브라함도 하나님께 충성된 자였기 때문에 하나님의 사랑을 받고 '열국의 아비'가 되었고 또 백세에 남의 자식이 아니라 친자식 이삭을 상속자로 얻었다.

하나님께서 다른 여러 선지자보다 더 모세를 사랑하셨는데 다른 선지자에게는 이상으로, 꿈으로 하나님의 뜻을 보이셨으나 모세에게는 하나님께서 직접 나타나시어 말씀하셨다. 그 이유는 모세가 극히 하나님께 충성된 사람이었기 때문이라고 하셨다

충성된 자는, 추수 일을 하면서 덥고 목이 탈 때 일꾼에게 주어진 얼음냉수 같아서 그 보내신 자의 마음을 시원케 하는 사람이라고 하셨다.

천국에 가면 순교자의 상급이 가장 크다는 주장이 있는데 이들은 목숨까지 바쳐 하나님께 충성하였기 때문이리라. 우리나라 군대에서 군인들이 상호 경례할 때 하급자가 상급자에게 외치는 구호가 '충성'이다.

왜냐하면 총알과 포탄이 난무하며 옆 동료들이 죽어가는 전쟁터에서 임무를 완수하고 승리하기 위해 꼭 필요한 것이 충성이기 때문이다.

성경의 비유에 어떤 주인이 타국에 갈 때 그 종들을 불러 그 재능대로 한 명에게는 다섯 달란트를, 한 명에게는 두 달란트를, 또 한 명에게는 한 달란트를 맡겨 관리하게 하였는데 오랜 기간 후 주인이 돌아와 보니 다섯 달란트를 받은 자는 그것을 열 달란트로 만들었고 두 달란트 받은 자는 그것을 네 달란트로 만들어 그 주인에게 보였다. 이에 그 주인은 "네가 작은 일에 충성하였으니 내가 많은 것으로 네게 맡기리니 네 주인의 즐거움에 참여할지어다"(마 25:21, 23)라고 말했고, 한 달란트 받은 자는 그것을 땅에 숨겨 두었다가 그대로 가져온 것을 보고 그 주인이 "악하고 게으른 종아, 나는 심지 않은 데서 거두고 헤치지 않은 데서 모으는 줄로 네가 알았느냐"라고 하며, 그 한 달란트를 빼앗아 열 달란트 가진 종에게 주었다

하나님께서 우리에게 몸과 재물과 여러 재능을 주셨는데 그 소유권은 분명히 하나님께 있다. 그러므로 우리는 위의 달란트 비유처럼 이 몸과 재물과 재능을 잘 움직이고 활용하고 개발하여 크게 불려서 하나님께 영광을 올리고 하나님 나라 확장하는 데 쓰여져야 하는데, 이것들을 잘 움직이고 활용하고 개발치 못하여 하나님께 쓰임받지 못하면 충성된 종이 아니라 악하고 게으른 종이 되어, 나중에 하나님께로부터 상급이 없게 되니 성도들은 이 점에 주의해야 한다.

이 점이 기독교가 불교나 힌두교 등 다른 종교와 다른 점이다. 다른 종교에서는 어느 사람이 자기에게 주어진 달란트, 즉 재능이나 재물을 잘 활용하고 개발하여 하나님의 뜻에 쓰임받고 하나님께 영광 올리는 노력을 헛되고 허무한 것으로 간주하고 그런 노력과 애씀이 필요 없다고 주장한다. 기독교에서는 사람이 하나님에의 믿음과 기도와 말씀을

가지고 세상으로 나아가서 하나님 나라를 넓히라고 하지만, 불교나 힌두교 등에서는 그런 노력이 허무하니 세상에서 나와 산이나 수도장으로 나가 탈세속하고 해탈하라고 한다.

"하나님이 그들에게 복을 주시며 그들에게 이르시되 생육하고 번성하여 땅에 충만하라. 땅을 정복하라. 바다의 고기와 공중의 새와 땅에 움직이는 모든 생물을 다스리라 God blessed them and said to them, 'Be fruitful and multiply, fill the earth and subdue it. Rule over the fish of the sea and the birds of the air and over every living creature that moves on the earth"(창 Genesis 1:28)고 하셨다. 이 하나님 말씀이 사람에게 하신 사랑의 말씀이며 진리이니 이에 순종하고 충성해야 한다.

7) 온유, 절제

"이 사람 모세는 온유함이 지면의 모든 사람보다 승하더라 Moses was very meek, above all the men which were on the face of the earth"(민 Numbers 12:3).

"오직 온유한 자는 땅을 차지하며 풍부한 화평으로 즐기리로다 But the meek shall inherit the earth, and shall delight themselves in the abundance of peace"(시 Psalms 37:11).

"온유한 자는 복이 있나니 저희가 땅을 기업으로 받을 것임이요 Blessed are the meek, for they will inherit the earth"(마 Matthew 5:5).

"나는 마음이 온유하고 겸손하니 나의 멍에를 메고 내게 배우라 그러면 너희 마음이 쉼을 얻으리니 Take My yoke upon you and learn from Me, for I am meek and humble in heart, and you will find rest for your souls"(마 Matthew 11:29).

"사랑은 오래 참고 사랑은 온유하며 투기하는 자가 되지 아니하며 사랑은 자랑하지 아니하며 교만하지 아니하며 무례히 행치 아니하며 자기의 유익을 구하지 아니하며 성내지 아니하며 악한 것을 생각지 아니하며 불의를 기뻐하지 아니하며 진리와 함께 기뻐하고 모든 것을 참으며 모든 것을 믿으며 모든 것을 바라며 모든 것을 견디느니라"(고전 13:4~7).

"나 바울은 이제 그리스도의 온유와 관용으로 친히 너희를 권하고 Now I Paul myself beseech you by the meekness and gentleness of Christ"(고후 2 Corinthians 10:1).

"너희가 부르심을 입은 부름에 합당하게 행하여 모든 겸손과 온유로 하고 오래 참음으로 사랑 가운데서 서로 용납하고 평안의 매는 줄로 성령의 하나 되게 하신 것을 힘써 지키라 As a prisoner for the Lord, I urge you to live a life worthy of the calling you have received. Be completely humble and meek with longsuffering, bearing with one another in love. Make every effort to keep the unity of the Spirit through the bond of peace"(엡 Ephesians 4:1~3).

"오직 너 하나님의 사람아 이것들을(돈을 사랑하는 행위들) 피하고 의와 경건과 믿음과 사랑과 인내와 온유를 좇으며 믿음의 선한 싸움을 싸우라 영생을 취하라 이를 위하여 네가 부르심을 입었고 많은 증인들 앞에서 선한 증거를 증거하였도다"(딤전 6:11~12).

"거역하는 자를 온유함으로 징계할지니 혹 하나님이 저희에게 회개함을 주사 진리를 알게 하실까 하며"(딤후 2:25).

"이기기를 다투는 자마다 모든 일에 절제하나니 저희는 썩은 면류관을 얻고자 하되 우리는 썩지 아니할 것을 얻고자 하노라 Every man that strives for the mastery is temperate in all things. Now they do it to obtain a corruptible crown, but we an incorruptible"(고전 1 Corinthians 9:25).

"이러므로 너희가 더욱 힘써 너의 믿음에 덕을, 덕에 지식을, 지식에 절제를, 절제에 인내를, 인내에 경건을, 경건에 형제 우애를, 형제 우애에 사랑을 공급하라"(벧후 1:5~7).

온유는 귀하면서 얻기가 쉽지 않은 성품이다. 카인은 자기보다 더 하나님께 합당한 제사를 드리는 아벨을 시기하여 분을 내고 온유하지 못하여 동생을 죽이는 무서운 죄를 범하였다.

모세도 40년간 하나님의 광야학교에서 교육과 훈련을 받기 전에는 혈기 왕성하여 자기 이스라엘 백성을 학대하는 애굽인을 쳐 죽였다. 그러나 하나님의 광야학교에서 훈련을 받은 후에는 모세의 온유함이 땅 위의 모든 사람보다 더 나았다고 기록되어 있다(민 12:3).

베드로도 혈기 왕성하여 예수님을 잡아가는 제사장의 종 말고의 귀를 칼로 쳐서 베어 떨어뜨렸으나, 예수님은 베드로를 꾸중하셨고 말고의 떨어진 귀를 붙여주시고 치료해주셨다.

바울 선생도 다메섹으로 가는 길에서 예수님을 만나기 전에는 혈기 왕성하여 예수님 믿는 자를 잡아 죽이는 데에 앞장섰으나 주님을 만난 후에는 지극히 온유한 사람으로 변하였다.

나도 예수님을 만나기 전에는 혈기 왕성하여 사람 간에 갈등이 있으면 참지 못하여 고함을 치고, 싸우며, 폭력을 사용했고 테이블을 뒤집어엎는 등 난폭하였으나 믿음이 생긴 후에는 이런 혈기가 없어지고 성격이 양순하게 변하였다. 물론 아직도 옛사람이 완전히 죽어 혈기가 온전히 죽었다고 할 수는 없지만 매일 옛사람을 십자가에 죽이는 노력을 하고 있다.

예수님은 그 마음이 온유하고 겸손하시다고 스스로 소개하셨으며, 하나님은 온유한 자가 땅을 기업으로 받고 복을 받을 것이라 하셨고, 한편으로 예수님을 믿으며 온유한 자를 구원하시려고 한다 하셨다.

또한 남이 죄를 지은 것이 드러나면 온유한 심령으로 그를 바로 잡으라고 하셨고 말씀에 거역하는 자는 온유함으로 징계하라 하셨다.

이처럼 예수 믿는 자가 복을 받는 길이 온유함이요, 또한 사람간의 관계에 있어서도 그 기본 자세가 온유함이어야 하며, 이 온유함이 있어야 하나님의 일도 제대로 성취할 수가 있다.

절제는 우리의 감정과 의지와 욕망을 이성으로 조정하며 적절한 선을 넘지 않도록 조절하는 것을 의미한다. 경기에 출전하는 선수가 술이나 오락을 자유로이 즐기며 승리를 기대할 수 있을까? 연주를 앞둔 음악가가 연습을 게을리하고 그 음악 발표에서 좋은 결과를 얻을 수 있을까? 시험 일자를 앞둔 수험생이 공부를 게을리하고 자유롭게 연애하며 좋은 성적을 얻을 수 있을까? 이처럼 세상의 면류관을 얻기 위해 노력하는 사람도 절제를 하거니와(고전 9:25), 우리가 영원한 세계에서의 면류관을 얻기 위해서 절제하지 않아서 되겠는가?

그러나 이 절제는 사람의 의지와 이성으로 잘 되지 않을 때가 있으며 이는 성령님께서 개입하시어 성령의 열매로서 얻어지게 된다.

나의 경우, 예수님 믿기 전에는 술·담배를 즐겼고, 특히 술의 경우에는 친구들과 술 많이 마시기 시합에서 우승할 정도로 주량이 많았고, 술 없는 생활은 생각도 못하였으며, 취미로는 낚시·등산·골프 등을 즐겼으나 교회에 출석하면서부터 금주·금연하였고 주일성수하면서 낚시나 등산·골프를 할 수 없으므로 이런 취미도 자연스럽게 절연하게 되었다. 그보다는 훨씬 더 보람 있고, 무엇과도 비교할 수 없이 큰 기쁨을 주는 믿음을 가지게 되었으므로 이런 세상적인 낙을 잃은 것에 대하여서는 조금도 아깝거나 추호의 미련도 없다. 예전에 같이 술을 즐기던 술친구들은 모두 알코올 중독으로 이미 불귀의 객이 되었는데 나의 경우, 교회 출석함으로 금주·금연함에 따라 하나님께서 건강도 주셨으니 이 또한 하나님의 크신 은혜이다.

6장
지혜의 중요성

앞 장에서 지혜에 대한 성경 말씀으로 인용된 구절 이외에, 추가적으로 성경에 기록된 지혜에 대한 중요한 말씀을 다음과 같이 정리한다.

"대저 여호와는 지혜를 주시며 지식과 명철을 그 입에서 내심이여"(잠 2:6).

"나를 사랑하는 자들이 나의 사랑을 입으며 나를 간절히 찾는 자가 나를 만날 것이니라 부귀가 내게 있고 장구한 재물과 의도 그러하니라 내 열매는 금이나 정금보다 나으며 내 소득은 천은보다 나으니라 I love those who love me, and those who seek me find me. With me are riches and honor, enduring wealth and righteousness. My fruit is better than fine gold: what I yield surpasses choice silver"(잠 Proverbs 8:17~19).

"지혜는 그 얻은 자에게 생명나무라 지혜를 가진 자는 복 되도다 여호와께서는 지혜로 땅을 세우셨으며 명철로 하늘을 굳게 펴셨고 She is a tree of life to those who embrace her: those who lay hold of her will be blessed. By wisdom the Lord laid the earth's foundations, by understanding He set the heavens in place" (잠 Proverbs 3:18~19).

"지혜를 버리지 말라 그가 너를 보호하리라 그를 사랑하라 그가 너를 지키리라 지혜가 제일이니 지혜를 얻으라 무릇 너의 얻은 것을 가져 명철을 얻을지니라 Do not forsake wisdom, and she will preserve you: love her, and she will keep you. Wisdom is the principal thing, therefore get wisdom: and with all your getting, get understanding"(잠 Proverbs 4:6~7).

"지혜가 집을 짓고 일곱 기둥을 다듬고 Wisdom has built her house, she has hewn out its seven pillars"(잠 Proverbs 9:1).

"나 지혜로 말미암아 네 날이 많아질 것이요 네 생명의 해가 더하리라"(잠 9:11).

"미련한 자는 자기 행위를 바른 줄로 여기나 지혜로운 자는 권고를 듣느니라"(잠 12:15).

"지혜로운 자와 동행하면 지혜를 얻고 미련한 자와 사귀면 해를 받느니라"(잠 13:20).

"지혜로운 자의 재물은 그의 면류관이요 미련한 자의 소유는 다만 그 미련한 것이니라"(잠 14:24).

"명철한 자의 마음은 지식을 얻고 지혜로운 자의 귀는 지식을 구하느니라"(잠 18:15).

"지혜 있는 자의 집에는 귀한 보배와 기름이 있으나 미련한 자는 이것을 다 삼켜버리느니라"(잠 21:20).

"지혜가 네 영혼에게 이와(꿀과) 같은 줄을 알라 이것을 얻으면 정녕히 네 장래가 있겠고 네 소망이 끊어지지 아니하리라"(잠 24:14).

"어리석은 자는 그 노를 다 드러내어도 지혜로운 자는 그 노를 억제하느니라"(잠 29:11).

"스데반이 지혜와 성령으로 말함을 저희가 능히 당치 못하여"(행 6:10).

"하나님의 미련한 것이 사람보다 지혜 있고 하나님의 약한 것이 사람보다 강하니라 Because the foolishness of God is wiser than men: and the weakness of God is stronger than men"(고전 I Corinthians 1:25).

"오직 위로부터 난 지혜는 첫째 성결하고 다음에 화평하고 관용하고 양순하며 긍휼과 선한 열매가 가득하고 편벽과 거짓이 없나니"(약 3:17).

현대는 독창력이 강조되는 시대이고 창조력이 어느 개인이나 조직의 가장 큰 경쟁력으로 평가되고 있다. 이 참신한 독창력이나 창조력, 깊은 통찰력·판단력·이해력·기억력·표현력, 장래에 대한 예지력·예언·영 분별, 어떤 분야에 대한 노하우, 지식·명철·총명·명석함 등은 다 같은 지혜의 여러 분야에서의 다른 표현이다.

하나님께서는 땅을 지혜로 세우셨고 하늘을 지혜로 굳게 펴셨으며(잠언 3:19) 천지만물을 지혜로 창조하셨다. 피조물인 우리 몸을 보더라도 하나님께서 어찌 그리 정교하게 만드셨는지 몸에 대하여 공부해 보면 감탄이 절로 나온다. 지구 위의 동물과 꽃과 식물, 태양과 달과 태양계의 혹성들과 다른 수많은 별들을 보면 어찌나 하나님의 솜씨가 탁월하신지 상상부도처(想像不到處)라, 즉 상상도 닿지 않는 지경이시다. 하나님은 지혜와 명철이 한이 없으신 분이시다. 그러므로 사람의 가장 탁월한 지혜와 명철함도 하나님의 미련함에 미치지 못한다고 했다(고전 1:25).

그래서 우리는 스스로 지혜롭게 여기지 말아야 한다. 하나님께서는 우리의 모든 일을 보고 계시므로 이 모든 일에 대하여 하나님께 여쭈어 보기를 원하신다. 다윗은 모든 일을 하나님께 여쭙고 하나님의 지시대로 행하였더니 그가 치른 모든 전쟁에서 승리했다.

성도들은 마음을 다하여 하나님을 경외하고 자기의 명철을 의지하지 말라고 하셨고 범사, 즉 모든 일에 하나님을 인정하고 그분에게 여쭈어 보라 그리하면 하나님께서 우리 갈 길을 가장 좋은 길로 지도해 주신다고 말씀하셨다(잠 3:5~7).

여기서 중요한 것은 성경에 기록되었고, 나에게 주신 하나님 말씀을 철저히 순종해야 한다. 그것이 지혜롭다. 왜냐하면 하나님, 성령님께서 주시는 지혜는 사람의 지혜와 비교할 수 없이 정확하고 완전하기 때문이다. 그러나 우리가 이 말씀에 제대로 순종치 않으면 그때부터 너무나 지혜로운 이 하나님의 말씀이 우리에게 잘 주어지지를 않는다.

지혜는 생명나무이고 지혜를 가진 자는 복되고 장수한다고 했고 지혜의 열매는 금이나 정금보다 낫고 지혜의 소득은 천은보다 낫다고 말씀하셨다. "지혜로 집을 짓고 일곱 기둥을 다듬고"(잠 9:1) 이 말씀에 근거하여 '사막의 로렌스'라 불리는 영국의 군인이자 고고학자인 T.E. 로렌스(1888.8.15~1935.5.19)는 제1차 세계대전 당시 터키제국으로부터 아랍 민족의 독립을 도우며 그 내용을 책으로 저술하였는데 그 제목이 『지혜의 일곱 기둥』이었다.

사람은 다른 동물과 달리 지혜로 집을 짓고, 조직을 만들며, 기업을 일으키고, 나라를 세우며, 하나님 주시는 지혜로 복음을 전파하며 하나님 나라를 확장할 수 있다.

그래서 지혜가 제일이니 지혜를 얻으라(잠 4:7)고 말씀하셨다. 그런데 미련한 사람은 자기의 잘못이나 교만·오만·고집·미망·미혹됨을 모르고 옆에서 지혜로운 말을 전해도 귀가 닫혀 듣지 않고 결국 망한다(잠 12:15). 그래서 "교만은 패망의 선봉이요 오만함은 넘어짐의 앞잡이니라"(잠 16:18)라고 했으며, 반면 지혜로운 자는 누구의 권고나 충고의 말을 귀가 열려 귀담아 듣고 문제를 해결하거나 위험한 곳에서 벗어난다.

따라서 지혜로운 자는 장래가 있고 소망이 계속된다고 하셨다. 정치나 경제 등 세상일을 하는 데에 '인사(人事)가 만사(萬事)이다.'라는 말이 있는데, 지혜롭고 충성스러운 사람을 채용하고 같이 일하는 것이 매우 중요하다.

이 지혜는 사람의 지혜가 아니라 하늘, 곧 하나님께로부터 오는 지혜여야 한다. 이 정확하고 완전무결하고 훌륭한 지혜는 우리가 성령 충만할 때, 하나님께서 임재하실 때 주어진다. 그래서 사업과 기업의 성공 비결은 성령님의 인도하심에 따르는 것이라 했다. 이런 지혜는 우리가 하나님과 꾸준히 대화할 때, 곧 하나님의 임재 시에 주어진다. 이 하나님의 임재는 우리가 하나님의 말씀을 묵상할 때 그리고 쉬지 말고 기도할 때, 찬양 드리고 예배드릴 때 이루어진다. 기도가 중요한 것은 그것이 하나님과 대화하는 길이기 때문이다. 그런데 기도는 잠시 하고 마는 것이 아니라 꾸준히 쉬지 말고 기도해야 한다. 『하나님 임재 연습』의 저자 로렌스 형제는 "나에게는 기도 시간이 따로 있는 것이 아니라 일할 때나 쉴 때나 항상 기도드린다."고 했듯이 하나님께 계속 기도드려야 하며, 여기에 "쉬지 말고 기도하라"(살전 5:17)는 말씀의 중요한 뜻이 있다.

우리는 일하면서 기도해야 한다. 하나님은 우리 각자에게 주어진 사명과 일에 충성하고 부지런하라고 하셨다. 즉 일은 부지런히 지혜롭게 하면서 기도를 계속해야 한다.

일을 부지런히 지혜롭게 하는 가장 좋은 방법으로 '몰입(沒入)'을 들 수 있다. 어떤 문제를 해결하기 위해선 계속 기도하면서 또한 몰입해야 한다. 이 몰입이란 우리 의식을 통제하여 한 목표만을 생각하고 행동하는 것을 의미한다. 즉 하나의 목표에 우리 의식을 집중하고 생각할 때 하나님께서 가장 좋은 지혜, 해결책을 주신다. 이는 어떤 아이디어와 밤낮으로 씨름해야 하는 것을 의미한다. 이때 우리의 뇌세포가 늘어나고 신경세포도 정렬되고 강화되어 좋은 지혜를 얻을 수 있다.

우리는 하나님께서 주신 사명을 달성하는 데 있어 꼭 필요한 일을 성취해야 하는데 이에는 우리의 에너지를 다른 곳에 낭비해서 안 되고, 노력을 분산해서 안 된다. 즉 초지일관해야 하고 한 목표 지향적이어야 한다. 우리의 의식과 행동이 이 목표, 즉 사명 달성에 집중되고 연결되어 있으면 가치 있는 결과를 얻고 보람 있는 경험을 하게 된다. 일에 있어서나 인생에 있어서 최대의 효과를 얻는 방법은 하나의 통일된 목표에 생각과 행동을 일치시키고 집중시키는 것이다. 이것이 몰입이며 이때 보람과 기쁨을 얻게 된다. 이 몰입하는 자에게는 일 자체가 즐거움이다. 그래서 뉴턴이나 에디슨이나 아인슈타인과 같이 몰입으로 어떤 문제나 과제를 몇 달이 아니라 몇 년을 물고 늘어져 큰 발견이나 획기적 발명을 이루고 큰 깨우침을 얻게 된다. 이런 지혜도 결국 하나님께서 주시는 것이므로 하나님께 계속 기도로 간구해야 한다.

내가 다녔던 대구 계성중고등학교(1906년 미국의 제임스 E. 아담스 선교사 선립) 교정의 큰 돌비석에 '인외상제지지본(寅畏上帝智之本)'이란 한문이 새겨져 있는데 이는 "여호와를 경외하는 것이 지혜의 근본이니라"(잠 9:10) 말씀을 한자로 쓴 것으로 이것이 계성중고등학교의 교훈이다. 불신 집안에 태어난 내가 이 미션학교에 다닌 것이 하나님 은혜였는데 이때 조금씩 배웠던 성경 말씀이 씨앗이 되어, 십몇 년이 지나 결혼 후 어느 날 누구의 전도도 없이 자발적으로 교회에 나가게 되었고 아내와 자식들과 며느리들 손자녀들이 모두 예수님 믿게 되었으며 이 학교의 교훈처럼 "하나님을 경외하는 것이 지혜의 근본인 것"과 또 하나님 말씀이 진리인 것을 깨닫게 되었다. 돌이켜 보면 이는 순전히 하나님의 크신 은혜였고 하나님과 그 신실한 종인 제임스 E. 아담스 선교사님께 다시 한 번 감사드린다.

❋ 지혜를 얻는 길

이 귀한 지혜를 얻기 위한 방법으로 성경말씀과 책과 자료를 정리하여 보면, 성경말씀 묵상은 기본이고 믿음·고통·기도·몰입·자신감·필사적 자세·비전의 7가지를 들 수 있다.

1) **믿음** : 잠언 9장 10절에 "여호와 하나님을 경외하는 것이 지혜의 근본"이라고 말씀하셨듯이 우리는 하나님을 믿음으로써 지혜를 얻을 수 있다. 우리에게 이 믿음이 있을 때에 하나님께서 우리에게 직접 지혜를 주신다. 하나님은 우리에게 무엇이 필요한지를 다 아시므로 우리의 모든 환경과 조건에 따라 가장 필요한 것, 그중에서도 모든 것에 우선되는 지혜를 주신다. 그러므로 이 믿음이 지혜의 산실이 된다.

2) **고통과 고난** : 우리는 고통과 고난을 통하여 지혜를 얻을 수 있다. 우리가 고난의 인생학교에서 얻는 것은 지혜와 영성이다. 하나님은 우리를 정금과 같이 단련하시기 위해 고통과 고난을 겪게 하시는데 우리는 이 고통과 고난을 통하여 사물을 더 폭넓게, 그리고 더 장기적 안목으로 볼 수 있는 지혜를 얻게 된다. 즉 우리가 고통과 고난 속에 있을 때는 그동안 가지고 있었던 시각에 집착치 않고 개방된 시각을 가지고 모든 가능한 방향으로 다 바라보며 행동하게 되기 때문이다.

3) **기도**: 기도는 지혜와 능력의 산실이다. 우리가 기도할 때 하나님께서 창조적인 아이디어를 주신다. 그러므로 기도가 창조력의 산실이다. 솔로몬 왕의 가장 강력한 무기는 지혜였고 지혜를 얻는 가장 강력한 무기가 기도이다. 우리는 기도를 통하여 하나님 말씀을 듣고 지혜와 능력을 얻게 된다. 이 기도 시에 주시는 하나님의 지혜는 사람의 지혜와 다르다. 그것은 시공의 법칙을 초월하고 물리법칙을 초월하여 주어지는 신비하고도 정확하고 가장 유익하고 능력 있는 지혜이다.

4) **몰입**: 몰입은 어떤 하나의 과제를 들고 오직 그것에만 집중하여 생각하는 것이다. 이 몰입을 통하여 평범한 사람도 천재적인 지혜를 얻을 수 있다. 이는 타고난 천재성에 의하여 주어지는 지혜가 아니고 어느 사람의 노력으로 주어지는 지혜이다. 일에나 공부나 연구에서 가장 중요한 방법은 몰입이고 이 몰입이 있어야 지혜의 열매를 거두게 된다. 그러므로 이 몰입은 하나님께서 우리에게 주신 선물이라 할 수 있다. 몰입에 대하여는 뒷장에 나오는 '뇌의 가소성'에서 더 언급한다.

5) **자신감**: 염려하고 흔들리고 두려워하는 마음으론 지혜를 얻을 수가 없다. 열등감을 가진 사람은 공부나 일의 결과가 그대로 열등하게 나타난다. 그러므로 지혜와 능력을 얻는 조건이 자신감이다. 예수님은 우리에게 자신감을 주시기 위해 오셨다는 말이 있다. 왜냐하면 우리는 일하는 사람이고 이 일의 결과는 자신감에 많은 영향을 받기 때문이다.

우리는 예수님 안에서 하나님 자녀의 신분이 되었고 하나님께서 자녀에게 주시는 지혜와 능력을 받으며, 이것으로 하나님 나라를 확장할 수 있다는 자신감이 있어야 한다.

6) **필사적 자세**: 하나님의 지혜는 우리가 안주하거나 안일할 때 주어지지 않고 그 반대로 "어떤 일을 반드시 이루리라, 반드시 승리하리라,

아니면 내 생명을 가져가옵소서."라는 필사적 자세를 가질 때 주어진다. 예수님께서 "네가 나를 위하여 죽으면 살리라"는 말씀과 같다. 이순신 장군이 명량해전을 앞두고 적군에 비하여 절대적으로 함선수와 병력이 약했지만 필사적 자세를 가졌을 때 하나님께서 꿈속에서 그에게 지혜를 주시어 크게 승리케 하신 것과 같다. 이처럼 죽기를 각오하고 난제에 도전하는 사람에게 하나님께서 특별한 지혜와 능력을 주신다.

7) 비전: "묵시(비전)가 없으면 백성이 방자히 행하거니와"(잠언 29:18) 말씀 이외에 "큰 비전을 가진 사람이 큰일을 이룬다."는 말이 있는데 큰 비전을 가진 사람은 방자한 행동을 끊고 이 비전이나 소망을 이루기 위해 보통 사람들이 투입하는 시간과 재물과 노력보다 몇 배나 더 많이 투입을 하기 때문이다. 비전이나 소망이 있는 사람만이 그 비전과 소망 달성을 위해 고민하고 몰입하고 연구하므로 심는 대로 거두듯이 그에 상응한 지혜를 얻게 된다. 'SISU'란 핀란드 말이 있는데 이는 자기의 한계 이상을 넘어 노력한다는 뜻이다. 비전을 가진 자는 자기의 한계를 넘어 노력하게 되는데 그 결과로 비전 없는 보통 사람이 얻지 못하는 남다른 지혜를 얻게 된다. '지혜의 일곱 기둥'이란 표현은 앞에서 말한 T. E. 로렌스가 1차 대전 당시 영국군에 종군하여 겪었던 각종 체험을 담은 자서전의 책이름이지만 여기서는 믿음·고통과 고난·기도·몰입·자신감·필사적 자세·비전, 이 7가지를 '지혜의 일곱 기둥'이라고 할 수 있다.

7장
생각과 말의 중요성

✳ 생각의 중요성

"오직 너는 마음을 강하게 하고 담대히 하여 나의 종 모세가 네게 명한 율법을 다 지켜 행하고 좌로나 우로나 치우치지 말라 그리하면 어디로 가든지 형통하리니 이 율법 책을 네 입에서 떠나지 말게 하며 주야로 그것을 묵상하여 그 가운데 기록한 대로 다 지켜 행하라 그리하면 네 길이 평탄하게 될 것이라 네가 형통하리라 Only be strong and very courageous, that you may observe to do according to all the law which Moses My servant commanded you: do not turn from it to the right hand or left, that you may prosper wherever you go"(수 Joshua 1:7~8).

"주의 모든 일을 묵상하며 주의 행사를 깊이 생각하리이다"(시 77:12).

"대저 그 마음의 생각이 어떠하면 그 위인도 그러한즉 As he thinks in his heart, so is he"(잠 Proverbs 23:7).

"형통한 날에는 기뻐하고 곤고한 날에는 생각하라 하나님이 이 두 가지를 병행하게 하사 사람으로 그 장래 일을 헤아려 알지 못하게 하셨느니라 In the day of prosperity be joyful, but in the day of adversity consider: God has made the one as well as the other, therefore, a man can not discover anything about his future"(전 Ecclesiastes 7:14).

"하늘이 땅보다 높음 같이 내 길은 너희 길보다 높으며 내 생각은 너희 생각보다 높으니라"(사 55:9).

"땅이여 들으라 내가 이 백성에게 재앙을 내리리니 이것이 그들의 생각의 결과라"(렘 6:19).

"나 여호와가 말하노라 너희를 향한 나의 생각은 내가 아나니 재앙이 아니라 곧 평안이요 너희 장래에 소망을 주려하는 생각이라 I know the plans I have for you, declares the Lord, plans to prosper you and not to harm you, plans to give you hope and a future"(렘 Jeremiah 29:11).

"그의 팔로 힘을 보이사 마음의 생각이 교만한 자들을 흩으셨고"(눅 1:51).

"보혜사 곧 아버지께서 내 이름으로 보내실 성령 그가 너희에게 모든 것을 가르치시고 내가 너희에게 말한 모든 것을 생각나게 하시리라 The Counselor, the Holy Spirit, whom the Father will send in my name, will teach you all things and will remind you of every thing I have said to you"(요 John 14:26).

"육신을 좇는 자는 육신의 일을, 영을 좇는 자는 영의 일을 생각하나니 육신의 생각은 사망이요 영의 생각은 생명과 평안이니라 육신의 생각은 하나님과 원수가 되나니 For they that are after the flesh do mind the things of the flesh: but they that are after the Spirit the things of the Spirit. For to be carnally minded is death, but to be spiritually minded is life and peace. The carnal mind is enmity against God"(롬 Romans 8:5~7).

"그런즉 선 줄로 생각하는 자는 넘어질까 조심하라"(고전 10:12).

"내가 어렸을 때는 말하는 것이 어린 아이와 같고 깨닫는 것이 어린 아이와 같고 생각하는 것이 어린 아이와 같다가 장성한 사람이 되어서는 어린 아이의 일을 버렸노라"(고전 13:11).

"저희의 마침은 멸망이요 저희의 신은 배요 그 영광은 저희의 부끄러움에 있고 땅의 일을 생각하는 자라"(빌 3:19).

"종말로 형제들아 무엇에든지 참되며 무엇에든지 경건하며 무엇에든지 옳으며 무엇에든지 정결하며 무엇에든지 사랑할 만하며 무엇에든지 칭찬할 만하며 무슨 덕이 있든지 무슨 기림이 있든지 이것들을 생각하라 Finally, brothers, whatever is true, whatever is noble, whatever is right, whatever is pure, whatever is lovely, whatever is admirable —if anything is excellent or praiseworthy— think about such thinks"(빌 Philippians 4:8).

"위엣 것을 생각하고 땅엣 것을 생각지 말라 Set your mind on things above, not on earthly things"(골 Colossians 3:2).

"그러므로 어디서 떨어진 것을 생각하고 회개하여 처음 행위를 가지라 만일 그리하지 아니하고 회개치 아니하면 내가 네게 임하여 네 촛대를 그 자리에서 옮기리라"(계 2:5).

살다 보면 생각이 참으로 중요하다는 것을 느끼게 된다. 즉 믿음이 뒷받침된 강하고 담대한 생각, 하나님께 전적으로 일을 위탁한 후의 강하고 담대한 생각, 미움이 아니라 용서하고 사랑하는 생각과 긍휼심, 하나님 동행하심을 믿음에 따른 밝고 기쁜 생각, 불평불만이 아니라 범사에 감사하는 생각, 땅의 것이 아니라 하늘의 것에 대한 생각, 육의 생각이 아니라 영의 생각, 하나님의 뜻에 대한 생각, 하나님 말씀에 대한 생각, 겸손한 생각, 긍정적인 생각, 대책을 마련한 후의 낙관적인 생각, 미적지근한 것이 아니라 뜨거운 생각, 어떤 과업에 임하여선 집중하고 몰입하는 생각을 해야 한다. 이때 하나님은 우리에게 좋은 열매, 성공, 승리를 주신다.

반면에 불신의 흔들리는 약한 생각, 길게 크게 보지 못하는 비좁은 생각, 미움과 시기와 질투에 따른 생각, 박정한 생각, 조급한 생각, 어둡고 우울하고 슬픈 생각, 감사함을 모르는 생각, 속이는 생각, 부정적인 생각, 오만한 생각, 비관적인 생각, 차거나 뜨겁지도 않은 미적지근한 생각, 집중이 아니라 번잡하고 혼란한 생각은 그 생각대로 나쁜 결과와 육신의 병과 실패와 패배를 가져온다.

데로우 밀러의 책인 『생각은 결과를 낳는다』에는 세상을 지배하는 세 가지 사상으로 세속주의, 애니미즘: 범신주의, 그리고 기독교의 유일신 사상을 들고 있다. 인간중심적 세속주의는 결과적으로 범죄와 타락과 잔인한 문화를 만들었고, 범신주의는 가난과 혼돈과 무기력과 안일주의 퇴패문화를 만들었고, 성경적 복음이 흥왕한 사회와 나라가 하나님의 축복으로 부흥, 발전했고 찬란한 문화를 만들었다고 주장한다.

이는 내가 직접 눈으로 보았고 그대로 느꼈던 사항으로 그동안 회사 일로, 주로 무역업무로 세계의 약 50여개 나라를 방문했고 이들 나라와 그 나라 백성들의 삶을 주의 깊게 관찰했었다. 결론은 공산주의 국가, 불교 국가, 범신주의 국가, 회교 국가 등이 대부분 어두운 역사를 가졌으며 살기 힘든 나라이고 하나님 말씀이 지배하고 기독교의 가치관과 세계관이 지배하는 나라들이 선진국들이고 부강하고 찬란한 문화를 가지고 있다.

어떤 나라가 잘 살고 못사는 것은 주로 그 나라 백성들, 그 국민들의 생각과 사고방식이 어떠냐에 달렸다고 느끼고 있다. 대부분의 못사는 나라들은 부정부패가 심하고 국민들의 정직성과 근면성이 많이 떨어진다.

잠언 23장 7절의 말씀처럼 그 사람의 생각에 따라 그 사람의 위인, 즉 신분과 위치와 일의 성패가 결정된다. 이 잠언의 말씀은 우리나라의 옛 속담에 "마음 밭이 고와야 복을 받는다."는 말과 일치한다.

골로새서 3장 2절 말씀에 "위엣 것을 생각하고 땅엣 것을 생각지 말라."고 하셨는데 이는 다소 추상적인 표현이지만 이를 구체적으로 설명한 것이 아래 빌립보서 4장 8절 말씀이다.

"종말로 형제들아 무엇에든지 참되며 무엇에든지 경건하며 무엇에든지 옳으며 무엇에든지 정결하며 무엇에든지 사랑할 만하며 무엇에든지 칭찬할 만하며 무슨 덕이 있든지 무슨 기림이 있든지 이것들을 생각하라."

즉 우리는 항상 오직 참된 것, 경건한 것, 옳은 것, 정결한 것, 사랑할 만한 것, 칭찬할 만한 것, 덕이 있는 것, 기림이 있는 것만을 생각해야 하며 우리의 생각에 보초를 세워 비성경적인 생각을 비워내야 한다.

생각의 중요성을 보여 주는 한 예로서, 얼마 전 간음죄를 저지른 한 지인을 수개월간 마음속으로 미워한 적이 있었다. 그런데 이상하게도 육체적으로 무리한 일을 하지 않았는데도 허리에 심한 통증이 생겨 병원에 가서 검진한 결과 척추협착증으로 판명되었다. 그 원인을 곰곰이 생각해보니 내가 사람의 잘못을 용서하지 않고 미워한 것 때문에 그 병이 온 것을 깨달았다. 그래서 곧 바로 그 사람을 마음에 용서하고 그동안 마음속에 미워했던 것을 하나님께 회개했다. 일반적으로 그 병은 오랫동안 잘 낫지 않지만 하나님께선 나의 회개에 부응하시어 곧바로 완전히 치유해 주셨다. 할렐루야! 사람의 잘못을 용서하고 미워하지 말란

점을 깨닫게 해주신 하나님께 감사드린다.

역사적으로 큰일을 한 사람들을 보면 모두 믿음으로 생각하고 결단한 사람들이다.

아브라함은 갈 바를 알지 못했으나 하나님 말씀에 순종하여 갈대아 우르를 떠나는 결단을 했기에 '열국의 아비'라 칭함을 받고 믿음의 아버지가 되었다.

하나님에의 믿음이 돈독한 맥아더 장군은 6.25전쟁 당시 우세한 공산군 세력을 분쇄하기 위해 계획한 인천상륙작전에 대하여 여러 관련된 장군들이 인천 앞바다 조수의 간만 차이가 세계적으로 큰 자연적인 악조건 등을 들어 반대했지만 믿음으로 그 상륙작전을 감행하여 큰 전승을 거두었고 한반도가 공산화 되는 것을 막았다.

이 나라에서 경제발전의 기적을 이루는 데 주역이었던 박정희 대통령(당시 육군 소장)은 위태로운 조국의 앞날을 튼튼히 하고 바로잡기 위해 군사혁명의 결단을 했기에 한국이 세계 최빈국 중 하나에서 선진국 모임들인 OECD 국가가 되었고, 원조받는 나라에서 원조하는 나라가 되어 '한강의 기적"을 이룰 수 있었다.

현대그룹의 창업자인 정주영 씨는 강원도의 산골 농촌마을의 가난한 농가에 태어나 평생 농사지으며 사는 것에 만족치 않고 집에서 뛰쳐나오는 결단을 한 후 공사판에서 막일과 허드렛일을 하고, 쌀가게에서 점원 일을 했기에 점차 부를 이루어 한국 최고의 건설, 조선, 자동차 제조업 등 거대한 기업군을 이룰 수 있었다.

예수님은 하나님의 뜻과 섭리에 순종하시어 십자가에 죽으시고 부활하심으로 인류 구원이란 인류 역사상 가장 큰 대업을 이루셨다.

이처럼 우리가 부정적인 생각을 멀리하고 믿음으로 어려운 환경과 조건을 지배할 수 있다는 자신감을 갖는 것과, 올바르고, 참되며, 경건하며, 정결하며, 사랑할 만하며, 칭찬할 만하며, 덕이 있는 것만을 생각하는 것(빌 4:8)의 여부가 우리가 성공하고 실패하는 것, 그리고 승리하고 패배하는 것의 원인이 된다.

불교에서도 일체유심조(一切唯心造), 즉 "세상만사는 마음으로부터 기인한다."고 주장하는 것은 성경에 "무릇 지킬 만한 것보다 네 마음을 지키라 생명의 근원이 이에서 남이니라 Keep your heart with all diligence: for out of it spring the issues of life"(잠 Proverbs 4:23)의 말씀과 일맥상통한다고 볼 수 있다.

그리스 철학자인 파블로스 피사노스는 그의 책 『우주의 법칙』에서 세계의 모든 물질과 동물과 식물은 모두 영적인 물질로 이루어져 있고 이 세상은 저 천국의 거울이라고 주장하고 있는데 이는 세상의 모든 만물과 사람들은 영적으로 말이 없어도 교감할 수 있다는 뜻이 된다. 그 한 예가 '텔레파시'나 기도라고 할 수 있다. 즉 텔레파시의 경우, 눈에 보이지 않는 어느 사람의 생각이 멀리 떨어져 있는 다른 사람에게 무선전화기처럼 전달되는 것을 확인할 수 있으며, 또 어느 사람이 드리는 기도는 지구 반대편에 생기는 일에 대하여도 영향력을 미칠 수 있는 사실에서 이해할 수 있다. 이 사실이 히브리서 11장 3절 "보이는 것은 나타난 것으로 말미암아 된 것이 아니니라."라고 기술되어 있고, 따라서 이 세상의 모든 일들은 영적으로 해석될 수 있다.

일본의 유명한 변호사이며 책 『운을 읽는 변호사』의 저자인 니시나카 쓰토무 씨의 경우, 오랜 기간 동안 크고 작은 1만여 건이 넘는 수많은 소송 사건을 통하여 그가 체득한 깨우침으로서, 그는 소송 의뢰인이 명확히 승소할 수 있는 경우에도 가능하다면 끝까지 법적으로 문제를 해결하려고 하지 말고 상대 소송당사자와 합의토록 유도한다고 한다. 그 이유로 소송 의뢰인이 최종적으로 승소할 경우 상대 소송당사자는 그 패소로 인하여 감옥에서 형을 살거나 금전적으로 상당한 배상을 하지만, 이에는 대부분 패소자의 원한과 저주가 따르므로 오히려 승소자가 패소자의 저주와 원한 때문에 결국 좋은 결과가 아니라 그 반대의 결과를 갖게 되는 것을 많이 보아왔기 때문이라 한다. 즉 승소자가 소송에 이겨 기쁜 것은 잠깐이요 다른 생각지 못한 나쁜 일이 일어나 더 괴로워진다는 것이다. 옛말에 '남의 눈물을 흘리게 하는 자는 그와 상응하는 눈물을 흘리게 된다.'는 속담이 있는데 거의 틀림이 없다.

내가 서울중앙법원의 법정관리 감사로 그 이전에는 일반 회사의 감사로 여러 회사에서 일하였는데, 법정관리, 즉 회생절차란 어려운 경영여건들에 의하여 회사의 수익성과 자금사정이 나빠져 회사가 채무를 갚지 못하는 채무불이행 상태에 빠진 후, 최종적으로 파산하기 전에 법원의 결정에 의하여 회사의 부채가 탕감되거나 부채를 자본금으로 전환시켜 줌으로써 다시 회생할 수 있는 기회를 주는 제도이며, 보통 3년 (이 기간은 짧아지는 추세에 있음) 이내에 그 회사의 경영이 정상화되면 이 회생절차를 종결하여 정상적인 회사로 돌아가고 아니면 파산하여 회사의 생명이 끝나게 되는 절차이다.

그런데 대부분의 경우, 이 법정관리 과정에 들어간 회사를 보면 그 조직원들의 생각하는 분위기가 부정적이다. 즉 '어렵다', '힘들다', '해도 안 된다', '할 수 없다'라고 생각한다.

그러므로 이런 회사의 경우, 다른 경영조치에 앞서서 먼저 꼭 해야 할 일이 경영자와 조직원들의 생각을 긍정적으로 바꾸는 것이다. '믿음으로 합심해서 하면 된다.'는 자신감을 갖는 것이다. 이처럼 그들의 정신적인 힘을 기르고 정신적 자세를 바로잡는 일을 우선적으로 해야 회사를 살리는 다른 조치들이 가능해진다.

✸ 말의 중요성

"그들에게 이르기를 여호와의 말씀에 나의 삶을 가리켜 맹세하노라 너희 말이 내 귀에 들린 대로 내가 너희에게 행하리니 As truly as I live, says the Lord, as you have spoken in my ears, so I will do to you"(민 Numbers 14:28).

"여호와께서 모든 아첨하는 입술과 자랑하는 혀를 끊으시리니"(시 12:3).

"내가 말하기를 나의 행위를 조심하며 내 혀로 범죄치 아니하리니 I will watch my ways and keep my tongue from sin"(시 Psalms 39:1).

"여호와여 내 입 앞에 파수꾼을 세우시고 내 입술의 문을 지키소서 Set a guard over my mouth, O Lord: keep watch over the door of my lip"(시 Psalms 141:3).

"말이 많으면 허물을 면키 어려우니 그 입술을 제어하는 자는 지혜가 있느니라 When words are many, sin is not absent, but he who holds his tongue is wise"(잠 Proverbs 10:19).

"혹은 칼로 찌름같이 함부로 말하거니와 지혜로운 자의 혀는 양약 같으니라"(잠 12:18).

"온량한 혀는 곧 생명나무라도 패려한 혀는 마음을 상하게 하느니라"(잠 15:4).

"마음이 사특한 자는 복을 얻지 못하고 혀가 패역한 자는 재앙에 빠지느니라"(잠 17:20).

"죽고 사는 것이 혀의 권세에 달렸나니 혀를 쓰기 좋아 하는 자는 그 열매를 먹으리라 The tongue has the power of life and death, and those who love it will eat its fruit"(잠 Proverbs 18:21).

"입과 혀를 지키는 자는 그 영혼을 환난에서 보존하느니라"(잠 21:23).

"주 여호와께서 학자의 혀를 내게 주사 나로 곤핍한 자를 말로 어떻게 도와줄 줄을 알게 하시고 The Sovereign Lord has given me an instructed tongue, to know the word that sustains the weary"(사 Isaiah 50:4).

"입술의 열매를 짓는 나 여호와가 말하노라 …평강이 있을지어다 I create the fruit of the lips. …Peace, peace to him"(사 Isaiah 57:19).

"생명을 사랑하고 좋은 날 보기를 원하는 자는 혀를 금하며 악한 말을 그치며 그 입술로 궤휼을 말하지 말고 Whoever would love life and see good days must keep his tongue from evil and his lips from deceitful speech"(벧전 1 Peter 3:10).

"자녀들아 우리가 말과 혀로만 사랑하지 말고 오직 행함과 진실함으로 하자 Dear children, let us not love with words or tongue but with actions and in truth"(요일 1 John 3:18).

얼굴이란 단어가 원래 뜻처럼 '얼의 거울, 즉 영의 거울'이듯이 그 사람의 영적 상태를 나타내는 것이라면, 말은 그 사람의 생각의 상태 또는 그 사람의 인격을 나타내는 것이라고 할 수 있다. 우리나라 옛말에 '말이 씨앗이 된다.'는 속담이 있듯이, 하나님께서는 민수기 14장 28절 말씀대로 "너희 말이 내 귀에 들린 대로 내가 너희에게 행하리라."고 하셨다. 그것도 아주 엄중하게 "나의 삶을 가리켜 맹세하노니"라고 하셨다. 또 이사야 57장 19절에서는 하나님께서 자신을 "입술의 열매를 짓는 나 여호와"라고 소개하셨다. 이처럼 우리의 삶은 우리가 하는 말에 직접적으로 영향을 받는다. 말은 칼과 같은데 항상 비꼬는 말, 부정하는 말, 트집 잡는 말, 얕잡아 보는 말, 분이나 화를 터뜨리는 말 등을 하는 사람들이 믿는 자들 중에서도 많으며 이들은 상기 "말이 씨앗이 된다."는 것을 인식하지 못하고 부지불식간에 자기 생각대로 말을 내뱉는데 결국 이 속담처럼 그들의 인생이 잘 풀릴 리가 만무하다. 말이 씨앗이 되어 그에 합당한 열매를 그대로 거두게 된다.

따라서 말은 항상 긍정적인 말, 진실이 담긴 말, 밝고 기쁜 말, 감사하는 말, 감싸주는 말, 상대방을 위로하고 격려하고 용기를 주고 칭찬하는 말을 해야 한다. 켄 블랜차드의 『칭찬은 고래도 춤추게 한다』는 책이 있는데 고래뿐 아니라 다른 동물도 칭찬에 즐겁게 반응하니 사람은 말할 것도 없고 이 책에서 "칭찬은 결코 배신하지 않는다."고까지 했다. 어떤 조직의 구성원들이 비판하는 말보다 서로 칭찬하는 말을 많이 하는 조직이 잘되고 성공한다.

그래서 말에는 창조적인 권능이 있다. 잠언 18장 21절에 "죽고 사는 것이 혀의 권세에 달렸다."고 했다. 민수기 13장, 14장을 보면 모세가 가나안에 입성하기 전에 정탐꾼 12명을 보냈는데 그들이 돌아와서 보고하는 말이 열 명은 "그 땅의 거민은 강하고 성벽이 높고 우리는 그들에 비하여 메뚜기 같다. 우리가 이 땅을 정복하지 못하고 모두 그들 칼에 죽을 것이다."라고 말한 반면에 여호수아와 갈렙은 이와 반대로 "여호와께서 우리를 기뻐하시면 우리를 그 땅으로 인도하여 들이시고 그 땅을 우리에게 주시리라. 이는 과연 젖과 꿀이 흐르는 땅이니라. 오직 여호와를 거역치 말라. 또 그 땅의 백성을 두려워 말라. 그들은 우리의 밥이라. 그들의 보호자는 그들에게서 떠났고 여호와는 우리와 함께하시느니라."고 말했다. 그러나 온 이스라엘 회중은 이 비전을 말하는 여호수아와 갈렙을 돌로 치려고 했는데 그 결과는 어찌 되었는가?

"우리는 메뚜기 같다."고 말한 이들은 40년 광야를 헤매는 동안 다 죽었고 출애굽한 자들 중에서 가나안에 입성한 자는 "그들은 우리의 밥이라"고 한 여호수아와 갈렙, 그리고 새 세대들뿐이었다. 어려운 현상과 문제점만을 말하는 것이 아니라 원하고 바라는 것을 말하고, 여호수아와 갈렙이 "그들은 우리의 밥이라."고 선포한 것처럼 원하고 바라는 것을 선포하는 것이 중요하다.

"지금의 너는 10년, 20년 전에 네가 했던 말의 결과이다."는 표현이 있는데, 하나님은 세상과 우주 만물을 말씀으로 창조하셨고 사람들에게도 이 말의 창조력을 주셨다.

그러므로 우리는 자식들과 손자녀들에게 어느 때는 마음에 들지 않아도, 공부를 못해도, 애를 먹여도 축복의 말을 해야 한다. 화가 나도 "이 망할 놈아!"가 아니라 "이 축복받을 놈아!"라고 해야 한다.

우리가 항상 긍정적인 말, 참된 말, 진실이 담긴 말, 밝고 기쁜 말, 감사하는 말, 감싸주는 말, 상대를 위로하고 격려하며 용기를 주고 칭찬하는 말을 하는 것 이외에 또한 중요한 것은 우리가 하는 말과 행동이 일치하는 것이다. 요한일서 3장 18절에 "자녀들아 우리가 말과 혀로만 사랑하지 말고 오직 행함과 진실함으로 하자."라는 말씀처럼 언행일치(言行一致), 즉 우리의 말과 행동이 일치하는 것이 꼭 요구된다. 세상 사람들은 요즈음 기독인을 향하여 "너희들은 말만 잘한다." 또는 "너희들은 교회에 나가는 것 외에 우리와 다른 것이 무엇이 있느냐?"고 힐난한다. 다소 과장된 표현이지만 사실 많은 부분이 그러하니 "아니."라고 감히 말할 수 없다. 따라서 기독인들은 말과 행동이 일치하는 것이 꼭 필요하다.

우리가 말을 헛되이 하며 말실수가 있을 수 있으니 다윗은 시편 141

편 3절에 입술에 파수꾼을 세우고 입술의 문을 지켜달라고 하나님께 기도했다. 말을 많이 하면 말에 실수가 있을 수 있으니 말은 가급적 적게 하고 우리의 행함을 충실히 더 많이 하는 것이 필요하며, 또한 불신의 말이나 부정적인 말이나 바르지 못하고 아름답지 못한 말이 나가지 않도록 입술에 파수꾼을 세우고 말을 조심하는 것이 매우 중요하다.

한편 세상에는 말을 패려하게 하고 사특하게 거짓을 말하는 자들이 적지 않다. 따라서 중요하거나 큰일을 하는 자들은 상대 당사자들이 하는 말을 그대로 믿어 받아들이지 말고, 그 당사자들의 말과 행동이 일치하는지를 신중하게 살펴보면 그 진위 여부를 바로 알 수 있게 된다.

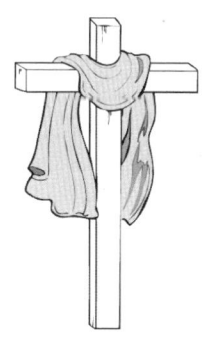

8장
믿음의 중요성

"믿음은 바라는 것들의 실상이요 보지 못하는 것들의 증거니 선진들이 이로써 증거를 얻었느니라 믿음으로 모든 세계가 하나님의 말씀으로 지어진 줄을 우리가 아나니 보이는 것은 나타난 것으로 말미암아 된 것이 아니니라"(히 11:1~3).

"네 영혼이 잘됨같이 네가 범사에 잘되고 강건하기를 내가 간구하노라 I pray that you may prosper and be in health as your soul prospers"(요삼 3 John 1:2).

"오직 나의 의인은 믿음으로 말미암아 살리라"(히 10:38).

믿음이란 무엇일까? 우리 하나님께서 알파요 오메가이심을 믿는 것이다. 즉 태초에 하나님께서 천지만물과 사람을 창조하셨고 이 세상과 우리 인생의 역사를 통치하시고 주관하시며, 예수님께서 십자가에서 우리 죄를 지시고 죽으셨다가 3일 만에 부활하셨으며 우리는 이 예수님을 믿음으로써 영혼구원을 받으며 세상의 마지막 때에는 예수님께서 재림하시어 세상을 통치하실 것과 우리는 그때에 주님처럼 부활하게 되는 것을 믿는 것이다. 또한 성경에 기록된 모든 말씀들이 진리인 것을 믿는 것이다.

공자 선생은 아침에 도(道, 진리)를 찾으면 저녁에 죽어도 좋다고 하였으나 안타깝게도 예수님의 진리를 찾지 못하였지만 우리 예수님을 믿는 자들은 이 귀한 진리를 얻게 되었으니 크게 복된 자들이다.

"내가 길이요 진리요 생명이니 나로 말미암지 않고는 아버지께로 올 자가 없느니라 I am the way, the truth, and the life. No one comes to the Father, but by Me"(요 John 14:6).

믿음이란 우리가 이 세상을 살아갈 때에 모든 일의 주권자가 하나님이시고 역사의 주관자이심을 믿고 우리 일의 시종을 하나님께 맡기는 것이며 또 일의 진행 과정에 있어서도 내 생각, 내 의지는 죽이고 하나님의 생각과 하나님의 뜻을 묻고 이에 따라 행하는 것이며 그 결과에 대하여는 "하나님을 사랑하는 자 곧 그 뜻대로 부르심을 입은 자들에게는 모든 것이 합력하여 선을 이루는 것"(롬 8:28)이니 그 결과에 일희일비(一喜一悲)하거나 교만해지거나 낙심치 말아야 한다.

예수님은 우리에게 하나님에 대한 믿음을 주시기 위하여 이 땅에 오셨다. 그래서 믿음 없는 제자들을 꾸짖으셨고, 하인의 병 치료를 위해 찾아온 강한 믿음을 보인 백부장을 칭찬하셨다. 왜 그러하셨을까? 이는 우리가 믿음이 강해야 어둠의 세력, 사탄의 세력들을 이길 수 있기 때문이다. 성령의 은사 중 신유·기적·예언·영 분별·방언·통변 등의 하나님 능력도 우리가 믿음이 바로 섰을 때 이루어진다. 곧 믿음이 능력이다. 그래서 히브리서 11장 1절에 "믿음은 바라는 것들의 실상이요 보지 못하는 것들의 증거니"라고 하셨다.

믿는 대로 이루어진다. 왜냐하면 이 세상은 하나님 말씀으로 지어졌고 이 현세는 넝석인 세상이므로 영적인 힘이 있어야 하는데, 영적인 힘 중에 가장 큰 힘이 믿음이기 때문이다. 요한삼서 1장 2절에는 영이 잘되어야 범사가 잘되고 육신도 건강하게 된다고 하셨다. 역사가이며 철학자이신 함석헌 선생은 그의 책 『뜻으로 본 한국역사』와 『인간혁명』에서 '영의 힘 곧 얼 힘에서 모든 것이 나온다. 그러므로 무엇보다 얼을 키우고 얼 힘, 영력을 키우기에 모든 노력을 기울여야 한다.'고 하셨다. 문화의 힘, 경제의 힘도 이 얼 힘에서 나오고 우주여행, 우주 개척도 얼 힘에서 나온다고 하셨다. 이 얼 힘, 곧 영력을 키우는 바탕이 믿음이고 하나님 말씀이다. 우리의 믿음이 바로 서고 이 믿음이 강할 때 우리 영이 잘 되고 범사에 잘 된다.

이는 세계 역사를 보면 바로 알 수 있다. 즉 하나님의 복음에 근거한 나라, 기독교 문화를 가진 나라들이 모두 선진국인 사실을 누가 부정하겠는가? 2018년 7월 기준으로 선진국의 국제기구인 OECD 국가 36개국 중 31개국이 모두 기독교 국가이거나 복음에 근거한 나라들이다. 또한 예수님을 부정한 공산주의 국가와 불교·힌두교·회교 국가들이 대부분 가난한 나라인 것이 사실이다. 우리나라에 복음이 들어와 교회가 흥왕하고 선교를 많이 하던 1960년대에서 80년대에 가장 경제성장률이 높았고 경제적인 부흥을 이룬 점을 누가 부정하겠는가? 믿음이 능력인 이유는 우리가 예수님을 믿을 때에 그동안 하나님과 우리 사이에 가로막혔던 죄의 담이 무너지고 하나님께서 우리를 하나님의 자녀로 삼으시기 때문이다. 하나님께서는 예수 그리스도 안에서 자녀 된 우리에게 하나님의 지혜와 능력을 주시고 하늘 보고를 여시어 모든 귀한 것을 주신다. 그러므로 우리는 이 하나님께서 주시는 지혜와 능력으로 큰일을 행하고 그 열매를 맺을 수 있게 하신다. 그래서 믿음이 능력이다. 믿는 대로 이루어진다.

"무엇이든지 기도하고 구하는 것은 받은 줄로 믿으라 그리하면 너희에게 그대로 되리라"(막 11:24).

바로 믿음이 능력인 것보다 더 중요한 것은 이 믿음이 있어야 우리의 영혼이 구원받기 때문이다. 요한복음 14장 6절 "내가 길이요 진리요 생명이니 나로 말미암지 않고는 아버지께로 올 자가 없느니라."는 말씀처럼 영혼 구원의 길은 예수님을 믿는 길밖에 없다. 왜냐하면 성삼위 하나님이신 예수님께서 인류를 구원하시기 위하여 동정녀 마리아에게서 사람 몸으로 나셨고 한 점도 죄가 없으셨던 그분께서 십자가에서 죽으시고 부활하심으로 우리 죄를 지셨기 때문이다. 그러므로 우리는 모두 죄인이지만 이 예수님 믿음으로 의롭다 하심, 곧 칭의를 얻었다. 곧 행위에 의한 의로움이 아니라 예수님 믿음에 의한 의로움을 얻은 것이다.

우리가 이 세상에 와서 영혼 구원 받고 하나님 나라 확장에 쓰임받는 것보다 더 중요한 것이 무엇이 있겠는가? 우리가 이 세상에서 사는 것은 잠깐이요 그 후에는 이 믿음에 따라 천국에서 사는 영생의 복락을 누린다. 안타깝게도 이 예수님에 대한 믿음이 없으면 불신에 대한 심판을 받고 지옥 불에 떨어지는 영벌이 있는데, 이 세상에서 예수님 믿는 것보다 더 중요한 일이 무엇이겠는가? 그래서 나는 세상의 불신 친구들을 만나면 그들에게 전도하기 위해 하는 말이 "내가 이 세상에서 제일 잘한 일이 예수님 믿고 교회 나가는 것이다."고 말한다. 우리는 믿음으로 하나님께서 이 세상을 그분의 말씀으로 창조하신 것을 안다. 하나님께서는 태초뿐 아니라 지금도 계속 온 우주를 창조하고 계시며 그분의 '공동 창조자'로 우리를 부르시고 사용하신다. 야고보서 2장 17절에 "행함이 없는 믿음은 죽은 믿음"이라고 했다. 우리는 이 하나님의 부르심에 기쁘게, 또 즉각적으로 순종하고 반응해야 한다.

하나님께서는 하나님 나라의 공동 창조자로 우리를 부르셨기에 이를 위하여 예수 그리스도 안에서 하나님의 지혜와 능력을 주신다. 하나님 나라는 하나님 말씀이 지배하는 나라이며 이 하나님 나라의 건설은 모험과 도전이 있어야 하는 신나는 과업이다. 그 일은 어렵고 힘든 일이지만 하나님께서 함께하시므로 외롭지 않고 즐겁고 기쁘게 감사하며 또 성공적으로 행할 수 있다. 하나님은 일하시는 하나님이시고 지금도 일하고 계신다. 그러므로 우리도 하나님께서 주신 일을 계속해야 하며 그 사명을 달성하기 위해 죽기까지 일해야 한다.

고린도후서 5장 20절에 "우리가 그리스도를 대신하여 사신이 되었다"고 말씀하신다. 즉 왕 중의 왕은 하나님이시고 우리는 이 하나님 나라의 신하이며 하나님 나라의 대사이다. 대사는 자기 마음대로 말과 행동을 하는 것이 아니라 본국의 훈령에 따라 말하고 행동해야 한다. 우리는 하나님 나라 건설, 즉 복음 전도와 선교에 적극 나서고 동참해야 하며 우리의 말과 행동은 하나님 말씀에 따라야 하고 믿음에 근거해야 한다.

히브리서 11장 6절에 믿음이 없이는 하나님을 기쁘시게 할 수 없으며 하나님께 나아가는 자는 반드시 그가 계신 것과 그가 자기를 찾는 자들에게 상 주시는 분이심을 믿어야 한다고 했다. 교회에 나오는 사람들 중에 혹은 신학자 중에도 아직 하나님 살아 계심을 확신치 못하는 사람들이 많다. 그러므로 이들은 더 뜨거운 기도와 말씀 묵상으로 하나님을 만나고 하나님 살아 계심을 체험해야 한다. 기독교는 '체험의 종교'라고 누가 말했다. 하나님을 직접 만나고 하나님께서 살아 계심을 체험해야 믿음이 더 깊어진다. 그 믿음이 더 깊어져야 하나님의 은혜를 더 많이 체험할 수 있다. '믿음의 장'이라고 불리는 히브리서 11장과 성경의 곳곳에 믿음으로 승리한 사람들의 내용들이 수없이 기록되어 있다. 이 세상은 영적 전투가 벌어지는 곳이다. 악한 세력들의 심한 공격과 핍박도 많다. 그러나 끝까지 하나님께 죽도록 충성하고 믿음을 지키는 자는 의의 면류관, 생명의 면류관을 받으리라고 요한계시록 2장 10절에 기록되어 있다. 우리는 잠깐 살다 가는 이 세상의 면류관이 아니라 영원한 천국에서의 면류관을 받기 위해 노력해야 한다. 히브리서 10장 38절에 "오직 나의 의인은 믿음으로 말미암아 살리라."고 하셨으며, "믿음으로 좇아 하지 아니하는 모든 것이 죄니라"(롬 14:23)고 하셨다. 우리는 삶의 기준으로 믿음을 붙잡아야 한다. 우리는 하나님만을 바라보고, 하나님만을 신뢰하며 하나님 말씀에 근거하여 살아가도록 우리의 의지를 모아야 한다.

한 개인의 의지는 믿음의 다른 표현이다. 우리 마음은 산만하고 목표가 흐트러져 있을 때가 많은데 이 마음을 우리의 의지로 하나님께, 그리고 하나님 믿음에 모아야 한다. 파블로스 피사노스는 그의 책 『우주의 법칙』에서 '의지는 사람에게 놀라운 능력과 가능성을 주는 법칙이다.'고 했다. 우리의 믿음과 이에 따른 의지와 우리의 영성이 실상이며 이 세상은 저 하늘나라를 나타내는 모델이고 우리는 이 세상에 하나님 나라를 확장하고 이 세상에서 천국을 체험하는 삶을 살아야 한다. 믿음은 바라는 것들의 실상이다.

우리나라의 역사 중 이순신(1545~1598) 장군을 보면 하나님께서 이 나라가 망하지 않도록 미리 준비하신 사람이 그라는 생각이 든다. 하나님께서 인류 구원을 위하여 예수님을 준비하시고 유대 민족을 출애굽 시키기 위하여 모세를 준비시키신 것처럼. 그가 일본의 대군과 결전하기에 앞서 한, "너희가 살려고 하면 죽을 것이요 너희가 죽기를 각오하고 싸우면 살리라(生卽必死 死卽必生)."는 말은 예수님께서 하신 "자기 목숨을 얻는 자는 잃을 것이요 나를 위하여 자기 목숨을 잃는 자는 얻으리라"(마 10:39)는 말씀과 같다. 그의 삶을 보면 비록 그 당시 복음이 조선 땅에 전해지지 않았지만 그는 하나님을 믿는 사람과 다름없이 살았다. 그는 부정을 싫어했고 그는 부당한 방법으로 빨리 출세하기 위하여 노력하지 않았고 권력에 아첨하지 않았으며, 왜군이 침략해 올 줄을 미리 예견하여 거북선과 화포와 화약 등 군비와 식량을 준비했고, 부모님에게 효도했고 가난하고 힘없는 백성들을 먹이고 사랑했으며 의리 있고 죽기까지 나라에 충성했다.

그는 하나님께서 주신 지혜로 적의 침입로와 일시를 예언자처럼 미리 예견하여 승리했으며 수많은 전투에서 한 번도 패하지 않았고 승리했다(23전 23승). 절대절명의 위기였던 명량해전을 앞두고 잠 못 이루고 뒤척이다 새벽에 잠시 눈을 붙였는데 이때 꾼 꿈에 하얀 옷을 입은 신선이 나타나 이번 해전의 전략을 이렇게 저렇게 짜라고 지혜를 그에게 주었고, 그대로 따라 행하여 대적을 물리치고 승리했다고 하는데 그 하얀 옷을 입은 신선은 하나님께서 보내신 천사라고 해석이 된다. 앞에 언급한 "너희가 살려고 하면 죽을 것이요 죽기를 각오하고 싸우면 살리라"는 훈시도 이 명량해전을 앞두고 적의 대군(우리 군선 수는 10여 척인 데 비하여 왜군 함선 수 330척으로 기록되어 있음) 앞에 떠는 부하 장졸들에게 담대히 싸우라고 그가 한 독려사이다.

그러나 이런 큰 전공에 대한 상급 대신 간신들의 모함을 받아 죽기 일보 직전에 구명되었고 백의종군하였으며 보통 사람이라면 미워하며 버렸을 조선 조정에 그래도 충성했다. 그는 전쟁에 임해서는 항상 앞장서서 목숨을 걸고 싸웠고 솔선수범하였기에 모든 부하들이 충심으로 그를 따랐다. 그를 대신해 수군통제사가 된 원균이 칠천량 해전에서 대패하여 우리 수군이 거의 궤멸되었고, 이에 선조가 수군을 해산하여 없애고 권율 장군의 육군에 귀속될 것을 명하였으나 이순신은 "아직 12척의 배가 남아 있고 아직 이 작은 신하가 살아 있으므로 싸워 이길 수 있고 수군을 없애선 안 됩니다(상유십이 미신불사 常有十二 微臣不死)."라고 왕에게 간하여, 수적으로 비교할 수 없이 대군인 일본 함대와 싸워 이겼다. 10여 척의 배로 그 30배인 330척의 일본 함대를 대적한다는 것은 특별한 믿음의 사람이 아니면 생각도 못할 일이다. 또한 비록 왕의 명령이라도 사리에 어긋나고 전략에 어긋나는 명령이라면, 예를 들어 때가 아닌데 "지금 부산에 있는 일본 함대를 치라."는 선조의 명령에 따르면 부하 장병들이 개죽음당하고 나라의 운이 위태로워지므로 그는 왕의 명령에 응하지 않았고 그 이유를 들어 조정을 설득했다. 그에게는 왕명보다는 나라의 운명과 백성의 목숨이 더 중요했다. 당시 왕명을 거역하면 사형이란 중형이 있음에도 불구하고 믿음의 사람인 이순신 장군은 죽기를 불사하고 나라를 위해 일했다. 그는 목숨을 걸고 앞장서서 적의 대군과 맞서 싸우다 비환에 맞아 전사했다. 그의 죽음 소식에 그동안 오만방자하던 명나라 군대 총사령관인 진린 도독도 그의 사람됨을 아까워하며 눈물을 흘리고 애통해했다.

비록 이순신 장군은 시대가 달라 예수님을 믿지는 못했지만 하나님의 사람으로 보이며 하나님께서 이 민족을 살리기 위해 준비하신 사람이었다. 그는 성령의 은사와 성령의 열매를 가진 사람으로 보인다. 즉 성령의 9가지 은사 중 지혜·지식·믿음·기적·예언·영 분별, 그리고 왜인들의 동향과 생각을 헤아리는 통변의 7가지 은사를 가졌던 것으로 보이며, 성령의 열매인 사랑으로 가족들을 사랑했고 추위에 떨고 굶주린 백성들을 입히고 먹였으며, 한산섬에서 마음의 감회를 시로 쓰며 유유자적한 희락의 사람이었고, 총알이 비 오듯 날아오고 포탄이 옆에 떨어져도 꿈쩍하지 않는 화평과 담대함의 사람이었고, 핍박하에 해군 총사령관의 계급장을 다 떼인 백의종군까지 하며 오래 참았고, 나머지 자비·양선·충성·온유·절제의 덕을 가져 성령의 9가지 열매를 다 가졌던 것으로 보인다. 특히 그는 왜군과 스물세 번을 싸워 스물세 번을 모두 다 이긴 23전 23승의 지혜의 사람이었고, 유리방황하는 이 백성을 깊이 사랑한 사랑의 사람이었으며 그렇게 큰 공을 세웠음에도 불구하고 자기를 비난하고 투옥·고문했으며 심지어 죽이려고 했던 왕과 조정의 신하들을 마음속으로 용서했고, 그 형편없었고 보통 사람으로서는 정나미 떨어지는 이 조정에 끝까지 몸과 마음을 다 바친 충성의 사람이었다.

우리나라에 복음이 전파된 역사가 200년 정도밖에 되지 않지만 우리 옛말을 보면 성경 말씀과 같은 내용이 여러 군데 보인다. 즉 '마음 밭이 고와야 복을 받는다.', '모든 것이 마음먹기에 달렸다.'라는 속담은 성경의 "무릇 지킬 만한 것보다 더욱 네 마음을 지키라 생명의 근원이 이에서 남이니라"(잠 4:23)와 "대저 그 마음의 생각이 어떠하면 그 위인도 그러한즉"(잠 23:7) 말씀과 같다. '말이 씨앗이 된다.', '세 치 혀가 사람을 죽이고 살린다.'라는 속담은 "너희 말이 내 귀에 들린 대로 내가 너희에게 행하리니"(민 14:28)와, "죽고 사는 것이 혀의 권세에 달렸나니"(잠 18:21) 말씀과 같다.

'네가 살려고 하면 죽을 것이요 죽기를 각오하고 싸우면 살리라.'는 말씀은 "자기 목숨을 얻는 자는 잃을 것이요 나를 위하여 자기 목숨을 잃는 자는 얻으리라"(마 10:39)와, "누구든지 제 목숨을 구원코자 하면 잃을 것이요 누구든지 나와 복음을 위하여 제 목숨을 잃으면 구원하리라"(막 8:35)라고 하신 예수님 말씀과 같으며, 아버지를 "아빠"라고 부르며, 우리 한민족이 이스라엘 백성처럼 흰옷을 사랑하여 이방 나라들이 백의민족(白衣民族)이라 불렀으며 머리에 갓을 통상 썼으며, 우리 추석 명절이 이스라엘의 초막절과 같고, 이스라엘 백성이 사랑한 샤론의 꽃인 무궁화 꽃이 우리나라의 나라꽃(國花)인 점, 이방 나라들이 이 나라를 동방예의지국(東方禮儀之國)이라고 불렀던 점, 역사적으로 보아 이 민족이 다른 나라를 침략한 적이 한 번도 없었던 점을 보면, 예전부터 이 민족이 하나님을 믿고 평화를 사랑했으며 하나님께서 그 믿음을 보시고 이 민족과 이 나라를 특히 사랑하신 것을 느끼게 된다.

9장
기독교와 불교 및
타 종교와의 차이

　나는 엄격한 유교 철학을 가지셨고 교사 생활을 하셨던 아버님과, 불교의 절에서 '보살' 칭호로 불리셨던 어머님 사이에서 태어났다. 중학교는 미션학교를 졸업했고 대학생활을 할 때에 불교에 심취하여 불경을 읽었고 방학 때마다 절 공부를 하며 수도생활을 했다. 대학교 졸업 후 취직을 위하여 회사에 원서를 낼 때는 종교란에 '불교'라고 적었다.

　대학교 생활하면서 3년 동안 이 불교에 심취하여 면벽정진(面壁精進), 즉 벽을 향하여 가부좌를 틀고 앉아 화두를 들고 참선하며 불교에서 가르치는 깨우침을 얻어 도를 얻고 해탈하여 열반 속에 들어가기를 노력했고 수도했다. 이 참선하는 방법은 '이 우주의 진리는 무엇인가? 무(無)라!', '이 우주를 만드신 이는? 무(無)라!' 이런 화두를 들고 복식호흡을 하면서 하루 종일, 자나 깨나(몽중일여 夢中一如), 일어서나 앉으나, 일하거나 쉴 때나(정동일여 靜動一如) 계속하여 그 진정한 뜻이 무엇이고 이치가 무엇인지를 탐구해 들어가는 방법이다. 엄격하고 정숙한 분위기 속에서 진리를 탐구해 들어가는 분위기가 좋았다. 그러나 결론적으로 나는 이 수도를 통하여 진리를 깨달을 수 없었고 그 결과로는 불면증이 생겨 수개월 동안 잠을 제대로 못 자며 고통을 받았기에 이 길은 나의 길이 아니라고 판단하고 그 수도 생활을 중지했다. 중학교 때 미션학교를 다니며 정규 과목에 성경공부 시간이 있었고 일주일에 한 번 학교 강당에서 하나님께 예배드리는 시간이 있었으며, 또 성경 점수를 얻는 데 교회 출석하는 것이 유리했으므로 잠시 교회에 다녔으나 고등학교 진학하면서 집안 분위기에 따라 교회에 더 이상 출석하지 않았다. 여러 가족 식구들이 교회 나가는 것을 탐탁지 않게 여기니 학교공부 하는 시간을 더 갖는다는 핑계로 고등학교 진학 후 기독교와 담을 쌓았고 십수 년 동안 예수님과 교회는 까마득히 잊은 채 세상 낙에 빠져 술·담배를 하며 도박도 즐기며 주먹질도 하며 나쁜 짓도 개의치 않고 죄인 중의 괴수 노릇을 했다.

그러나 이런 세상 낙과 쾌락은 추구하면 할수록 허무와 공허감만 더 늘기 마련이고, 집안에는 동생 두 명이 병들어 죽고 사고로 죽는 등 불행이 끊이질 않았다. 역시 불신의 집안에서 태어난 아내가 마음에 들어 결혼을 했으나 서로 다른 환경과 문화에서 자란 의견 차이로 부부 싸움도 잦았고 집안에 평안이 없었다.

그러던 어느 날 불현듯이 갑자기 예전 어린 시절에 잠시 다녔다 중단했던 교회에 다시 나가고 싶은 마음이 들어, 누구의 전도도 없이 고(故) 한경직 목사님이 담임목사이셨던 영락교회에 부부가 같이 출석을 하게 되었다. 이 교회에 출석한 첫날 그동안 불신의 세월을 보냈던 것에 대한 참회의 눈물을 흘렸고, 이때 하나님께서 주시는 그동안 느끼지 못했던 참 평안이 내 마음속에 흘러넘쳤다. 그 후 성령 충만을 받아 방언도 하며 불세례도 받고 직접 하나님께서 내게 하시는 말씀도 들었고, 살아가면서 하나님 살아 계심을 여러 번 체험했고 올빼미 체질이 종달새 체질로 바뀌어 새벽기도를 계속한 지 30여 년이 되었다. 그 후 우리 부부의 전도로 양가 부모님들께서 다 예수님을 영접하시고 소천하셨고 처형·처남, 그리고 동생·누님이 예수님 영접하셨고 자식들과 손자녀들 모두 교회 나가는 것이 하나님의 전적인 크신 은혜였다. 이 일을 돌이켜 보면 미국인 선교사들이 구한말 한국에 들어와서 선교할 때, 그 선교정책으로 먼저 교회를 세우고 그 다음 미션학교를 세우고 세브란스 병원 등 병원을 세운 것이 하나님께서 주신 탁월한 선교 전략이라고 느끼며 내 경우, 미션 중학교에 다니며 잠시 귀에 들었던 성경말씀이 씨앗이 되어 예수님 믿게 된 계기가 되었으니 앞으로 한국교회의 선교 전략도 이 점을 잘 고려해야 한다고 느낀다.

우리 기독교를 생각하며 타 종교를 보면 다음과 같다.

먼저 유교는 공자(BC 551~BC 479) 선생이 정립한 인생관·세계관인데 맹자, 순자, 주자 등으로 이어져 계승 발전된 사상이다. 공자는 천(天) 사상을 가졌는데 하늘을 뜻하는 천은 인간의 의지를 넘어서 그 뜻을 성취하는 궁극적 존재라고 생각했고 인간은 이 천의 뜻에 따를 뿐이라는 천명(天命) 사상을 지녔다. 공자와 맹자는 사람의 본성을 어질 인(仁)으로 보아 성선설을 주장했으나 순자는 인간의 본성이 악하다고 보아 성악설을 주장했다. 공자는 인간이 가질 기본덕목으로 인의예지신(仁義禮智信)을 들었고 나라에 충성하고 부모에게 효도하는 충효사상(忠孝思想)을 중시했다. 유교는 불교처럼 세상을 떠나 수도생활을 하는 출세간(出世間)하는 것과 반대로 세상에 영합하는 속물주의(俗物主義)도 모두 배격한다.

조선의 큰 유교학자인 퇴계 선생은 인심을 7정(七情)이라며 희로애락애오욕(喜怒哀樂愛惡欲)을 들어 기(氣)의 발현이라고 했으며, 도심(道心)을 사단(四端)이라 하여 인의예지(仁義禮智)를 들어 이(理)의 발현이라고 했다.

전한(前漢)시대의 동중서가 공자, 맹자의 교리에 근거하여 사회의 기본적 윤리로 규정한 것이 삼강오륜(三綱五倫)인데 삼강은 군위신강(君爲臣綱)·부위자강(父爲子綱)·부위부강(夫爲婦綱)을 말하며, 오륜은 부자유친(父子有親)・군신유의(君臣有義)・부부유별(夫婦有別)・장유유서(長幼有序)・붕우유신(朋友有信)을 나타낸다. 부자유친은 부모와 자식 간에 친애가 있어야 하며, 군신유의는 왕과 신하 사이에 의리가 있어야 하며, 부부유별은 부부 간에 남녀에 따른 인륜의 구별이 있어야 하고, 장유유서는 젊은이와 장년 사이에 차례와 질서가 있어야 하고, 붕우유신은 친구 사이에 믿음이 있어야 한다는 뜻인데, 이 삼강오륜은 우리나라와 중국과 일본, 그리고 다른 아시아 국가에서도 사회의 기본 윤리로 많은 영향을 끼쳤다.

송나라 시대부터 흥왕했던 성리학(性理學)은 사회적 인간관계와 개인의 수양을 위한 사상으로 성명(性命)과 이기(理氣)의 관계를 논한 철학으로 주자학도 이와 같은 맥락이다.

이 유교는 조선 왕조의 기본이념으로 나라의 틀이 되었으나 제사와 의례를 중시했으므로 형식주의에 빠지고 철학 이론의 시비에 대한 논란과 분쟁이 끊이질 않았으며, 서양문물을 경시하고 국력이 약해지는 잘못을 범하여 임진왜란 및 병자호란 등 외침을 당하고 급기야 조선이 일본의 식민지가 되어 나라가 망하는 데 일조를 했다.

유교는 기독교에 비하여 하나님에 대한 명확한 개념이 없었고 우주와 사람의 창조 내역・역사관・내세, 즉 천국과 지옥에 대한 설명, 죄 문제의 해결과 가장 중요한 영혼 구원에 대한 설명이 없었거나 약했고, 사람의 마음과 사람의 변화보단 제사와 의례 등 형식을 중시하는 점이 기독교와 다르다.

불교는 석가모니(BC 563~BC 483)가 주장한 교법으로 간단히 말하여 부처가 되기 위한 교법이며, 부처란 도(道)를 깨우치고 각성한 사람이란 뜻이다.

불교의 경전은 많은데 〈화엄경〉, 〈반야경〉, 〈관음경〉, 〈법구경〉,

〈금강경〉 등이 있다.

불교는 하나님이란 전지전능하신 유일신을 믿지 않고 지혜와 자비를 중요한 덕목으로 세우며 세상만사가 무상하고 비어 있다는 공(空)사상을 지니며, 무슨 일이든 공허하니 집착하지 말며, 각성하고 해탈하여 열반에 들어가 그렇지 못한 사람이 겪는 윤회(輪回)에서 벗어나야 한다고 주장한다. 윤회란 선악의 업보에 따라 가게 되는 지옥·아귀·축생·인간·수라·천상 세계이며, 이 고통스러운 윤회를 벗어나려면 부처가 되어야 한다고 주장한다.

중요한 교리로 제행무상(諸行無常)·제법무아(諸法無我)·일체계고(一切階苦)를 드는바, 제행무상은 모든 것이 무상하고 공허하며, 제법무아는 모든 법은 내가 죽고 없어야 하는 것이며, 일체계고는 세상은 고해(苦海), 즉 고통스러운 바다라고 주장한다.

세상을 살아 갈 때에 팔정도(八正道)가 중요한데, 이는 정견(正見)·정사(正思)·정언(正言)·정업(正業)·정명(正名)·정정진(正精進)·정념(正念)·정립(正立)이 필요하다고 한다. 정견은 사물을 바르게 봐야 하고, 정사는 바르게 생각해야 하며, 정언은 바르게 말해야 하며, 정업은 바르게 행동해야 하고, 정명은 바른 직업을 가져야 하고, 정정진은 바르게 수도해야 하고, 정념은 바른 상념을 가져야 하고, 정립은 자기를 바르게 세우도록 몰입해야 한다는 뜻이다. 불교는 인도에서 발상하였으나 지금 인도에서는 힌두교에 의해 불교 인구는 적으며 태국, 스리랑카, 미얀마, 라오스, 캄보디아, 몽골, 티베트 등이 주요 불교국가이다.

불교는 기독교에 비해 전지전능하신 하나님을 인정하지 않고 있다. 기독교에서는 나의 노력이 아니라 하나님의 은혜에 의한 예수 십자가의 공로로 영혼구원 받는 타력신앙(他力信仰)인 데 비해 불교에서는 자기의 수도, 즉 도를 닦는 자기의 노력으로 해탈하여 영혼이 구원받고, 해탈하면 신의 경지까지 올라간다는 자력신앙(自力信仰), 그리고 범신주의(凡神主義)이며 인생사가 모두 무상하고 허무하니 세상일에 집착하지 말고 탈세속하여 해탈하고 열반해야 한다고 주장한다. 이에 비해 기독교에서는 전지전능하신 유일신이신 여호와 하나님께서 각자에게 주신 달란트를 열심히 개발하여 하나님께 영광 올린다는 사명, 혹은 비전을 강조하는 점이 불교와 다르다. 불교에서는 산이나 바다로 탈세속하여 현실을 부정하고 수도에 정진해야 하니 불교 국가들이 대부분 가난을 면치 못하고 있다.

이슬람교는 610년 마호메트(혹은 무함마드)가 창시했으며 세계인구의 약 20%가 이 종교를 믿고 있다. 중동에 위치한 아랍제국들과 파키스탄, 말레이시아, 인도네시아 등이 회교 국가이며 한국인들 중 현재 약 4만 명이 믿고 있다. 회교, 마호메트교, 혹은 무슬림이라고 부르기도 한다.

유일신을 믿되 그 이름은 여호와가 아닌 알라이며 성경 대신 『코란』을 믿으며 마호메트는 알라 신의 예언자라고 한다. 예수님은 마호메트와 같은 사도라며 예수님의 신성을 부정하고 십자가 사건과 예수님의 부활을 부정한다. 인간에게는 원죄가 있다는 원죄설도 부정하고 행동지침으로 음주·간음·돼지고기·고리대금·거짓말을 엄금한다.

교리의 실천을 강조하는데 이에는 7신(七信)과 5행(五行)이 있다.

7신은 알라·천사·경전·사도·내세·정명(正命)·부활을 믿는 것이며, 5행은 신앙고백·예배·구제·단식·성지순례를 실천하는 것이다. 그래서 때가 되면 많은 회교도들이 성지순례로서 회교 창시자인 마호메트가 출생한 사우디아라비아의 메카를 방문한다.

힌두교는 고대부터 인도에서 내려오던 브라만교와 민간신앙이 합쳐

져 약 300년경에 만들어진 종교이며 이에는 여러 신과 신화가 등장하고 있다.

그중 중요한 신은 우주 창조신인 브라흐마, 유지의 신 비슈누, 파괴의 신 시바가 있으며 『베다』와 『우파니사드』 경전을 믿는다. 불교와 같이 윤회와 업과 해탈을 믿으며 해탈을 하기 위해 출가하여 고행을 하고, 경건생활과 도덕적 행위를 중시하고, 숙명론을 지니므로 브라만·크샤트리아·베이샤·수드라의 카스트 계급제도를 인정하고 이에 순종한다. 동물 중 소를 신성시하고 쇠고기를 먹지 않는다. 이는 소가 인간에게 가장 잘 순종하고 농경 사회에 꼭 필요한 동물일뿐더러 윤회의 한 과정으로 보고 의인화하기 때문이다. 인도와 그 인접국인 네팔, 스리랑카에 많은 힌두교도들이 있다.

우리 기독교는 범신론이 아니며 유일하시고 전지전능하신 여호와 하나님 아버지를 믿으며 그분의 성자 예수님과 또 이 예수님과 하나님 아버지의 영이신 성령님, 삼위일체 하나님을 믿는다. 우리에게 성경은 진리이며 태초에 하나님께서 천지를 창조하셨으며, 삼위 하나님이신 예수님께서 이 세상에 낮은 사람의 몸으로 오셨고 우리 죄짐을 지시사 죄가 한 점도 없으신 분이 십자가에 못 박혀 죽으셨고, 사흘 만에 부활하심으로 우리는 그 이름을 믿음으로써 새 생명을 얻었고 이 믿음으로 우리 몸이 죽은 후 천국으로 옮겨져 사는 영생, 곧 영혼 구원을 얻었음을 믿는다. 예수님께서 부활의 표본이 되셨으므로 예수님께서 다시 이 세상에 재림하실 때에 우리는 신성한 몸으로 다시 부활함을 믿는다.

우리 인생의 목적은 하나님께 영광을 올리는 것이며 탈세속하여 사는 것이 아니라 세상에 나아가 하나님을 경외하고 기뻐하고 감사하면서 하나님께서 우리에게 주신 각자의 달란트를 잘 개발하고 노력하여 하나님 나라를 확장하는 비전을 실천하며 살아야 한다.

10장
영적 세계, 뇌의 가소성

✱ 영적 세계

"믿음은 바라는 것들의 실상이요 보지 못하는 것들의 증거니 선진들이 이로써 증거를 얻었느니라. 믿음으로 모든 세계가 하나님의 말씀으로 지어진 줄을 우리가 아나니 보이는 것은 나타난 것으로 말미암아 된 것이 아니니라"(히 11:1~3)는 말씀처럼, 모든 세계가 영적인 하나님의 말씀으로 지어졌고 우리 눈에 보이는 이 물질 세계는 단지 물질적인 요소로 이루어진 것이 아니고, 즉 나타난 것으로 말미암아 된 것이 아니라 영적인 요소로 이루어져 있다고 말할 수 있다.

앞에서 말한 파블로스 피사노스는 그의 책, 『우주의 법칙』에서 "모든 것의 유일한 원인은 마음이다. 유일한 실제는 부동 상태의 마음이다. 우리는 정신 물질로 연결되어 있다. 따라서 부정적 행동뿐 아니라 부정적 생각도 다른 사람에게 해가 된다. …물리적 세상이 정신적 물질로 만들어지고 구성되어 있어 다른 영적 세상의 통합된 연장이 된다. …우리는 영적으로 절대 죽지 않는다. 우리는 항상 존재한다. …인간, 자연, 그리고 전체 우주는 정신적인 물질로 이루어져 있다. …영적인 세계를 모르는 자는 노예와 같다. …물질적인 인간과 자연은 영적인 사람 안에 있고 영적인 사람은 영원한 하늘나라에 참여한다. …영혼은 인간의 구조물을 보지 않는다. 집, 자동차, 건물 등을 보지 않는다. 세상에서 실재하는 것은 영혼뿐이다. …양심은 신성의 도구다. …우주는 모조품이며 진정한 우주는 정신적인 것이다. 천국의 가장 높은 수준은 선과 고귀한 것들의 제단에 자기의 생명을 희생한 위대한 사람들이 차지한다.

…예수님은 인류를 이끌어 자신을 통해 신성에 도달하도록 하는 완전한 사람이자 하나님이시다. 그는 시간이 시작될 때부터 존재했다. 예수님은 자기부정과 희생을 나타낸다."고 했다.

이 글 내용은 성경에서 "무릇 지킬 만한 것보다 더욱 네 마음을 지키라 생명의 근원이 이에서 남이니라"(잠 4:23)고 하는 말씀과 같다. 세상만사와 만물이 마음으로 이루어진다 하여 불교에서는 이를 '일체유심조(一切唯心造)'라고 한다.

우리의 몸도 마음과 연결되어 있다. 그러므로 우리의 마음이 밝지 못하고 낙심하고 절망하며, 욕심과 탐욕으로 차 있고, 바르지 못한 마음 즉, 미움과 시기와 질투와 원망으로 차 있고 우울하고 열등감으로 차 있으면 그것은 몸의 병으로 나타난다. 따라서 몸에 병이 생긴 사람은 먼저 그동안 자기의 마음이 어떠했는지 돌이켜 보아 잘못된 부분을 회개하고 이를 하나님께서 주신 마음인 기뻐하고 감사하고 타인을 긍휼히 여기는 마음으로 회복시키면 병도 낫는다.

굳은 의지와 끝까지 인내하며 열정을 가진 믿음의 사람은 고난을 극복하고 기업도 크게 이룬다. 즉 물질도 정신을 따라가는 것이다.

현대그룹을 이룬 창업자이 고 정주영 회장은 소탈하고 검소하며 훌륭한 기업가 정신을 가진 분이었는데, 그의 자서전 『시련은 있어도 실패는 없다』에서 자기가 크게 기업을 이룬 근본 이유는 "진취적 기상과 신념이 있었기 때문이지 다른 특별한 이유가 있었던 것은 아니다."라고 했다. 그의 기업들 중 조선회사를 설립할 때, 그는 해외 시장으로 나가 배의 주문을 받아야 했는데 아직 조선소가 완공도 되지 않은 상태인데도 우리 한국 500원짜리 지폐에 그려져 있는 거북선을 해외 선주에게 보이면서 "우리나라는 오래전부터 해양국이며 당신들이 원하는 배를 기술적으로 문제없이 잘 만들어 줄 수 있다."며 선주를 설득하여 첫 대형유조선 주문을 받았고 또 국제금융도 받아냈다.

현재 한국의 조선업이 세계 랭킹 1위인 것은 이 산업과 관련된 모든 사람들이 열심히 노력한 때문이지만 그의 공로에 힘입은 바가 크다.

그는 과거 선진국 대열에 섰던 로마제국, 스페인, 포르투갈, 그리스, 대영제국 등이 이 진취적 기상을 잃어버린 후에 국력이 쇠락하여 선진국 대열에서 물러났고 제2차 세계대전 후에 나라가 거의 망한 독일과 일본이 그 경제력과 국력을 회복한 것은 이 나라 국민들이 진취적 기상을 잃지 않았기 때문이라고 했다.

그는 자기의 이 말대로 진취적 기상과 신념으로 불철주야 노력하여 세계적인 자동차 제조회사도 만들었고 산업의 동맥인 고속도로, 즉 경부고속도로도 완공했다.

과거나 현재, 세계적인 기업가 반열에 드는 석유왕 존 D. 록펠러, 강철왕 앤드루 카네기, 자동차의 보편적 생활화를 이룬 자동차왕 헨리 포드, 혼다자동차의 혼다 소이치로, 소니의 공동창업자인 모리타 아키오와 이부카 마사루, 경영의 신이라 불리는 마쓰시타 전기의 마쓰시타 고노스케, 세라믹 회사인 교세라의 이나모리 가즈오, 월마트의 샘 월튼, 마이크로소프트의 빌 게이츠, 버진 그룹의 리처드 브랜슨, 테슬라의 엘론 머스크, 아마존의 제프 베조스 등은 모두 광적일 정도로 진취적 기상과 열정과 믿음을 가지고 활동했던 기업가들이었거나 현재도 활동하고 있는 기업가들이다.

정치가나 군인들 중에도 보면 이런 진취적인 기상이나 열정, 믿음의 사람들이 많이 보인다.

모세, 다윗, 알렉산더, 카이사르, 칭기즈칸, 이순신, 나폴레옹, 링컨, 처칠, 루스벨트, 케네디, 이승만, 박정희, 등소평, 이광요 등을 들 수 있는데 이들은 모두 대단한 정신력과 믿음의 사람들이었다.

모세는 출애굽하기 위해 애굽 왕 바로를 찾아가 이스라엘 백성을 놓아달라고 요청해도 이를 허용치 않는 바로에게 흔들리지 않고 줄기차게 끝까지 요구하여 하나님의 도움으로 이스라엘 백성을 출애굽시켰고, 그 후 이스라엘 백성을 이끌고 광야를 40년간 방황할 때에 이스라엘 백성들의 불만이 고조되어 그를 거부하고 소란을 피워도 꿈쩍하지 않았다.

다윗이 아직 소년 목동이었을 때, 블레셋이 거인 골리앗을 앞세우고 이스라엘에 쳐들어왔고 사울 왕 이하 모든 이스라엘 장정들이 이 골리앗의 거대함에 두려움을 느끼고 피했으나, 그는 그동안 함께 해주시고 보호해주신 하나님을 믿었기에 "너는 칼과 창과 단창으로 내게 오거니와 나는 만군의 여호와의 이름 곧 네가 모욕하는 이스라엘 군대의 하나님의 이름으로 네게 가노라"(삼상 17:45) 하고 담대히 나아가 골리앗을 물맷돌로 쳐서 이겼다.

카이사르(BC 100~BC 44)는 지혜와 담략으로 유럽의 많은 지역을 정복하고 로마 속국으로 병합시켰는데 그를 두려워한 정적들과 원로원 위원들이 그에게 소환령을 내리자 그의 군대를 이끌고 루비콘 강을 건너, 곧 쿠데타를 일으켜 정권을 잡았다. 이때 그 당시 관례로서 정권을 잡으면 정적을 죽이거나 그들의 재산을 몰수하는 보복을 그는 행하지 않았고 그들의 죄를 사면해주는 관용의 정치를 베풀었다. 그러나 그는 나중에 정적에게 암살당했는데 "브루투스, 너마저!"라는 유명한 말을 남겼다.

칭기즈칸(1162~1227)은 아홉 살에 아버지를 잃고 동족의 마을에서 쫓겨났으며 광야에서 어린 동생들과 함께 어머니를 모시고 들쥐를 잡아먹으며 연명하고 생존했다. 그는 전쟁이 직업이었고 뺨에 화살을 맞고 거의 죽었다 깨어나기도 했으며 목에 칼을 쓰고도 탈주했으며 그의 아내 허울른이 적의 공격으로 납치당하여 적장의 자식을 낳았으나 그렇게 된 것은 자기의 잘못이라 하며 몇 년 후 되찾은 아내를 다시 받아들였고 그 적장의 자식을 양자로 받아들였다. 그 후 점차 세력을 넓혀 몽고의 여러 부족들을 통합시키고 그 힘을 밖으로 뻗쳐 러시아, 폴란드, 헝가리, 오스트리아 동부 지역을 정복했고 이란, 이라크 등의 중동 지역과 중국까지 정복하여 인류 역사상 가장 넓은 지역을 무력으로 정복한 사람이 되었다.

그에 의하여 인쇄술, 화약, 정보와 물자전달을 위한 역참제도 등이 발달하게 되었는데, 이것이 유럽의 르네상스 문화를 촉발시키는 계기가 되었다.

링컨(1809~1865)은 관용과 믿음의 사람이었다. 그는 어려서 어머님을 잃고 새어머니 사라 부시 존스턴 슬하에 자랐으나 새어머니는 훌륭한 믿음의 사람이었고 어린 링컨을 믿음으로 키웠다. 그는 칠전팔기의 의지의 사람이었다. 전광은 그의 책, 『백악관을 기도실로 만든 대통령 링컨』에 "나는 실패할 때마다 실패에 담겨진 하나님의 뜻을 배웠고 그것을 징검다리로 활용했습니다. 사탄은 내가 실패할 때마다 '이제 너는 끝장이다.'라고 속삭였어요. 그러나 하나님은 내가 실패할 때마다 '이번 실패를 거울삼아 더 큰 일에 도전하라.'고 하셨습니다."라는 표현이 있다. 이 책에 보면 링컨은 크고 작은 선거에서 일곱 번 낙선했고 두 번 사업에 실패했으며 10살 때 친어머니를 잃었고, 20살 때 누이 사라를 잃었으며 27살 때는 결혼을 약속했던 앤 메이가 갑작스레 병으로 저 세상에 갔으며, 42살과 53살에는 둘째 아들(다섯 살의 에드워드)과 셋째 아들(열두 살의 윌리엄)을 잃는 큰 아픔을 겪었다. 그는 이 많은 고통에도 끝가지 포기하지 않았기에 역사상 가장 위대한 인물 중 한 사람이 되었으며, 이 실패를 견디었기에 겸손과 관용과 믿음의 사람이 되었다.

1831년 : 23세에 사업 실패
1832년 : 24세에 주의회 의원 낙선
1833년 : 25세에 사업 실패
1838년 : 30세에 의회 의장직 낙선
1840년 : 32세에 대통령 선거위원 낙선
1844년 : 36세에 하원의원 공천 탈락
1955년 : 47세에 상원의원 낙선
1856년 : 48세에 부통령 낙선
1858년 : 50세에 상원의원 낙선

위에서 보았듯이 정치·경제·사회·문화와 예술·과학은 관련된 사람의 정신의 힘이 나타난 것이다. 그러므로 나라의 실력은 국민 각자의 정신의 실력에 달려 있다. 그래서 함석헌 선생은 그가 쓴 『인간혁명의 철학』에서 "정치는 힘이라는데 실력 없이는 아니 될 것입니다. 실력은 우선 경제 실력입니다. 배고픈 백성이 어찌 통일합니까? 경제의 뒷받침이 없는 자유는 자유가 아닙니다. 그보다 더 중요한 것은 정신의 실력입니다. 어떤 위협이나 유혹이 있어도 넘어가지 아니할 정신이 서 있어야 합니다. 경제의 부흥, 생활의 충실도 이 영혼의 힘이 있어야 가능합니다. 물질적 가난은 정신적 가난의 상징적 표현입니다. …밖은 안의 표현입니다. …선인들은 사람들의 할 일이 영혼의 힘을 기르는 데 있는 것을 가르쳐 왔습니다. 어쩔 수 없이 무장한다면 정신무장이요 경쟁이 있다면 영혼의 힘의 경쟁이 있을 뿐입니다. 힘 있게 살려면 위대한 정신의 힘이 있어야 합니다. 영혼의 사자를 깨워 포효케 하십시오. 삶은 싸움이요 싸움은 정신입니다. 싸움은 주먹으로 무기로 꾀로 하는 줄만 알고 기(氣)로 하고 얼로 하는 것인 줄 모릅니다. 힘이 없고 생각이 아니 나고 지식이 떨어지고 꾀가 모자라는 것은 정신이 죽었기 때문입니다. 사람의 영혼은 우주의 근본 되는 정신과 그 바탕이 하나이기 때문에 그로만 하면 거의 무한한 능력이 나올 수 있습니다. 이제라도 자고 병들고 죽어져 있는 영혼을 깨워 일으켜야 합니다. 우주여행이라 하지만 그것은 기술문제가 아니고 정신의 문제입니다. 사람의 얼이란 온갖 힘의 물둥지입니다. 우리의 할 일이 무엇입니까? 얼 힘을 키우는 데 있습니다. 모든 행위로 얻는 것은 얼의 힘을 키워 간다는 것 하나뿐입니다. 얼만 기르십시오. 얼에서 모든 것이 나옵니다. 얼이 모든 것입니다."라고 했다.

이처럼 사람은 영이신 하나님의 형상을 닮아 창조된 피조물이므로 마음을 바르게 밝게 강하게 담대하게 온유하고 겸손하게 가지고 감사하고 타인을 사랑하며 얼의 힘, 곧 정신력을 키우는 것이 우리 삶, 즉 정치·경제·과학과 학문·문화·예술의 기본 토대가 된다.

✼ 뇌의 가소성

예전에는 "우리 뇌는 고정되어 있으므로 지능이 한정되어 있으며 시간이 갈수록 뇌세포가 사멸되어 간다. 그러므로 나이가 들수록 뇌기능은 떨어지고 결과적으로 사람 얼굴도 못 알아보는 치매에 걸리게 된다."고 주장했으나, 최근에는 우리 마음의 생각이 어떠하냐에 따라서 우리 몸과 뇌가 변화된다고 과학자들이 주장하고 있다. 마음이 어떠하냐에 따라서 뇌가 변한다고 하며 이를 '뇌의 가소성'이라고 하는데 금세기 최고의 과학적 발견 중 하나로 여긴다. 예로서 80대 고령자는 모두 치매에 걸려 자기 몸 하나 제대로 가눌 수 없는 상태에 빠져 자신과 가족들이 고통 속에 있는 것이 아니라, 당사자의 마음의 생각에 따라 기억 능력을 얼마든지 극대화시킬 수 있고 박사학위를 따거나 취업할 수 있다는 것이다. '뇌의 가소성'의 발견은 하나님의 선물이다. 이의 발견은 우리 삶에 매우 큰 유익을 끼치게 되었다.

몸이 마음의 사령탑이 아니라 마음이, 생각이 뇌를 포함한 몸의 사령탑이 된다.

뇌신경학자인 캐롤라인 리프는 그녀의 책,『뇌의 스위치를 켜라』에서 "당신은 최상의 지적수준과 건강한 정신 상태에 이를 수 있고 유지할 수 있다. 행복한 삶을 유지하는 것은 물론 몸과 마음의 질병까지 예방할 수 있다. 우리는 의식적인 노력으로 생각과 감정을 통제할 수 있고 뇌 속 화학물질의 흐름을 바꿀 수 있고 뇌 속의 프로그램을 바꿀 수 있다. 마음은 실체이고 물질이며 전자기성을 띠는 양자이다. …마음이 바로 그 스위치이다. 당신은 마음으로 뇌를 변화시킬 수 있다."라고 주장한다.

이와 같은 경험으로 스스로 생각건대 나는 머리가 특출하게 좋다든가 천재로 태어났다고 생각지 않는다. 그러나 고등학교 입학시험을 준비할 때 반드시 좋은 학교에 좋은 성적으로 입학한다고 절박하게 생각하고 공부를 열심히 했다. 그 결과는 하나님의 은혜로 내가 마음먹었던 대로 대구의 대륜고등학교를 전교수석으로 입학할 수 있었고 이 때문에 지방신문에 최고 득점자로 기사화되기도 했다. 이때 나는 고등학교 입시시험 결과를 알 수 없었기에 이 사실을 모르고 외출했는데 그 사이에 신문사 기자들이 갑자기 집에 찾아와 부모님과만 인터뷰하고 돌아갔다. 그들은 내 사진이 필요했는데 사진을 찍을 수 없었으므로 부모님께 요청하여 얼마 전에 받았던 중학교 졸업 앨범 속의 내 사진을 가위로 오려 가져가서 신문에 냈고, 따라서 이 중학교 졸업 앨범에는 내 사진이 없는 것이 다소 유감이다. 그 후 하나님의 은혜로 고등학교 3년 내내 좋은 성적을 유지하여 전면 장학생으로 졸업했다(학비 100% 면제가 전면 장학생, 50% 면제는 반면 장학생). 또한 대학을 졸업한 후 회사에 취직하여 직장생활하면서 계속 공부하고 싶은 마음이 간절하여 연세대학교 경영대학원 경제학과 석사과정 야간반에 입학했다. 공부하고 싶은 마음이 강하여 공부했으니 성적도 당연히 좋게 나와 전 학년 평균 100점 만점에 98점으로 졸업할 수 있게 되었다. 이처럼 좋은 성적을 받았음은 먼저 하나님의 은혜이면서 동시에 우리 마음먹기에 따라 학교 성적이든 사업이든 인간관계든 크게 영향을 받는다고 볼 수 있다. 한편 지금 세대는 학교 성적이 매우 중요해진 시대이니 학교 공부에서 좋은 성적을 받았던 비결을 간단히 요약하면 첫째 시험공부 기간을 충분히 길게 잡고, 둘째 시험 치기 전 시험범위를 최소 3회독은 하고, 셋째 시험범위의 내용 중 중요하다고 느끼는 내용을 노트에 별도로 요약하여 기록하고, 넷째 시험 바로 전일에는 이 요약한 노트를 중심으로 평소 교사나 교수가 강의 중 강조하신 부분을 집중적으로 공부하는 것이다.

생각에 따라 뇌와 몸속의 단백질을 만들어 낸다. 마음속의 생각이 DNA 속의 유전자 활동을 활발하게 하고 이 유전자의 활동은 뇌 속 뉴런 구조를 변화시킨다. 즉 우리 생각에 의하여 우리 뇌의 구조와 기능이 변화된다. 나의 생각은 나의 DNA 구조를 변화시킬 뿐 아니라 다른 사람의 DNA 구조까지 변화시킨다.

뇌의 가소성에 있어서 중요한 것은 생각을 긍정적으로 하는 것이다. 부정적인 생각은 스트레스로 이어지고 우리 몸의 치유능력을 약화시킨다. 내가 어떤 사람의 죄를 미워하고 결과적으로 그 사람을 미워했더니 내 몸에 병이 생겨 몇 달간 고생했으며, 이 미워했던 마음을 하나님께 회개하고 그를 마음으로 용서했더니 이 몸의 병이 나았던 사실이 이를 증명한다.

즉 분노·미움·원한·시기·질투·염려·두려움·공포·낙심·좌절감·죄책감·절망 등의 부정적 마음은 우리 몸의 저항력을 약하게 하여, 병들게 하고 죽음에 이르게 하는 원인이 된다. 그래서 철학자 키에르케고르는 '절망은 죽음에 이르는 병'이라고 했다. 우리가 건강하려면 뇌 속에서 좋은 화학물질이 생성되어야 하는 데 반해 이런 부정적 생각을 하면 DNA의 첨단이 짧아지게 만들고 다양한 DNA 코드가 비활성화되고 이는 유전자 정보에 좋지 못한 영향을 끼치게 된다. 이로써 우리 몸에 좋은 유전자 단백질이 만들어지지 않고 각종 질병으로 연결된다고 하며 질병의 98%가 마음과 생각에 깊이 연관되어 있다고 한다. 낙심·절망·좌절감을 긍정적인 마음으로 제때에 바꾸지 않으면 가벼운 우울증이 점점 증세가 무거워지고 심한 경우 자살로 이어진다. 그러므로 가까이 있는 어떤 사람이 낙심하고 절망하는 모습이 단시일 내에 없어지지 않는다면 그 마음과 생각을 돌릴 수 있도록 도와주고 건전한 긍정적 마음을 갖도록 조치를 취해주어야 한다. 이런 절망·신경쇠약·우울증·조현병·강박증도 바른 마음으로, 즉 하나님 말씀으로 치유가 가능하다.

부정적 생각에 의한 좋지 못한 결과는 사랑·존중·기쁨·감사 등의 긍정적 마음과 감정으로 만회된다는 것이다. 우리가 사랑을 주고받으며 이런 긍정적인 마음을 가지면 우리의 삶은 더 나아지고 DNA 구조까지 좋아진다. 그러므로 자신의 최고의 적은 바로 자신이다. 어떤 사람이 건강하거나 건강치 못하고 어떤 사업이 성공하거나 실패하고 어떤 위인이 되거나 못되거나 이는 그 사람의 마음과 생각에 많이 달려 있다.

기쁘고 감사하는 긍정적인 마음을 가진 자는 대부분 건강하고 병에 걸려도 빨리 회복된다.

그러하니 "대저 그 마음의 생각이 어떠하면 그 위인도 그러한즉 As he thinks in his heart, so is he"이라는 잠언 23장 7절 말씀이 보편적인 진리이다.

생각은 물질의 구조까지 변화시킨다. 그래서 "믿음은 바라는 것들의 실상이요 보지 못하는 것들의 증거 Now faith is the substance of things hoped for, the evidence of things not seen"(히 11:1)라는 말씀이 진리가 된다. '지금의 나는 10년, 20년 전에 내가 생각하고 말했던 것이 그대로 나타난 것'이라고 한다. 우리가 믿고 바라고 노력하는 그것은 물질세계에 모습을 드러내게 된다. 이를 '안이 밖으로 나타난다 (As within, so without)'고 한다.

사람의 생각은 자신의 영·혼·육뿐 아니라 주변 사람들에게까지 지대한 영향을 미친다.

그러므로 우리가 중보기도를 하면 지구 반대편에 있는 사람에게까지 선한 영향을 미친다.

이는 현대과학의 양자역학이 주장하는 바와 같다. 양자역학에서 모든 물질의 가장 작은 구조인 소립자는 입자이면서 파동이다. 이 소립자 현상에는 시공간의 법칙이 적용되지 않는다. 기도의 능력에도, 하나님의 능력에도 시공간의 제약이 없다. 지구 반대편에 있는 사람이 우리 기도를 인지하고 이 기도의 선한 영향을 받는다. 심장수술 시 기도를 받는 사람은 그 사망률이 기도받지 않는 사람의 7분의 1밖에 되지 않는다고 한다. 타인에 대한 생각, 즉 동정심이나 긍휼심, 혹은 이와 반대로 원한·미움·증오 등은 감각의 세계뿐 아니라 전자기의 세계와 양자의 세계에 모두 영향을 미친다. 우리 생각이 물질을 통제하고 생각에서 힘이 생긴다. 생각에는 강력한 창조의 힘이 있다. 그것이 복이 되기도 하고 저주가 되기도 한다.

따라서 마음과 생각에서 행복이 시작된다. 찬송가 가사에 "초막이나 궁궐이나 내 주 예수 모신 곳이 그 어디나 하늘나라"라고 했듯이 믿음을 가지고, 바르고 긍정적인 마음 갖는 것이 좋은 차나 궁궐 같은 좋은 집을 갖는 것보다 더 중요하다.

"하나님이 우리에게 주신 것은 두려워하는 마음이 아니요 오직 능력과 사랑과 근신하는(건전한) 마음이니"(딤후 1:7).

"끝으로 형제들아 무엇에든지 참되며 무엇에든지 경건하며 무엇에든지 옳으며 무엇에든지 정결하며 무엇에든지 사랑받을 만하며 무엇에든지 칭찬받을 만하며 무슨 덕이 있든지, 무슨 기림이 있든지 이것들을 생각하라"(빌 4:8).

"너희는 이 세대를 본받지 말고 오직 마음을 새롭게 함으로 변화를 받아 하나님의 선하시고 기뻐하시고 온전하신 뜻이 무엇인지 분별하도록 하라 Do not conform any longer to the pattern of this world, but be transformed by the renewing of your mind. Then you will be able to test and approve what God's will is …His good, pleasing and perfect will"(롬 Romans 12:2).

이처럼 우리 마음이 세상적인 것에 치우치지 않고 하나님의 선하시고 기뻐하시고 온전한 뜻을 헤아리고 성령님의 인도하심을 따르면, 우리 자신의 영성과 우리 삶을 더 나은 모습으로 변화시킬 수 있게 된다. 그러기 위해선 포도나무 비유처럼 우리는 주님께 붙어 있어야 한다. 주님은 포도나무 줄기요 우리는 가지니 우리가 주님께 붙어 있을 때에 우리는 주님으로부터 생명력을 얻고, 우리 마음과 생각이 바르고 건전하고 건강한 생각을 할 수 있으며 부정적이고 해로운 생각을 하지 않게 된다.

뇌의 가소성에서 또한 중요한 것은 몰입하는 것이다. 생각을 한 곳에 집중하고 다른 초점을 흐리게 하는 방해요인들을 제거하는 것이 필요하다. 집중, 몰입할 때 뇌 속 신경세포가 자라난다. 캐롤라인 리프는 "집중할 때 뇌 속의 시냅스가 점화되고 그 결과 뇌의 뉴런들은 정렬된 상태를 이루어 점화된다. 이 과정을 통해 유전자 발현이 진행되므로 뇌 속 시냅스가 더 견고해지고 형성된 단백질의 질도 높아진다. 이 결과 여러분들은 원하는 만큼 지적인 사람이 될 수 있다. …우리가 열심히 도전할 때 우리 뇌 속에 더 많은 뇌세포가 자란다. 즉 우리가 새로운 지식을 습득하고 또 어려운 과제에 도전할 때 우리의 뇌가 성장한다. 생각을 집중하는 것이 생각을 자유분방하게 두는 것보다 감각능력, 인지능력에 훨씬 더 큰 변화를 주는 것으로 증명이 되었다."라고 한다.

이처럼 공부나 연구나 사업에 있어 몰입이 중요한데 이 몰입을 통하여 우리의 뇌 기능은 더욱 활성화되고 원하는 답을 얻을 수 있다. 몰입을 연구한 칙센트 미하이 교수에 의하면, 이 몰입에 의하여 우리 뇌 기능을 100% 발휘할 수 있을뿐더러 이에 더하여 큰 기쁨과 환희를 경험할 수 있다고 한다.

뉴턴은 "어떻게 만유인력의 법칙을 발견했느냐?"는 질문에 "내내 그 생각만 하고 있었으니까"라고 대답을 했고, 아인슈타인도 상대성원리 발견에 대하여 "주어진 문제에 대하여 몇 달이고 몇 년이고 생각하고 또 생각했다."고 한다. 야후 재팬의 손정의 회장은 "자나 깨나 생각하면 좋은 생각이 떠올라 사업에 성공할 수 있다."고 했다.

양자역학으로 노벨상을 수상한 리처드 파인만은 "물리는 나의 유일한 취미입니다. 그것은 나의 일이자 오락이기도 하지요. 내 노트를 보면 알 수 있듯이 나는 항상 물리에 관한 문제를 생각합니다."라고 했다.

서울대학교의 황농문 교수 저 『몰입』에 보면, "미분학을 배우지 못한 중학생들이 2박 3일 동안 미분에 관련된 한 문제만을 풀도록 요구되었는데, 한두 번의 힌트를 주자 모든 학생들이 그 문제를 해결할 수 있었다. 이는 타고난 재능보다는 고도의 집중을 통한 몰입적 사고가 문제 해결에 더 큰 작용을 한다는 것을 보여 준다.

…몰입상태에서는 두뇌 활동이 극대화될 뿐 아니라 가장 빠른 속도로 사고력이 발전한다. 또 몰입 상태가 되면 머리가 잘 돌아가 평소에 풀리지 않던 어려운 문제도 해결할 수 있다는 자신감과 문제에 대한 강한 호기심이 더해지면 아무리 난이도가 높은 문제라도 답을 얻을 때까지 포기하지 않게 되고 결국은 풀게 된다."고 했다.

몰입 상태에서 책이나 논문을 읽으면 그 이해하는 속도가 평소와는 비교할 수 없도록 깊고 빨라진다. 알고 있는 지식에 새로운 깨달음이 더해져서 높은 수준에 이르게 된다.

그래서 Work Hard는 다른 사람들보다 기껏해야 두세 배 능률을 더 높일 수 있지만 Think Hard는 다른 사람들보다 십 배, 백 배, 천배의 능률을 올릴 수가 있다. 그러므로 마이크로소프트의 빌 게이츠는 일 년에 한 번씩 Think Week를 가지며, 이 일주일 동안 오로지 한 과제에 몰입하는 시간을 갖는다고 한다.

참고로 이 몰입의 방법은 예전에 내가 수도했던 참선과 같은 점이 몇 군데 있다.

첫째 몰입에서 얻는 영감이나 아이디어는 참선에서 얻는 깨달음과 같은데 이 영감이나 깨달음은 갑자기 온다. 그래서 이를 참선에서는 돈오(頓悟: 갑작스런 깨달음)라고 한다.

둘째 몰입과 참선은 하나의 주제(참선에서는 화두: 話頭)를 가지고 자나 깨나, 움직일 때나 가만히 있을 때나 계속 생각하여 답을 얻는 방법이 같다. 이를 참선에서는 몽중일여(夢中一如), 정동일여(靜動一如)라고 한다.

셋째 몰입이나 참선을 급한 마음으로 하면 두통 등의 부작용이 생기는데 참선에서는 이를 상기(上氣)라고 하며 이를 피하기 위하여 여유롭게 천천히 생각하라고 하며, 몰입에서도 천천히 생각하고 규칙적으로 운동을 하도록 권한다.

지금은 어느 분야든 창의성이 중시되는 시대인데 이 창의성은 그 사람이 타고난 두뇌의 능력이 아니고 그 사람의 노력, 특히 몰입에 달려 있다. 즉 타고난 천재성이 아니라 몰입에 의하여 천재적인 탁월한 아이디어와 영감을 얻을 수 있다. 이처럼 창의성이란 천재의 독점물이 아니라 평범한 사람도 몰입에 의하여 얼마든지 천재적인 창의성을 발휘할 수 있다. 달리 말하면 천재성이란 한 과제를 얼마나 오랫동안 끈질기게 생각할 수 있느냐 하는 능력이다.

황농문 교수에 의하면 몰입은 생존을 추구하는 삶, 행복을 추구하는 삶, 자아실현을 추구하는 세 가지 삶을 동시에 달성할 수 있는 강력한 방법이 된다. 그러므로 이 몰입은 하나님께서 창조의 동역자로 부르신 사람에게 주신 귀한 선물이다.

또한 이 몰입이 중요한 것은 일이든 공부든 연구든 부담감이 아니라 즐겁게 기쁘게 그 과업을 담당할 수 있게 만드는 점이다.

몰입을 잘하여 어느 수준에 도달하면 말로 잘 설명이 되지 않는 큰 기쁨과 즐거움이 따른다. 즉 몰입을 계속하는 어느 시점에 큰 기쁨과 행복감, 그리고 강한 즐거움, 즉 쾌감과 같은 환희와 감격이 마음에 넘치게 된다. 문제 해결에 대한 자신감을 얻고 더 나아가 강한 믿음을 가지게 된다.

이때 뇌의 기능은 놀라울 정도로 올라가 평소에 생각지도 못한 아이디어와 영감이 떠오른다. 이처럼 몰입을 하면 할수록 이 기쁨과 즐거움이 더해지고 문제 해결에 대한 아이디어를 얻으므로 자신감과 강한 믿음이 더해진다.

또한 몰입이 중요한 이유로 몰입은 자기가 하고 있는 일을 재미있고 보람 있게 한다.

현대의 슬로건 중 하나가 '재미있고 좋아하는 일을 하라'인데 이를 잘못 이해하는 사람들이 많다. 즉 자기가 좋아하는 일을 한다 하여 노래와 율동 등의 연예 분야나 자기가 좋아 하는 스포츠나 취미 분야에서 일을 하려고 하는데 이런 분야는 하고자 하는 사람들이 너무 많아 경쟁이 치열하고 결과적으로 성공할 가능성이 낮다. 그러나 이 몰입을 하면 자기가 싫어하던 공부나 일도 좋아지게 된다. 즉 어느 일이든 재미있고 즐겁게 되는 것이다. 우리가 취업을 하든 전공과목을 공부하든 일단 선택을 했으면 그것이 따분하든 내키지 않는 일이든 바꾸는 일은 쉽지 않다. 따라서 우리가 선택한 일이나 공부가 처음에는 재미없고 내키지 않아도 그것을 즐겁게 하고 그의 결실을 맺게 하는 방법이 몰입인 것이다.

교세라의 이나모리 가즈오 회장은 처음에는 작은 중소기업체인 세라믹 회사인 교세라를 세계적인 기업으로 키웠으며 이 회사뿐 아니라 파산 직전의 일본항공 JAL을 흑자로 전환시켰고, 그 과정을 담은 책이 『1,155일간의 투쟁』인데, 그의 지론으로 끊임없는 생각과 노력이 중요하다며 '생각이 피처럼 흘러야 한다.'고 몰입을 강조했다.

"모든 이론을 파하며 하나님 아는 것을 대적하여 높아진 것을 다 파하고 모든 생각을 사로잡아 그리스도에게 복종케 하니 We demolish arguments and every pretension that sets itself up against the knowledge of God, and we take captive every thought to make it obedient to Christ"(고후 2 Corinthians 10:5) 말씀처럼 모든 생각을 사로잡는 것, 즉 몰입이 얼마나 중요한지를 알게 된다.

우리는 이 몰입을 통하여 당면한 과제에 대하여 영감과 해답을, 그리고 창의성을 얻는다. 또한 몰입의 과정을 통하여 큰 기쁨과 즐거움을 얻을 수 있고, 현재 하고 있는 일이나 공부나 연구 과제를 즐겁게 할 수 있게 되고 결과적으로 그 열매를 결실하게 된다. 그럼으로 생존의 과제, 행복의 과제, 자기실현의 세 과제를 동시에 실현할 수 있게 된다.

11장
고통과 고난

"자녀이면 또한 상속자 곧 하나님의 상속자요 그리스도와 함께한 상속자니 우리가 그와 함께 영광을 받기 위하여 고난도 함께 받아야 할 것이니라 생각하건대 현재의 고난은 장차 우리에게 나타날 영광과 비교할 수 없도다 Now if we are children, then we are heirs-- heirs of God and co-heirs with Christ, if indeed we share in His sufferings in order that we may also share in His glory. I consider that our present sufferings are not worth comparing with the glory that will be revealed in us"(롬 Romans 8:17~18).

"믿음으로 모세는 장성하여 바로의 공주의 아들이라 칭함 받기를 거절하고 도리어 하나님의 백성과 함께 고난 받기를 잠시 죄악의 낙을 누리는 것보다 더 좋아하고 By faith Moses, when he had grown up, refused to be known as the son of Pharaoh's daughter. He chose to be mistreated along with the people of God rather than to enjoy the pleasures of sin for a short time"(히 Hebrews 11:24~25).

"너희가 열심으로 선을 행하면 누가 너희를 해하리요 그러나 의를 위하여 고난을 받으면 복 있는 자니 그들이 두려워하는 것을 두려워하지 말며 근심하지 말고"(벧전 3:13~14).

"고난당한 것이 내게 유익이라 이로 말미암아 내가 주의 율례들을 배우게 되었나이다 주의 입의 법이 내게는 천천 금은보다 좋으니이다"(시 119:71~72).

혹자는 우리나라를 가리켜 '고난의 여왕', 혹은 '수난의 여왕'이라고 한다. 이 나라의 5천 년 역사에 크고 작은 외침을 당한 횟수가 무려 9백여 번이라고 하니, 평안한 날이 거의 없었고 5년에 한 번씩 침략을 당하여 고난을 겪었던 셈이다. 그러면서도 이 나라가 망하지 않은 것은 하나님의 크신 은혜와 깊으신 뜻이 있어서일 것이다. 그중 굵직한 것만 보아도 수나라 백만 대군의 고구려 침입(살수대첩), 고구려와 당나라 간의 전쟁(안시성 전투), 신라·고구려·백제 간의 삼국통일 전쟁, 신라와 당나라 간의 전쟁, 3차에 걸친 몽고의 고려 침입과 대몽항쟁, 임진왜란과 정유재란, 병자호란, 일제에의 식민지화, 6.25전쟁 등, 이 삼천리 반도에 전화(戰火)가 끊이지 않았다.

그러나 다윗이 시편 119편에서 "고난당한 것이 내게 유익이라."고 했듯이 이 고난은 우리 영혼이 잠들지 않고 깨어 있게 한다. 이 고난은 우리가 안일주의에 빠지지 않고 열심히 소망을 향해 노력하게 한다. 이 고난은 소성주의(小成主義)에 빠지지 않고 큰 목표를 향해 달려가도록 한다. 이 고난을 통하여 우리의 영적 그릇이 이기주의의 작은 그릇이 되지 않고 타인의 고통과 눈물 흘림에 동정하고 배려하는 긍휼함을 갖는 큰 그릇이 되게 한다. 이 고난을 통하여 우리는 외형이나 형식 같은 것에 잡히지 않고 본질을 보게 되며 정금 같은 참 진리와 지혜를 갖게 된다. 그러므로 다윗은 이 하나님의 율법과 진리가 "천천 금은보다 좋으니이다."라고 했다.

사람은 원죄가 있고 부패한 근성이 있으므로 만사가 평안하고 별일이 없으면 안일에 빠지기 쉽고 하나님의 뜻과 진리를 찾는 일에 무관심해진다. 영적으로 어두워진다. 그래서 부자들이 모두 천국 못 가는 것은 아니지만 풍요롭고 평안한 환경 속에서 주님을 찾는 것이 어려우니 주님은 "낙타가 바늘귀로 들어가는 것이 부자가 하나님의 나라에 들어가는 것보다 쉬우니라"(마 19:24; 막 10:25; 눅 18:25)고 하셨다.

또한 우리 몸이 건강할 때보다 병석에 누워 꼼짝을 못할 때에 더 주님을 찾게 되고 사업이 승승장구할 때보다 어렵고 힘들 때 주님을 더 찾게 된다. 우리가 정말 어렵고 힘든 고난 속에 있을 때에 진정한 도움은 사람에게서 얻기도 힘들뿐더러 사람들의 위로는 가슴에 닿는 진정한 위로가 되지 못한다. 오직 하늘로부터 오는 위로만이 우리 마음을 회복시켜 주며, 오직 하나님께서 주시는 도움만이 우리를 죽음의 그늘에서 빠져 나오게 한다.

사람들은 암이나 다른 중병에 걸렸을 때 자기의 무력함을 깨닫고 예수님을 영접하는 경우가 많은데, 결과적으로 보면 건강하여 예수 믿지 않는 것보다 무슨 병에 걸려서 이 고난을 통하여 예수님을 영접하는 것이 오히려 하나님의 은혜이다. 사업이 승승장구 잘되어 예수님 믿지 않는 것보다 사업이 파산하더라도 이 고난을 통하여 예수님 영접하는 것이 하나님의 은혜이다. 그래서 다윗은 "고난당하는 것이 내게 유익이라"고 했다.

불교에서는 인생살이에 대하여 슬픔과 고통과 고난이 가득 찬 바다, 즉 고해(苦海)라고 했고 염세주의의 분위기를 갖고 있는데 기독교는 이와 다르다.

즉 로마서 8장과 베드로전서 3장에서는 공의와 사명 달성을 위하여 받는 고통과 고난은 복되다고 했으며 하나님의 영광을 위하여 마땅히 고난을 받아야 한다고 했다.

또한 모세는 하나님의 부르심을 받은 후 바로의 공주의 아들로서의 호화롭고 사치스러운 삶을 떠나 이스라엘 백성들과 함께 받는 고난을 더 좋아한다고 했다.

이처럼 불교에서는 이 세상의 고난과 고통을 어둡고 슬픈 안목으로 바라보는 데 반하여 기독인들은 사명 달성과 하나님께 영광을 올리기 위해 받는 고통과 고난을 오히려 즐겁고 기쁘게 감수할 수 있다. "항상 기뻐하라"(살전 5:16)는 말씀은 모든 일이 잘 진행되고 건강하고 성공할 때만 적용되는 것이 아니라 말씀 그대로 우리가 환난을 당할 때나, 병들어 있을 때, 사업의 실패에서도, 죽음 앞에서도 하나님 사랑과 은혜에 대하여 감사하고 기쁜 마음을 가지는 것을 의미한다.

예수님 믿는 성도들은 고난과 고통을 두 가지 방법으로 이길 수 있다. 하나는 오래 참음이요 또 하나는 고난을 피하지 않고 하나님 믿음으로 정면 공격하고 도전하는 것이다.

✱ 고난과 오래 참음

"사랑은 오래 참고 사랑은 온유하며 시기하지 아니하며 사랑은 자랑하지 아니하며 교만하지 아니하며 …모든 것을 참으며 모든 것을 믿으며 모든 것을 바라며 모든 것을 견디느니라"(고전 13:4~7).

"그의 영광의 힘을 따라 모든 능력으로 능하게 하시며 기쁨으로 모든 견딤과 오래 참음에 이르게 하시고 Being strengthened with all power according to His glorious might so that you may have great endurance and longsuffering, and joyfully"(골 1:11).

"너는 말씀을 전파하라 때를 얻든지 못 얻든지 항상 힘쓰라 범사에 오래 참음과 가르침으로 경책하며 경계하며 권하라"(딤후 4:2).

"게으르지 아니하고 믿음과 오래 참음으로 말미암아 약속들을 기업으로 받는 자들을 본받는 자 되게 하려는 것이니라 We do not want you to become lazy, but to imitate those who through faith and patience inherit what has been promised"(히 Hebrews 6:12).

"이르시되 내가 반드시 너에게 복주고 복주며 너를 번성하게 하고 번성하게 하리라 하셨더니 그가 이같이 오래 참아 약속을 받았느니라 Saying, surely blessing I will bless you, and multiplying I will multiply you. And so, after he had patiently endured, he obtained the promise"(히 Hebrews 6:14~15).

기독인은 고난에도 하나님의 섭리가 있음을 믿고, 감사하고 기뻐하는 마음으로 오래 참고, 인내하여 그 고난을 극복해야 한다.

모세를 보라. 그가 자기 백성을 괴롭히는 애굽인을 쳐 죽이고 도망자가 되어 광야로 나간 지 40년 동안 옛날의 부귀영화와 꿈은 깨어지고, 그는 자기의 이스라엘 민족을 사랑하건만 그를 알아주는 이스라엘 사람은 아무도 없고 하나님도 자기의 뜻을 몰라주시는 것 같고, 자기의 소유도 아닌 장인의 양과 염소를 치는 초라한 목자가 되어 허망하고도 고된 세월을 보내게 되니 그의 큰 꿈은 사라진 듯하고 얼마나 그 마음이 허허롭고 외로웠겠는가? 그래도 그는 인생의 저녁때가 다 된 그때까지도 이스라엘 백성들의 출애굽에 대한 꿈, 곧 비전을 끝까지 버리지 않고 고난 속에서 때론 눈물로써 하나님께 그 숭고한 소원을 이루어주시도록 기도했으리라.

때가 차매 하나님께서 모세가 시내산에 올랐을 때 불타는 떨기나무를 신호로 임재하시고, "네가 선 곳은 거룩한 땅이니 네 발에서 신을 벗으라 Put off your shoes from off your feet, for the place where you stand is holy ground."(출 Exodus 3:5)고 모세를 부르시사 친히 말씀하셨다.

하나님의 역사하심으로 자기 백성이 출애굽하여 광야를 헤맬 때, 그 백성들은 얼마나 모세를 원망하였는가? 목마르다고 먹을 것이 없다고 쉴 곳이 없다고 이스라엘 백성의 많은 원망과 배반이 있었건만 그는 하나님의 동행하심을 믿었기에 추호도 동요하지 않고 끄떡없었다.

하나님을 믿는 우리에게도 얼마든지 고난과 고통과 일시적인 실패가 있을 수 있다. 그러나 믿지 않는 자들과 다른 점은 임마누엘 하나님께서 우리와 함께 동행하심과 "모든 것이 합력하여 선을 이루는"(롬 8: 28) 줄을 믿고 오래 참을 수 있는 것이다.

인생은 참음이다. 가난과 배고픔을 참아야 하고, 피곤을 참아야 하고, 아픔을 참고, 낙심과 두려움을 참아야 한다. 함석헌 선생은 『인간혁명의 철학』에서, "이 세상은 패배주의와 시체가 가득한 죽음의 골짜기입니다. 그곳을 완전히 빠져 나갈 때까지 참아야 합니다. 참음에는 끝이 없습니다. 무엇에도 져서는 아니 되는 무엇보다 강하고 무엇보다 긴 것이어야 합니다. 모든 것에 끝을 내고 자기는 무엇에도 끝을 보이지 않는 것이 참음이요, 참입니다. 넓고 넓어서 용납 못할 것이 없는 바다 같은 것이요 높고 높아서 그 그늘 아래 쉬지 못할 자가 없는 큰 나무 같은 것, 낮고 낮아서 받아들이지 못할 구정물이 없는 골짜기 같은 것, 부드럽고 부드러워 물 같은 것, 그것이 참음입니다."라고 했다.

바울 선생은 히브리서 6장에서 우리는 믿음과 오래 참음과 부지런함으로 하나님께서 우리에게 주신 축복의 약속을 받을 수 있다고 했다. 즉 우리가 믿음과 오래 참음을 가지고 부지런히 일할 때 하나님의 축복이 우리에게 임하신다. 하나님께서 아브라함에게 복주시고 복주시며 번성케 하고 번성케 하신다고 약속하셨는데, 아브라함이 오래 참음으로 이 축복의 약속을 기업으로 받아 열국의 아버지가 되고, 믿음의 아버지가 되었다.

"하나님은 사랑이시라. …사랑은 오래 참고"라고 말씀하셨는데 하나님을 사랑하고 이웃을 사랑하는 데 가장 요구되는 것이 오래 참음이다. 바울 선생 말씀처럼 우리는 매일 자신을 십자가에 못 박고 우리 안에 예수님만 살도록 해야 하는데 이는 쉽지 않은 과업이다. 자기를 매일 십자가에 죽이지 못하니 많은 경우에 있어 오래 참지를 못한다. 오래 참지를 못하니 고난을 이기지 못하고 온전한 사랑을 하지 못한다.

지금 이 나라에 이혼율이 매우 높고 젊은 부부 세 쌍 중 한 쌍이 이혼하는 것으로 나타나는 것은 매우 우려할 사항이다. "그런즉 이제 둘이 아니요 한 몸이니 그러므로 하나님이 짝지어 주신 것을 사람이 나누지 못할지니라"(마 19:6; 막 10:9)는 말씀에 근거하여 보면, 부부로서 남녀가 만나는 것은 우연이 아니요 하나님께서 짝지어주신 것이요 결혼식에서 결혼하는 신랑 신부가 예수님을 믿든 안 믿든, 많은 하객들 앞에서 '늙어 머리가 파뿌리가 되고 죽음이 두 사람을 갈라놓을 때까지 아내와 남편을 사랑하고 버리지 않는다.'는 서약을 한다. 그런데도 이혼을 하는 것은 부부간에 주어진 고난을 오래 참음으로 이기지 못하고, 하나님께서 부부를 짝지어 주심을 잊고 오래 참음으로 부부간 사랑을 끝까지 실천하지 못하는 것이다. 부부간의 사랑은 영원히 계속된다기보다 사랑 – 미움 – 사랑 – 미움이 번갈아 오는 사이클이다. 이것을 긴 안목으로 보지 못하고 이혼하면 첫째 하나님께서 짝지어주신 것을 저버리는 것이며 하나님과의 약속, 사람과의 약속을 어기는 것이다.

따라서 우리 기독교는 비성경적으로 볼 수 있는 이혼을 원칙적으로 공인하지 않아야 한다고 생각된다.

또한 이 나라의 자살률이 OECD 국가 중 1, 2위인 것도 우리 사회가 크게 병들어 있다는 증거이고 이 또한 심히 우려할 일이다. 2016년 통계 기준 10만 명당 26명이, 그리고 2016년에 총 1만 3천여 명이 자살로 사망했다(최근 추세론 이 비율이 조금씩 낮아지고 있지만).

물론 개개인의 사정이 다르니 일률적으로 말하긴 쉽지 않지만 특히 한국인들이 타국인들에 비해 오래 참지 못하고 목숨을 던지는 것 같아 심히 안타깝다.

자살하는 사람들은 대부분 우울증에 걸려 현재의 고난이 언젠가는 끝이 나고 그 뒤에는 또다시 기쁘고 즐겁고 행복한 시간이 오는 것을 믿지 못하고, 그 고난이 영원히 계속될 것으로 생각하여 절망을 못 벗어나고 목숨을 던진다. 이 세상에서 고난은 영원히 계속되지 않고 행복도 영원히 계속되지 않는다. 고진감래(苦盡甘來), 즉 고통과 고난은 언젠가 끝나게 되며 이후에는 달콤한 행복이 오게 마련이고, 인생은 고난 – 행복 – 고난 – 행복이 번갈아 오는 사이클이니 고난에 대하여는 긴 안목으로 보는 것이 필요하다. 검은 구름이 끼고 장대 같은 비가 오며 번개가 여기저기 번쩍이며 치더라도 그 캄캄한 구름 위에는 맑은 하늘과 빛나는 태양이 있다.

한편으로 행복은 우리의 경제 사정이나 건강이나 사업의 성공 등 외부 조건으로 오는 것은 잠깐이요 대부분은 우리 마음에서 온다. 그러므로 이는 우리 마음을 밝고 즐겁게 관리함으로써 우울증과 다른 불행을 상당 부분 해소할 수 있다. 일소일소 일노일노(一笑一少 一怒一老), 즉 한 번 웃으면 그만큼 젊어지고 한 번 노하면 그만큼 늙는다는 말은 과학적 근거가 있다. 오래 참음과 긍정적 사고로 마음관리를 잘 하면 우울증·조현병·강박증·불안증·신경쇠약 등 신경성 병들을 대부분 고칠 수 있다고 의사들과 과학자들은 주장한다. 이에는 성령님의 도우심이 있어야 하며, 그러기 위해 하나님께 기도를 드리고 하나님 말씀을 묵상해야 한다. 하나님 말씀은 위력이 있어 우리의 마음과 골수를 찔러 쪼개기까지 한다.

자살은 타인의 생명을 죽이는 살인과 같이 자기 생명을 죽이는 살인죄이며, 생사화복은 하나님께서 주관하시고 우리 생명의 소유권은 하나님께 있는데 자살은 이 하나님의 주권과 소유권을 부정하고 침해하는 것이다. 또한 믿는 자가 자살하면 불신자들에게 "믿음이란 것이 별 것 아니네!"라고 전도의 길을 막게 되며, 불신자가 자살하면 예수님 믿고 천국 가는 길을 스스로 막았으니 그 영혼이 구원받지 못하는 것이다.

정부는 이 나라가 '자살공화국'이란 오명을 벗기 위하여, 그보다는 천하보다 귀한 생명과 영혼을 살리기 위하여 자살 예방을 위한 조치와 인력에 과감한 투자를 해야 한다.

✻ 고난에의 정면 도전과 모험

"강하고 담대하라 두려워하지 말며 놀라지 말라 네가 어디로 가든지 네 하나님 여호와가 너와 함께하느니라 하시니라 Be strong and of a good courage: do not be afraid, nor be dismayed: for the Lord your God will be with you wherever you go"(수 Joshua 1:9).

"세례 요한의 때부터 지금까지 천국은 침노를 당하나니 침노하는 자는 빼앗느니라 From the days of John the Baptist until now, the kingdom of heaven has been forcefully advancing, and forceful men lay hold of it"(마 Matthew 11:12).

"네가 혼자 있는 것이 아니라 아버지께서 나와 함께 계시느니라 내가 이것을 너희에게 이름은 너희로 내 안에서 평안을 누리게 하려 함이라 세상에서는 너희가 환난을 당하나 담대하라 내가 세상을 이기었노라 Yet I am not alone, because the Father is with Me. These things I have spoken to you, that in Me you might have peace. In the world you shall have tribulation. But be of good cheer! I have overcome the world"(요 John 16:32~33).

"누가 우리를 그리스도의 사랑에서 끊으리요 환난이나 곤고나 박해나 기근이나 적신이나 위험이나 칼이랴 기록된바 우리가 종일 주를 위하여 죽임을 당하게 되며 도살당할 양같이 여김을 받았나이다 함과 같으니라 그러나 이 모든 일에 우리를 사랑하시는 이로 말미암아 우리가 넉넉히 이기느니라"(롬 8:35~37).

"너희가 죄와 싸우되 아직 피 흘리기까지는 대항하지 아니하고 You have not yet resisted unto blood, striving against sin"(히 Hebrews 12:4).

"그러나 사데에 그 옷을 더럽히지 아니한 자 몇 명이 네게 있어 흰 옷을 입고 나와 함께 다니리니 그들은 합당한 자인 연고라 이기는 자는 이와 같이 흰 옷을 입을 것이요 내가 그 이름을 생명책에서 결코 지우지 아니하고 그 이름을 내 아버지 앞과 그의 천사들 앞에서 시인하리라"(계 3:4~5).

"의에 주리고 목마른 자는 복이 있나니 그들이 배부를 것임이요 …의를 위하여 박해를 받는 자는 복이 있나니 천국이 그들의 것임이라 나로 말미암아 너희를 욕하고 박해하고 거짓으로 너희를 거슬러 모든 악한 말을 할 때에는 너희에게 복이 있나니 기뻐하고 즐거워하라 하늘에서 너희의 상이 큼이라 너희 전에 있던 선지자들도 이같이 박해하였느니라"(마 5:6~12).

고난에 대처하는 우리의 자세는 오래 참음과 도전, 두 가지가 있는데 이 오래 참음은 수비적 자세요 도전은 공격적 자세라 할 수 있다. 수비도 매우 중요하지만 수비만 있고 공격이 없으면 적을 이길 수 없다. 세례 요한의 때부터 지금까지 천국은 침노를 당하노니 침노하는 자는 빼앗느니라(마 11:12)라고 했다. 기독인은 이런 적극적이고 공세적인 자세를 가져야 한다. 바다에는 태풍과 큰 파도가 일어도 모험과 도전이 있어야 큰 고래를 잡을 수 있다. 기업가에게는 이 모험과 도전의 기업가 정신이 있어야 어려운 고비를 넘기고 기업을 크게 이룰 수 있다. 히브리서 저자는 믿는 자들이 죄와 싸우되 피를 흘리기까지 싸우지 않았다고 꾸중한다. 우리는 마음을 다하고 목숨을 다하고 뜻을 다하여 주 하나님을 사랑해야 한다(마 22:37; 막 12:30).

우리는 영적 전투에서 승리를 보장받았다. 왜냐하면 예수님께서 모든 어둠의 세력들, 그중 죽음의 세력까지 이기셨기 때문이며 성령님께서 우리 안에 계시기 때문이다.

로마서 8장 37절 말씀처럼 어떤 고난이 와도 이 모든 일에 우리를 사랑하시는 이로 말미암아 우리가 넉넉히 이긴다. 그러므로 우리는 이기고 승리하는 자, 곧 승자의 자세를 가지고 당당하고 담대하게 고난에 도전하고 하나님께서 주시는 지혜와 능력으로 극복해 나가야 한다. 우리가 고난을 당하고 환난에 처해도 강하고 담대하며 두려워 말고 놀라지 말아야 하는 이유는 우리 하나님, 곧 전지전능하신 여호와께서 우리와 함께하시기 때문이다(수 1:9).

성도들에게는 하나님께서 모든 고난도 합력하여 선이 되게 해주시니(롬 8:28) 이 말씀을 믿고 호연지기(浩然之氣)를 가지고 살아가야 힌다. 맹자 선생이 처음 말한 이 호연지기는 의로움과 진리를 추구하는 자에게 주어지는 정신적 기상이다. 즉 우리가 의로움과 진리를 추구하면 이 기운은 크고 강해져서(지대지강: 至大至剛) 하늘과 땅에 가득하게 된다고 한다. 그러므로 마태복음 5장 6절 이하에 의에 주리고 목마른 자와

의를 위하여 박해를 받는 자는 복이 있고 천국이 저희 것이니 기뻐하고 즐거워하라고 말씀하셨다.

하나님께서 함께하실 때 환난이나 곤고나 박해나 기근이나 적신이나 위협이나 칼이나 죽음이라도 우리를 이기지 못하고 그와 반대로 주님 주시는 능력으로 우리가 넉넉히 이긴다.

우리가 하나님과 함께 동행할 때, 즉 하나님께서 임재하실 때 가난이나 병듦이나 타인의 모욕이나 비난이나 박해나 압박이나 그 어떤 고난에도 동요하거나 꿈쩍하지 않고 하나님 주시는 평강과 기쁨으로 이길 수 있다.

로렌스 수사의 책『하나님 임재 연습』에, "그는 그 무엇도 자신을 괴롭힐 수 없으며 하나님을 향한 사랑에서 떼어 놓을 수 없다는 것을 잘 알고 있었으므로 담대해지려고 애쓸 필요가 없었습니다. 모든 것이 하나님의 뜻대로 되고 있다고 확신하며 평온해지려고 애쓸 필요도 없었습니다. 그는 언제나 하나님만을 사랑하면서 오직 철저히 하나님만을 응시했기 때문에 결코 슬퍼하지도, 화를 내지도, 아무리 도발적인 일을 당해도 눈 깜짝하지도 않았고 부족한 게 전혀 없었으므로 아무것도 시기하거나 질투하지 않았습니다. 그의 영혼은 언제나 하나님께만 붙어 있었기 때문에 언제나 흔들림이 없이 견고하였고 모든 변덕스러움과 불안함으로부터 자유스러웠습니다. 그는 사람들을 사랑하되 창조주를 사랑하기 위해서 사랑했습니다."라고 씌어 있다.

사데 교회에 하나님의 말씀대로 살며 믿음으로 이기는 자가 몇 명 있어 주님께서는 이들을 크게 칭찬하시는데 그들은 흰 옷을 입고 주님과 함께 다니며 생명책에 영원히 기록되며 주님께서는 하나님과 그의 천사들 앞에서 그들 이름을 시인하리라 하셨다(계 3:4~5).

예수님을 구세주로 영접하고 믿는 자들은 영혼 구원을 받고 천국에서 사는 영생을 얻는다.

그러나 천국에서는 성도들 각자에게 하나님께서 주시는 상급이 다르다. 즉 얼마나 이 세상에서 하나님 말씀을 실천하며 살았느냐, 얼마나 하나님 나라 확장을 위해 살았느냐, 얼마나 하나님의 의를 위하여 살았느냐, 얼마나 하나님의 사랑을 구현하며 살았느냐, 얼마나 하나님께서 강조하신 가치를 위해 살았느냐, 얼마나 예수님의 장성한 분량까지 영성이 성장했느냐, 얼마나 그가 성화되었느냐, 얼마나 하나님께 삶으로 산제사를 잘 드렸느냐에 따라 상급이 다르다. 이와 같이 예수님을 믿지 않고 성령을 부정하여 지옥에 간 자들도 그가 지은 악업에 따라 형벌이 다르다고 한다. 세상 법정에서 그 죄의 경중에 따라 사형·무기징역·집행유예 등의 형벌이 다른 것과 같이 영벌의 경중이 다르다고 한다.

예수님은 "너희는 먼저 그의 나라와 그의 의를 구하라. 그리하면 이 모든 것을 너희에게 더하시리라"(마 6:33)라고 하셨고, 하늘에 승천하시기 전에 이 세상에서의 유언의 말씀으로 "너희는 가서 모든 족속으로 제자를 삼아 아버지와 아들과 성령의 이름으로 세례를 베풀고 내가 너희에게 분부한 모든 것을 가르쳐 지키게 하라 볼지어다 내가 세상 끝날까지 너희와 항상 함께 있으리라"(마 28:19~20) 하셨듯이, 주님께서 강조하신 것이 첫째 하나님 나라의 확장인 선교이고 둘째 네 이웃을 네 몸과 같이 사랑하라고 하셨으니 이는 구제이다. 우리가 이 세상에서 할 일은 먼저 하나님 사랑, 그리고 이웃 사랑이며 그 구체적인 방법이 선교와 구제이므로 이에 우리의 시간과 재물과 몸을 최대한, 적극적으로 투입해야 한다. 이 선교와 구제에는 고통과 고난이 따르고 방해하는 세력이 반드시 생긴다. 우리는 이 고통과 고난에 물러서지 않고 정면으로 하나님에의 믿음을 가지고 적극적이면서 공격적으로 도전해야 한다. 그러면 하나님의 은혜로 그 어려움을 이기고 어둠의 세력들에게 승리하게 된다. 우리가 천국에 가서는 이 세상에서 행한 수많은 어떤 일보다 우리가 하나님을 위해 한 일, 하나님의 영광을 위해 한 일에 따라 그에 합당한 상을 재판장이신 하나님께로부터 받게 된다.

그러므로 이 세상 끝날까지 하나님께서 우리와 함께하시니 믿음의 용기를 가지고 아무리 심한 고통과 고난에도 꿈쩍하지 말고, 하나님 기뻐하시는 일에 과감히 도전하고 모험하여 하나님 주신 사명을 달성하자.

밤이 지나면 새벽이 오듯이 이 세상의 고통과 고난은 언젠가 끝나고, 우리에게는 찬란한 천국이 저 앞에 있으며 하나님께서 기쁘게 주실 상급이 기다리고 있다.

"내가 선한 싸움을 싸우고 나의 달려갈 길을 마치고 믿음을 지켰으니 이제 후로는 나를 위하여 의의 면류관이 예비되었으므로 주 곧 의로우신 재판장이 그날에 내게 주실 것이니 내게만 아니라 주의 나타나심을 사모하는 모든 자에게니라"(딤후 4:7~8).

12장
기쁨과 감사

우리 기독인이 타 종교인들과 다른 큰 차이점 중의 하나가 이 기뻐하고 감사하는 점이다.

우리의 미약한 힘과 부족한 지혜로 우리가 구원을 얻는 것이 아니고 하나님의 은혜로, 구주 예수 그리스도의 십자가 공로와 그분의 보혈로 영혼 구원을 받고 새 생명으로 태어난다.

또한 주님께서는 이 세상 끝까지 우리와 함께하신다고 약속하셨다. 그러므로 우리는 아무것도 염려하거나 두려워할 필요가 없고 하나님과 동행만 하면 된다. 어찌 하나님의 크신 은혜와 섭리에 기뻐하고 감사하지 않겠는가?

또한 우리가 나중에 가게 될 천국은 영원한 기쁨과 감격과 감사함이 넘치는 곳이며 감사하고 기뻐하는 마음으로 하나님을 찬양하는 것이 우리 할 일이다. 이 세상은 천국, 곧 하나님 나라의 모형이다. 그러므로 우리는 이 세상에서 천국의 기쁨과 감사함을 실천해야 한다.

✻ 기쁨

"주의 앞에는 충만한 기쁨이 있고 주의 오른쪽에는 영원한 즐거움이 있나이다 In Your presence is fullness of joy: at Your right hand there are eternal pleasures"(시 Psalms 16:11).

"아침에 주의 인자하심이 우리를 만족케 하사 우리를 일생 동안 즐겁고 기쁘게 하소서"(시 90:14).

"기쁨으로 여호와를 섬기며 노래하면서 그 앞에 나아갈지어다 Worship the Lord with gladness: come before Him with joyful songs"(시 Psalms 100:2).

"근심하지 말라 여호와를 기뻐하는 것이 너희의 힘이니라 Do not grieve, for the joy of the Lord is your strength"(느 Nehemiah 8:10).

"그 주인이 이르되 잘 하였도다 착하고 충성된 종아 네가 작은 일에 충성하였으매 내가 많은 것을 네게 맡기리니 네 주인의 즐거움에 참여할지어다"(마 25:21, 23).

"내가 이것을 너희에게 이름은 내 기쁨이 너희 안에 있어 너희 기쁨을 충만하게 하려 함이니라 I have told you this so that My joy may be in you and that your joy may be full"(요 John 15:11).

"내 형제들아 너희가 여러 가지 시험을 당하거든 온전히 기쁘게 여기라 이는 너희 믿음의 시련이 인내를 만들어 내는 줄 너희가 앎이라 인내를 온전히 이루라 이는 너희로 온전하고 구비하여 조금도 부족함이 없게 하려 함이라"(약 1:2~4).

"주 안에서 항상 기뻐하라 내가 다시 말하노니 기뻐하라"(빌 4:4).

"믿음의 주요 또 온전케 하시는 이인 예수를 바라보자 저는 그 앞에 있는 기쁨을 위하여 십자가를 참으사 부끄러움을 개의치 아니하시더니 하나님 보좌의 우편에 앉으셨느니라"(히 12:2).

"오히려 너희가 그리스도의 고난에 참여하는 것으로 즐거워하라 이는 그의 영광을 나타내실 때에 너희로 즐거워하고 기뻐하게 하려 함이라 But rejoice that you participate in the sufferings of Christ, so that you may be overjoyed when His glory is revealed"(벧전 1 Peter 4:13).

"근심하는 자 같으나 항상 기뻐하고 가난한 자 같으나 많은 사람을 부요하게 하고 아무것도 없는 자 같으나 모든 것을 가진 자로다"(고후 6:10).

신명기 28장 47~48절에서 모세는 "기쁨과 즐거운 마음으로 여호와를 섬기지 아니함으로 말미암아 … 적군이 너를 멸할 것이라."고 했다. 이처럼 우리가 기쁨과 감사함으로 여호와 하나님을 섬기는 것은 우리의 생사와 관련된 중요한 일이다.

『최고의 기쁨을 맛보라』의 저자인 미국의 존 파이퍼 목사는 "세상의 비극은 하나님의 아름다움에는 정작 등을 돌린 채 세상에 드리운 그림자에 정신이 팔려 그것과 사랑에 빠진 것입니다. 하지만 그것으로는 도무지 만족이 없습니다. 이 책을 쓴 이유는 숨이 멎을 듯 아름다운 분이 우리를 찾아오셨기 때문입니다. …예수 그리스도만큼 우리의 숨을 멎게 할 그런 대상은 없습니다. 그분은 숨이 멎을 정도로 경이롭고 놀라운 분이십니다. …그를 보십시오. 그를 믿으십시오. 그리고 기쁨과 만족을 누리십시오. 그에게서 마르지 않는 기쁨을 누리는 것은 우리에게 위험한 의무입니다. 평생을 바쳐 그 기쁨을 추구한다고 해도 결코 후회할 일이 없습니다. 이깃이 기독교 기쁨주의(Christian Hedonism)입니다. 기독교 기쁨주의는 우리 앞에 놓인 기쁨을 위해 현실의 위험과 고난을 기꺼이 감내하라는 하나님의 부르심입니다."라고 했다.

또한 미국의 대표적 신학자이자 선교사인 조나단 에드워즈는 "피조물의 목적은 하나님을 영화롭게 하는 것이다. 무엇이 하나님을 영화롭게 하는가? 그분이 나타내신 영광을 즐거워하는 것이다."라고 했다.

약 400년 전 영국에서 메이플라워호를 타고 대서양을 건너 불모지인 미국으로 넘어가 신대륙을 개척한 청교도들의 목표는 하나님을 기뻐하며, 그것을 일생의 과업으로 삼는 것이었다고 한다.

우리 인생의 목적은 하나님을 기뻐함으로써 그분께 영광을 올리는 것이며, 우리는 먼저 하나님의 크신 은혜를 깊이 경험함으로 기쁨을 얻고 우리가 맛본 이 기쁨을 다른 사람에게 전파하여 더 큰 기쁨을 얻어야 한다. 이처럼 우리는 하나님 안에서 발견한 기쁨을 세상으로 흘러넘치게 해야 한다. 그것은 하나님 말씀을 전하는 선교와 가난하고 병들고 소외된 사람들에 대한 구제가 대표적이다. 이 선교와 구제에는 큰 기쁨이 따르며 그리스도와 그의 복음을 전하기 위해, 그리고 힘없고 소외된 자들에게 봉사하기 위해 시간과 재물을 바치는 것은 세상적인 편안함과 쾌락보다 수백 배 더 기쁘고 보람이 있다.

우리가 살면서 추구해야 할 것은 하나님 안에서 기쁨과 행복을 얻는 것이다.

우리가 하나님 말씀 묵상과 기도로 하나님 임재 속으로 들어가고 성령 충만하면 파도 같은 기쁨이 밀려와 넘치게 된다. 그러므로 이 기쁨은 성령의 9가지 열매 중 사랑 다음으로 두 번째로 언급되고 있다.

성령 충만은 큰 기쁨이다. 성령 충만하면 세상에 찬란한 빛이 가득하고 땅이 울렁거리고 나무가 춤을 추며 새들이 '지지배배' 우리에게 말을 걸고 천사들이 부르는 아름다운 찬양 음악 소리가 들려오며 천국의 아름다운 광경이 보이고 먼저 소천하신 부모님들과 성도들이 보인다. 예수님 믿지 않는 사람들은 이 기쁨을 모른다. 그러니 우리가 더욱 열심히 선교, 전도해야 하며 이때 하나님께서 더 크고 오래 계속되는 기쁨은 주신다. 우리는 주님 안에서 기뻐해야 하며(빌 4:4) 세상 낙은 멀리해야 한다. 술·담배·마약·도박·육체적 간음 등, 세상 기쁨과 쾌락은 이 하나님 주시는 기쁨에 비하여 미미하고 또 오래 지속되지 못하고 유해하다. 이 세상 기쁨에 탐닉하고 빠져들면 그것은 사탄의 미끼이므로 결국 그 사람들을 멸망으로 이끈다. 이들 세상적인 낙은 그 즐거움이 잠깐이므로 그것에 탐닉하는 사람에게 공허감을 주고, 곧 다시 그 쾌락을 찾게 만드는 중독성이 있으므로 점차 사람을 폐인으로 만들고 죽음에 이르게 만든다.

나는 예수님을 영접하기 전에 세상 낙으로 술을 즐기며 객기를 부렸는데, 이때 같이 즐거이 술 많이 마시던 친구들은 지금 대부분 알코올 중독으로 이미 불귀(不歸)의 객이 되었다. 이것만을 보더라도 내가 예수님을 영접하고 술과 담배를 끊은 것은 전적으로 하나님 은혜였다. 할렐루야!

그래서 우리는 주님 안에서, 예배와 찬양과 말씀 묵상과 기도로써 선교와 구제와 봉사에서 크고도 계속되는 기쁨을 찾아야 한다.

고린도후서 6장 10절에 우리는 "근심하는 자 같으나 항상 기뻐하고 가난한 자 같으나 많은 사람을 부요하게 하고 아무것도 없는 자 같으나 모든 것을 가진 자로다"라고 했다. 우리는 하나님께서 각자에게 주신 사명이 있고 우리의 달려갈 길이 있고 우리가 싸울 영적 전투인 선한 싸움이 있으니, 이를 이루기 위해 많은 생각과 노력을 하게 된다. 불신자들이 보기에 근심하는 자같이 보이지만 실제는 하나님께서 주시는 기쁨으로 항상 기뻐하게 된다. 또한 우리는 물질적인 풍요와 재물을 탐하는 자는 아니지만 하나님께서 주시는 지혜와 능력이 있으니 이웃의 삶을 풍요롭고 부요하게 할 수 있으며, 소유에 집착하지 않으니 아무것도 없는 것같이 보여도 우리에게는 영적인 보화가 있고 하나님께서 우리의 모든 필요를 예비해 주시고, 또 하늘의 보고를 여시사 온갖 귀한 것을 때에 맞추어 공급해 주시니 우리는 모든 것을 가진 자이다.

바울 선생은 이에 대하여 "그런즉 누구든지 사람을 자랑하지 말라 만물이 다 너희 것임이라 바울이나 아볼로나 게바나 세계나 생명이나 사망이나 지금 것이나 장래 것이나 다 너희의 것이요 너희는 그리스도의 것이요 그리스도는 하나님의 것이니라 So then, no more boasting about men! All things are yours, whether Paul or Apollos or Cephas or the world or life or death or the present or the future--all are yours, and you are of Christ, and Christ is of God."(고전 1 Corinthians 3:21~23)라고 하셨는바, 만물이 모두 우리 믿는 자들, 하나님의 자녀들, 성도들의 것이라고 하셨다. 이처럼 우리는 아무것도 없는 자 같으나 우주 만물의 모든 것을 소유하신 하나님의 자녀 된 신분으로 모든 것을 가진 자인 것이다.

우리가 환난 중에 있어도 하나님께서 함께 계시면 우리는 기쁨과 평강 속에 거할 수 있으나 우리가 하나님을 떠나 있으면 아무리 세상적으로 좋은 환경이나 조건 속에 있어도 이 기쁨과 평강이 없다. 스데반 집사는 성령 충만했을 때 돌을 맞으며 순교하는 그 순간에도 그의 얼굴에 빛을 발하며 하늘을 우러러보아 하나님의 영광과 예수님께서 하나님 우편에 서신 것을 보았고 기쁨과 환희 속에서 이 세상을 떠났다(행 7:55~60).

예수님께서 이 세상을 이기셨고 죽음의 권세까지 이기셨으며 그분의 영이신 성령님께서 우리 안에 내주하시므로, 하나님의 자녀 된 우리도 그분의 권세를 가지고 세상의 고난과 영적 전투에서 넉넉히 이길 수 있게 하시고 또 그 승리의 기쁨을 우리에게 주신다.

그러므로 우리 성도들은 언제 어디서든 전지전능하신 주님께서 항상 함께해 주심을 믿고, 또한 모든 것이 합력하여 선이 되게 해 주시니 항상 기뻐하고 감사하며 당당하고 강하고 담대해야 한다.

찬양곡 442장 '저 장미꽃 위에 이슬'의 3절이 이 사실을 잘 표현하고 있다.

> 밤 깊도록 동산 안에 주와 함께 있으려 하나
> 괴론 세상에 할 일 많아서 날 가라 명하신다.
> (후렴)
> 주님 나와 동행을 하면서 나를 친구 삼으셨네.
> 우리 서로 받은 그 기쁨은 알 사람이 없도다.

❋ 감사

"여호와께 감사하라 그는 선하시며 그의 인자하심이 영원함이로다 Give thanks to the Lord, for He is good; His love endures forever"(대상 16:34; 시 106:1 외, 렘 33:10).

"신들 중에 뛰어난 하나님께 감사하라 그 인자하심이 영원함이로다 Give thanks to the God of gods. His love endures forever" (시 Psalms 136:2).

"홀로 큰 기이한 일들을 행하시는 이에게 감사하라 그 인자하심이 영원함이로다"(시 136:4).

"지혜로 하늘을 지으신 이에게 감사하라 그 인자하심이 영원함이로다" (시 136:5).

"홍해를 가르신 이에게 감사하라 그 인자하심이 영원함이로다"(시 136:13).

"그의 백성을 인도하여 광야를 통과하게 하신 이에게 감사하라 그 인자하심이 영원함이로다"(시 136:16).

"우리를 우리의 대적에게서 건지신 이에게 감사하라 그 인자하심이 영원함이로다"(시 136:24).

"여호와께 감사하라 그의 이름을 부르며 그의 행하심을 만국 중에 선포하며 그의 이름이 높다 하라"(사 12:4).

"우리 주 예수 그리스도로 말미암아 우리에게 승리를 주시는 하나님께 감사하노니 But thanks be to God! He gives us the victory through our Lord Jesus Christ"(고전 1 Corinthians 15:57).

"누추함과 어리석은 말이나 희롱의 말이 마땅치 아니하니 오히려 감사하는 말을 하라"(엡 5:4).

"아무것도 염려하지 말고 다만 모든 일에 기도와 간구로 너희 구할 것을 감사함으로 하나님께 아뢰라 그리하면 모든 지각에 뛰어난 하나님의 평강이 그리스도 예수 안에서 너희 마음과 생각을 지키시리라"(빌 4:6~7).

"우리로 하여금 빛 가운데서 성도의 기업의 부분을 얻기에 합당하게 하신 아버지께 감사하게 하시기를 원하노라 Giving thanks to the Father, who has made us meet to be partakers of the inheritance of the saints in light"(골 Colossians 1:12).

"또 무엇을 하든지 말에나 일에나 다 주 예수의 이름으로 하고 그를 힘입어 하나님 아버지께 감사하라"(골 3:17).

"마땅히 하나님께 감사할 것은 하나님이 처음부터 너희를 택하사 성령의 거룩하게 하심과 진리를 믿음으로 구원을 받게 하심이니"(살후 2:13).

"사람들이 자기를 사랑하며 돈을 사랑하며 자랑하며 교만하며 비방하며 부모를 거역하며 감사하지 아니하며 거룩하지 아니하며 무정하며 원통함을 풀지 아니하며 모함하며 절제하지 못하며 사나우며 선한 것을 좋아하지 아니하며 배신하며 조급하며 자만하며 쾌락을 사랑하기를 하나님 사랑하는 것보다 더하며 경건의 모양은 있으나 경건의 능력은 부인하니 이 같은 자에게서 네가 돌아서라"(딤후 3:2~5).

"감사하옵나니 옛적에도 계셨고 지금도 계신 주 하나님 곧 전능하신 이여 친히 큰 권능을 잡으시고 왕 노릇 하시도다"(계 11:17).

죄 많았던 우리가 하나님의 크신 은혜로 값없이 주 예수 그리스도를 믿음으로 그분의 십자가 공로와 그 보혈로써 의롭다 하심을 얻고 구원을 받았다. 이 세상에서 이보다 더 귀하고 값진 일, 그리고 고마운 일은 없을 것이다. 또한 하나님은 우리의 필요에 따라 모든 것을 예비하시고 그분의 섭리에 따라 우리를 이끄신다. 하나님께서 하시는 일에 우연과 착오는 없다. 그러므로 우리는 모든 일에 하나님만을 의지하고 모든 일의 결과를 하나님께 맡기고 모든 일, 즉 범사에 하나님께 감사해야 한다.

내가 외로울 때 함께하사 친구가 되어 주셨고, 내가 가난하여 어찌할 바를 모르고 누구도 나의 도움이 될 수 없을 때 나의 기도를 들으시사 나의 길을 열어주셨고, 나의 필요를 미리 예비해 주셨고 내가 어둡고 망할 길로 들어서면 훈계하시고 밝고 바르고 가장 좋은 길로 인도해 주셨고, 내가 대적들의 공격으로 죽음의 위기 속에 있을 때 그분은 강하신 팔과 지팡이로 나를 보호하시고 대적을 물리쳐 주셨고, 짐승들이 울부짖는 광야 같은 세상을 살아가는데 하나님 말씀과 기도의 강력한 무기를 주셨고, 많은 일 속에서 우리가 수치를 당하지 않게 하셨고, 하나님의 임재와 성령 충만 안에서 평강과 기쁨과 지혜와 능력을 주셨고,

사랑하는 가족들을 주사 축제를 열게 하셨고, 뱀과 전갈을 밟으며 사탄의 세력들을 분쇄할 권세를 주셨고, 무엇보다 주 예수 그리스도의 십자가 공로로 멸망과 영벌에 빠질 우리를 구원해 주시고 영생을 주신 하나님 아버지께, 그리고 예수님과 성령님께 어찌 감사하지 않으랴!

또한 우리가 하나님께 감사를 하면 할수록 하나님께서는 감사할 일을 더 많이 만들어 주신다. 이는 나의 체험일 뿐만 아니라 많은 분들의 간증으로 증명되고 있다.

또 한 가지는 감사를 하면 할수록 우리 정신이 더욱 건강해져서 우울증·강박증·신경쇠약·조현병 등의 정신신경적인 병이 생기지 않고, 이런 병이 있더라도 그 치료에 도움이 된다.

정신적으로 건강해지니 육신도 따라서 건강해지는 유익이 따르게 된다.

그래서 "항상 기뻐하라. 쉬지 말고 기도하라. 범사에 감사하라."는 데살로니가전서 5장 말씀은 기독인의 항암제라고 누가 말했다.

나는 결혼한 지 얼마 되지 않아 미국에 유학을 갈 생각이 들어 미국 텍사스 주립대학교의 대학원 입학허가서(I-20 Form)를 받은 후, 살고 있던 작은 집을 매각하여 학비를 마련하고 당시 8년 동안 근무했고 중견간부로 일했던 회사인 K항공에 사표를 제출하고 미국 대사관에 유학생으로서의 비자 신청을 했다. 그러나 1984년 당시 미국 대사관에서는 내 나이가 공부하기에는 적지 않고 또 살던 집을 팔았으므로 집도 없어 재정상 기본적인 능력이 없다고 판단하여 비자를 승인치 않았고 몇 번 다시 대사관에 신청했으나 아마 불법이민 가능성이 높다고 영사가 잘못 보아 결국 유학 비자를 받지 못했다. 그때의 황당함이란 말로 표현하기 힘들었다. 다니던 회사에는 이미 사표를 냈고, 입학허가 받은 나라의 대사관에서는 유학 비자를 내주지 않고, 이미 결혼하여 아내와 네

살 된 아들이 있었고, 회사에서 받은 퇴직금은 얼마 되지도 않고 당장 어디 나갈 회사가 있는 것도 아니고, 전 회사에 다시 돌아갈 형편도 못 되고 괴롭고 힘들었지만 다른 회사에 응시하는 수밖에 없었는데 중견 간부를 채용하는 회사도 그 당시 별로 없었다.

도와줄 사람도 사방 어디에도 없었으니 오직 하나님께 퇴직금이 바닥나기 전에 취직시켜 주시도록 간절히 기도드리며 신문에 간혹 모집 광고가 나서 중견간부를 모집하는 회사에 응시를 했다. 전 회사에서 퇴직한 지 6개월이 흘러 그 회사에서의 퇴직금이 거의 바닥이 나는 때에 A반도체(주)에 하나님께서 중견간부로 입사시켜 주셨다. 이는 전적으로 하나님의 은혜였으며 지금도 그때를 생각하면 아찔하고 하나님께 감사함을 잊을 수가 없다.

채용해준 A반도체에서는 감사한 마음으로 열심히 일했고, 공부할 마음은 계속 있었으므로 미국 유학은 아니었지만 연세대학교 경영대학원 경제학과 석사과정 야간부에 신청하여 좋은 성적으로 졸업했고, 열심히 일한 능력도 인정받아 '별 따기'라고 불린 대기업체의 임원으로 승진도 했다. 이 회사에서 16년간 열심히 일했으나 당시 속했던 사업부가 경영상황이 나빠져 회사에서 사업부 폐쇄를 결정했고 어찌할 수 없이 그동안 정들었던 회사를 또 사임하게 되었다. 누가 인생유전(人生流轉)이라고 했던가. 만나면 헤어지고 헤어지면 다시 만나고 회자정리 이자정회(會者定離 離者定會)라고 했던가.

그 후 아내와 함께 성경을 영어로 가르치는 영어학원을 경영했으나 등록하는 학생 수는 소수로 제한되어 있고 비싼 임대료를 내고 원어민 선생님과 다른 강사 선생님들의 월급을 지급하고 나면 생활비가 거의 나오질 않았다. 아내는 답답한데 종종 학부모들로부터 자녀의 등록을 중단하겠다는 전화통보를 받고는 학원 마룻바닥에 앉아 울기도 했다.

그러나 이 일이 귀하고 복되었던 것은 이 영어성경 학원에서 공부했던 어린 학생들이 지금은 장성한 청년들이 되었는데 예전에 그렇게 애를 먹이던 개구쟁이들과 학교공부와는 담을 쌓고 성적이 좋지 않았던 학생들이 성격이 아름답게, 바르게 변했고 학업에도 충실해져서 성적도 상위권에 들고 모두 믿음이 좋고 성실한 청년들이 되었다. 이처럼 이들이 훌륭한 청년들로 모두 변한 것은 영어로 성경을 가르쳤으므로 복음의 감화시키는 위력으로 느껴진다.

하나 약 2년간 생활비가 제대로 나오지 않아서 다시 다른 길을 찾을 수밖에 없었는데, 어느 날 고등동창 한 명과 통화할 일이 있어 우연히 내 사정을 말했더니 이 친구가 자기의 친구를 통하여 B정보통신(주)이라는 주식 상장사이며 무선전화기를 제조하는 회사에 나를 소개시켜 주었고, 그곳 오너와 면접 후 그 회사의 관리담당 임원으로 전직하게 되었다. 저금액도 없는 한 가정의 경제적 책임을 진 가장으로서의 안도감과 감사함이란 정말 컸다. 회사에서의 직급이 올라갈수록 타사에의 전직이나 취직은 힘든데 이도 전적인 하나님의 크신 은혜와 섭리였고 아직도 하나님께 감사함을 잊을 수 없다.

B정보통신에서 관리담당 임원으로 열심히 일하여 입사 당시 적자로 운영되던 회사가 흑자로 전환되자, 회사의 오너는 내게 회사의 매각을 요청하였고 회사의 매각작업 성사와 함께 3년 반 동안 근무했던 회사를 사임했다.

이 사임 전에 회사매입 계약을 체결한 한 당사자는 이 계약을 체결한 이후 바로 회사 통장을 무단 압류하고, 외제차를 구입하여 그 할부금 지급을 요청하는 등 비정상적인 요구사항들이 여럿이 있어 그 계약을 해지했었는데 이들은 회사 오너와 나를 검찰에 당찮은 사기죄로 고발했고 나는 세 번이나 검찰에 소환되어 강도 높은 조사를 받았다.

억울하여 하나님께 기도드렸더니 신실하신 하나님께서 새벽기도 때 내게 환상으로 장래 일어날 결과를 보여 주셨다. 즉 집채만큼 큰 상어 같은 물고기가 큰 입을 벌려 나를 집어삼키려고 달려들었는데 그 큰 물고기가 나의 몽둥이 공격에 배가 찢어지고 그 배에서 돈다발이 쏟아지는 환상을 보여 주셨다.

신기하게도 얼마 후 정확히 하나님께서 보여 주신 환상대로 이루어졌는데 검찰에서는 우리에게 죄가 없다는 '무혐의' 처분을 내렸고, 우리를 고소한 그들은 시간과 돈만 허비하고 물러났다.

그 후 늦지 않은 시점에 서울중앙지방법원에서 회생절차 중에 있는 회사의 법정관리 감사로 발령을 받아 일하게 되었는데 이 발령은 후보자들이 많아 경쟁률이 매우 높고 이루어지기 어렵다. 이 법정관리 회사의 감사로 발령이 난 것도 하나님의 은혜였는바, 당시 이 직책의 임명은 해당법원의 담당 부장판사와 혈연·지연·학연으로 연결된 사람으로 정해지는 경우가 많았는데, 이 사실이 문제가 되어 언론에 보도가 되었고 이에 대법원에서 앞으로 이 인사발령 내역을 모두 대법원에 보고하라는 지시가 있었다. 그 이후 인사발령이 투명해졌다.

이 인사발령 문제가 언론에 기사화된 지 얼마 되지 않아 서울중앙지방법원의 법정관리 감사로, 그것도 한국생산성본부의 법정관리 자격과정 동기들 중 내가 제일 먼저 발령을 받았으니 이도 전적인 하나님의 크신 은혜였다.

내가 이런 여러 파란을 거치면서 느낀 점은 믿음 1세대는 2세대, 3세대보다 부모님의 기도가 없으므로 삶에 우여곡절과 고생이 많으나 그만큼 하나님의 관심과 은혜도 크시고 감사할 일도 많다고 느끼고 있다. 하나님의 은혜가 없었으면 내 인생이 어찌 되었을까 돌이켜 생각해보면 아찔하고, 그 많았던 위험과 고난에서 피하게 해주신 하나님께 정말 다시 감사하게 된다.

〈주의 은혜라〉 찬양에 나오는 "내 평생 살아온 길 뒤돌아보니 짧은 내 인생길 오직 주의 은혜라", 가사가 가슴에 절절히 느껴지고 하나님께 다시 감사로 찬양드리게 된다. 할렐루야!

13장
공의와 종교개혁

"그는 반석이시니 그가 하신 일이 완전하고 그의 모든 길이 정의롭고 진실하고 거짓이 없으신 하나님이시니 공의로우시고 바르시도다"(신 32:4).

"여호와께서 사람에게 그의 공의와 신실을 따라 갚으시리니"(삼상 26:23).

"하나님이 어찌 정의를 굽게 하시겠으며 전능하신 이가 어찌 공의를 굽게 하시겠는가"(욥 8:3).

"내가 측량할 수 없는 주의 공의와 구원을 내 입으로 종일 전하리이다"(시 71:15).

"공의와 정의가 주의 보좌의 기초라 인자함과 진실함이 주 앞에 있나이다"(시 89:14).

"정의를 지키는 자들과 항상 공의를 행하는 자는 복이 있도다"(시 106:3).

"공의를 굳게 지키는 자는 생명에 이르고 악을 따르는 자는 사망에 이르느니라"(잠 11:19).

"공의는 나라를 영화롭게 하고 죄는 백성을 욕되게 하느니라"(잠

14:34).

"공의와 정의를 행하는 것은 제사를 드리는 것보다 여호와께서 기쁘게 여기시느니라"(잠 21:3).

"공의와 인자를 따라 구하는 자는 생명과 공의와 영광을 얻느니라"(잠 21:21).

"공의의 열매는 화평이요 공의의 결과는 영원한 평안과 안전이라"(사 32:17).

"자랑하는 자는 이것으로 자랑할지니 곧 명철하여 나를 아는 것과 나 여호와는 사랑과 정의와 공의를 땅에 행하는 자인 줄 깨닫는 것이라 나는 이 일을 기뻐하노라 여호와의 말씀이니라 But let him who boasts boast about this: that he understands and knows Me, that I am the Lord, who exercises kindness, justice and righteousness on earth, for in these I delight' declares the Lord"(렘 Jeremiah 9:24).

"너희는 거룩하라 이는 나 여호와 너희 하나님이 거룩함이니라 Be holy because I, the Lord your God, am holy"(레 Leviticus 19:2).

"나는 너희의 하나님이 되려고 너희를 애굽 땅에서 인도하여 낸 여호와라 내가 거룩하니 너희도 거룩할지어다 I am the Lord who brought you up out of Egypt to be your God: therefore be holy, because I am holy"(레 Leviticus 11:45).

하나님은 사랑과 공의의 하나님이시다. 공의와 정의가 하나님 보좌의 기초가 되고 사랑과 진실함이 그 보좌 앞에 있다고 시편

89편에 기록되어 있다. 또한 하나님께서는 "내가 거룩하니 너희도 거룩하라."고 하셨다. 하나님은 거룩하시니 우리에게 성결을 요구하신다.

옛날이나 지금이나 사람은 돈과 성에 약하다. 그러므로 사탄이 사람을 무너뜨릴 때는 이 돈과 이성으로써 유혹하고 시험한다. 말세에 이단 종교들이 여기저기 발호하고 그럴듯한 교리를 내세워 사람들을 미혹하는데 자세히 그 내면을 들여다보면 결국 돈 문제가 깨끗하지 못하고 성범죄가 들어 있다. 현재 교회의 목회자들과 성도들이 이 문제에 온전치 못하고 문제를 일으켜 신문에 자주 언급되는 것은 심히 우려할 일이다. 이런 범죄는 전도와 선교, 즉 영혼구원의 가장 중요한 길을 막는 것이므로 나중에 하나님의 심판도 무거워진다.

예수님을 영접한 후 나는 그동안 수많은 죄를 지었고 괴수 중의 괴수였음을 깨닫게 되었다. 이에 하나님 앞에 많았던 죄를 고백하고 통렬히 회개한 후 다시는 최소한 돈과 성, 이 두 가지 사탄의 유혹에는 넘어가지 않으리라 굳게 결심했다.

한 예로서 A반도체의 임원이 되고 한 사업부의 사업본부장이 되자 이 사업과 관련된 협력업체들이 뇌물, 소위 돈 봉투를 내게 전달하는 경우가 여러 번 있었다. 그러나 하나님께서 엄위하신 눈으로 다 보고 계시는데 이를 받을 수 없었고 부하직원을 통하여 다 돌려주었다. 그러니 얼마 후에는 돈 봉투 전달하는 관례가 없어졌고 회사업무에 투명성이 위나 아래나 확립되었고 강직하게 사업부를 경영할 수가 있었다.

이 회사 사업본부장으로 재임 중 어느 날 홍콩에 회사업무로 출장을 가게 되었고, 한 현지 협력업체 사장과 회의를 마친 후 단합을 다진다며 저녁에 노래방에 가서 잠시 흥겨운 시간을 가지고 헤어졌다.

호텔방에 돌아와 취침 준비를 하는데 누군가 내 방문을 노크했다. 문을 열어보니 약 한 시간 전 노래방의 도우미로 봉사했던 아가씨가 방문

앞에 서 있는 것이 아닌가.

소위 성 접대 목적으로 그 아가씨가 온 것을 느꼈고 이때 내가 예수님 믿기 전이었다면 세상 낙 좋아했던 과거 경력으로 보아 죄를 지었을 가능성이 충분히 있었는데, 이때도 엄위하신 하나님께서 다 보고 계시는 것을 느꼈고 또 성령님의 능력으로 남들이 아무도 보지 않지만 죄짓는 것이 싫었다. 밤늦게 찾아온 그 아가씨를 그냥 돌려보내기가 미안하여 일단 방에 불러들인 후 "이런 좋지 못한 짓은 앞으로 하지 말고 달리 열심히 일하여 바르게 살되 무엇보다 예수님을 믿으라. 그러면 하나님께서 힘든 너를 도와주신다."라고 전도한 후, 돈 목적으로 그 아가씨가 호텔방에 왔으므로 미화 몇백 불을 손에 쥐어 주고 돌려보냈다.

이때 간음죄를 짓지 않게 해주시고 또한 전도하게 해주신 하나님께 감사드리며 이런 죄를 멀리하게 되니 마음에 거리낌이 없이 더 당당하게 회사 일을 할 수 있었다.

한반도에 복음이 들어온 이후 우리 믿음의 선배들은 현재의 기독인들보다 훨씬 하나님의 말씀대로 살려고 했고 사회에 미치는 영향은 지금보다 훨씬 강력했다. 별로 크지 않은 한반도에 기독교의 역사가 그리 길지도 않은데 많은 순교자가 나왔고 많은 순교의 피가 흘렀다. 우리 믿음의 선배들은 이처럼 목숨 걸고 하나님에의 믿음을 지켰다. 일제 식민지 체제하에 독립운동을 한 자들 중에 기독인들이 많았고 독립선언서에 서명한 33인 중 반 이상이 기독인이었다. 이승만 대통령은 건국 후 국회가 설립되어 처음 개회를 할 때 하나님께 기도를 드림으로 국회가 시작되게 하였다. 이처럼 당시 기독인들이 사회에 미치는 영향력이 컸던 이유는 그분들이 하나님의 공의를 지키기에 사력을 다했고 거룩성을 잃지 않았기 때문이다.

그런데 지금은 어떠한가? 사회에 큰 금전적인 사건이 터지고 성범죄 사실이 터져 언론에 보도되는 뉴스를 보면 거기에 목회자나 임직자들이 자주 포함되고 있어 심히 안타깝다. 이런 사건에 연루된 임직자들이 하나님의 명을 어기고 자살까지 했다는 뉴스도 여러 번 있었다.

중세에 루터가 일으킨 종교개혁 당시처럼 교회에 세속주의와 맘몬주의, 즉 물질만능주의가 세상과 다름없이 넘치고 있다. 교회를 양적으로 크게 성장시킨 목회자들은 그 교회가 하나님의 것이고 성도들의 피땀으로 이루어진 것을 망각하고 자식 목사에게 세습이나 편법 세습으로 교회를 물려주고 있다. 정직해야 할 목사들에게 가짜 박사 학위가 수없이 많고 목사나 임직이 섬김의 직분임을 망각하고 계급으로 착각하여 목에 힘을 주는 권위의식에 빠진 자들이 많다. 목회자와 임직자들이 결탁하여 교회재정을 임의적으로 불법으로 사용하고 교단 회장과 임원직 선거에 금권선거가 비일비재하다. 삯꾼 목회자들이 교회에 비성경적인 번영신학을 도입했고 목사를 잘 섬겨야 축복을 받는다며 반강제로 큰 차에 큰 집에 살며 이 물질적 사치를 하나님의 축복이라 선전하고 제왕적 권위의식에 빠져 교회 직원으로 일하는 사람들을 종처럼 부린다. 이들은 교회 성도들의 영적 성장과 영적 부흥보다는 교회의 외형적 성장을 우선 목표로 한다.

그리하여 교회의 본질적인 목표인 선교와 구제보다는 성전건축이란 미명하에 교회건물을 크게 올리기에 교회의 온 에너지를 쏟아 붓는다. 신학교도 난립하여 품성이나 소명이 없는 자격 없는 목회자를 양산하고 있고 신학교육도 잘못되어 예수님이 금하신 특권의식을 주입하여 목회를 하게 만든다.

이처럼 성도와 목회자들이 거룩성을 잃으니 기독교의 신뢰성이 떨어지고 전도와 선교의 길이 막히고 교회 밖의 불신자들은 교회를 향하여 '양의 탈을 쓴 늑대들의 소굴'이라고 하며, 성도들을 향해 "말만 잘하고 말과 행동이 일치하지 않는 사람들이다.", "너희들이 교회 나가는 것 말고 우리와 다른 것이 무엇이 있느냐?"고 폄하하는데 많은 부분이 그러하니 반박하기가 마땅치 않다.

이런 잘못과 타락상은 우리 사람 힘으로 수정이 잘 안 된다. 제2의 종교개혁이 있어야 하는데 이것은 오직 하나님 말씀으로, 오직 기도로, 오직 성령님 역사하심으로 가능하다.

이런 한국교회의 타락상에 대하여 그 일원으로 하나님께 죄송스러운 마음이 들고 또 가만히 침묵해선 안 되겠다는 생각이 들어 얼마 전에 내가 출석하는 교회의 뜻 있는 지인들에게 다음의 글을 작성하여 전했고 한국교회가 교회다운 교회, 주님 보시기에 아름다운 교회, 성령님 충만한 교회가 되도록 기도하고 있다.

❋ 제2의 종교 개혁을 일으킵시다
  – 오직 말씀으로, 오직 기도로, 오직 성령 충만으로

"주여 주여 하는 자마다 천국에 다 들어갈 것이 아니요 다만 하늘에 계신 내 아버지의 뜻대로 행하는 자라야 들어가리라"(마 7:21).

'개신교'를 영어로 '프로테스탄트(Protestant)'라고 하는데 이는 '잘못된 것에 항거하는 사람'이란 뜻입니다. 그 이유는 중세에 구교, 천주교가 부패하고 타락하여 돈을 숭상하고 음란죄를 범하고 있을 때 마르틴 루터가 일어나, 1) "면죄부를 사면 죄 사함 받고 연옥에 있는 부모형제자매들이 천국에 갈 수 있다"는 잘못된 신앙에 반기를 들어 "아니다. 우리는 오직 믿음으로 구원을 받을 수 있다." 2) 무오설, 즉 죄가 없다는 추기경이나 성모 마리아가 우리의 구원자가 될 수 있다는 주장에 대하여 "아니다. 우리에게 구원을 주시는 분은 오직 예수 그리스도밖에 없다." 3) 여러 미신적 기복주의 행위와 잘못된 교리와 혹세무민의 가르침에 대하여 " 아니다. 오직 성경말씀만이 진리이다."고 항거했고, 이런 종교개혁 운동이 요원의 불길처럼 일어나 이때부터 개신교가 시작되었기 때문에 개신교를 '프로테스탄트, 즉 잘못된 것에 항거하는 사람'이란 이름을 붙였습니다. 이와 같이 루터는 "오직 믿음, 오직 예수, 오직 성경말씀" 그리고 우리가 살아가야 할 자세로 "오직 하나님 은혜로, 오직 하나님의 영광을 위하여"를 추가하여 이 다섯 가지를 개신교의 근본교리로 삼고 종교개혁을 일으킨 것입니다.

그런데 이 프로테스탄트, 즉 잘못된 것에 항거하고 항상 성결하고 거룩해야 할 개신교의 현주소가 어떠합니까? 손봉호 고신대 교수가 말하기를, "한국교회는 개신교 역사상 가장 타락한 집단이다"라고 했으며 교회 밖 세상에서는 우리 개신교 교회를 향하여 "양의 탈을 쓴 늑대들의 소굴"이라고 부르는 것을 아십니까? 지금 한국교회는 온갖 추문과 비리로 얼룩져 있는데 그 예로 담임목사에 의한 교회의 사유화와 세습 및 편법세습, 끊임없는 성 추문, 교회 헌금의 횡령과 부정적 집행, 사회적 관념에 벗어난 과도한 퇴직금 요구, 담임목사와 교회 직원 간의 큰 임금 격차, 가짜 박사학위 및 학력조작, 교단총회직의 금권선거와 매수, 교회개혁을 요구하는 성도들을 사탄이라 매도하며 처벌 및 강제축출 등이 자행되고 있습니다. 또한 사회에 부정부패의 대형사건이 터지면 대부분 거기에 임직자와 성도들이 끼어 있고 심지어는 기독인이 이런 사건 때문에 하나님께서 엄히 금하신 자살까지 행하는 안타까운 일도 벌어지고 있습니다. 교회가 이렇게 주님 보시기에 아름다운 교회가 되지 못하고 빛과 소금으로서의 사명을 감당하지 못하니 우리 사회는 갈등과 모순이 넘치며 요동치고 있고, 이 나라는 빛을 잃어가고 있습니다. 그뿐 아니라 주님께서 강조하신 영혼구원의 길을 막고 있지요. 성경에는 전도의 길을 막고 영혼실족시키는 죄와 벌을 가장 무거운 죄와

벌 중 하나로 간주하고 있는데, 왜 이리 지금의 한국교회가 과감한 개혁조치 없이 무신경한지요?

네 명 중에 한 명이 기독인이라는 한국의 국가청렴도지수는 백점만점에 54점으로 51위이며, 우리가 자주 비난하는 일본이 우리보다 훨씬 더 나은 20위이고 미국은 16위입니다. 참고로 1위는 뉴질랜드, 2위는 덴마크, 그다음 핀란드, 노르웨이, 스위스가 공동 3위인데 선두에 선 이들 국가는 모두 기독국가이지요. 공산국가인 중국은 77위이며 이런 공산국가와 복음 전도가 금지된 나라, 그리고 언론의 자유가 없는 나라는 모두 국가청렴도지수가 하위입니다. 왜 이렇게 한국의 국가청렴도가 OECD 국가 중 제일 낮을까요? 그것은 한국교회와 기독인이 세상의 빛과 소금 역할을 못하고 있기 때문입니다. 지금 한국교회에 반쪽 복음이고 사탄의 전략인 번영신학과 기복신앙이 넘치고 있으며 배금주의와 맘몬주의가 지배하고 있습니다. 즉 목회자나 평신도들이 말씀묵상이 부족하여 성경 말씀대로 살고 있지 못하고 하나님의 뜻을 모르고 하나님 뜻에 순종치 않으니 물질주의가 넘치고 있습니다. 기도도 1960~70년대에는 삼각산이 떠나갈 정도로 산기도와 새벽기도가 많았으나 지금은 기도가 많이 약해져서 하나님의 뜻을 모르고 자기 뜻대로 정욕대로 살기 때문입니다. 즉 말씀묵상이 약하고 기도가 부족하여 하나님 뜻을 잘 분간치 못하니 세상 사람들이 기독인을 보기에 위선적이고 '말과 행동이 다른 사람들'이라고 매도합니다. 한국교회를 위협하는 두 가지 큰 유혹은 돈과 성 문제입니다. 이단종교를 자세히 들여다보면 반드시 돈과 성 문제를 일으키는데 한국교회가 이단종교처럼 지금 이 문제에서 자유롭지 못합니다.

돈에 대한 성경 말씀은 다음과 같습니다.

"돈을 사랑함이 일만 악의 뿌리가 되나니 이것을 사모하는 자들이 미혹을 받아 믿음에서 떠나 많은 근심으로써 자기를 찔렀도다"(딤전 6:7), "종이 두 주인을 섬길 수 없나니 …너희가 하나님과 재물을 겸하여 섬길 수 없느니라"(눅 16:13), "세상에 있는 모든 것이 육신의 정욕과 안목의 정욕과 이생의 자랑이니 아버지께로 온 것이 아니요 세상으로 좇아 온 것이라"(요일 2:16).

지금 한국교회에 돈을 사랑하는 문화가 넘치고, 바르게 살려고 노력하지만 돈이 많지 않은 사람, 개혁적인 발언을 하는 사람들은 임직을 받지 못하는 것이 교회 실정입니다. 성경을 한마디로 요약하면 예수님이고 예수님의 십자가 정신입니다. 예수님은 이 땅의 가난한 자, 힘없는 자, 병든 자, 소외된 자, 절망하는 자들을 위해 이 땅에 오셨기에 누울 자리도 없는 말구유에서 가난하게 태어나셨습니다. 예수님의 십자가 사건은 자기부정과 희생과 봉사, 그리고 성결을 의미합니다. 그러나 지금 반쪽 복음인 번영신학과 배금주의는 기독인들에게 십자가 정신을 퇴색시키고 있지요. 물질을 부정해서는 안 됩니다. 우리의 기본적 생활에, 그리고 우리의 사명인 선교와 구제와 양육에 물질이, 돈이 필요하기 때문입니다. 그러나 부정한 돈, 깨끗지 않은 돈, 탐욕이 들어간 돈을 사랑해서는 절대 안 됩니다. 여기에서 일만 악이 생기지요.

또 한 가지의 교회를 위협하는 유혹은 성범죄입니다. 기독인은 거룩해야 합니다. 하나님께서는 "내가 거룩하니 너희도 거룩할지어다"(벧전 1:16), "너희는 먼저 그의 나라와 그의 의를 구하라"(마 6:33)고 하셨으나 지금의 '미투' 운동에 기독교계도 매우 자유롭지 못하며 성결교회에 계속 성결치 못한 사건들이 생기고 있습니다. 성직자들인 여러 목회자들과 임직자들이 육체적 간음을 했습니다.

이런 자들의 죄에 대하여 그동안 교회는 너무 온정적이었기에 돈에 의한 부정부패와 함께 성범죄가 독버섯처럼 한국교회에 널리 퍼졌습니다. 오히려 일벌백계와 '원 스트라이크 아웃제'가 필요한 데 반하여 "정죄하지 말라. 비판하지 말라"며 치부와 썩은 부위를 과감히 수술하지 않았고 조용히 덮기에 바빴습니다. 여기서 짚고 넘어가야 할 것으로 "판단치 말라. 정죄하지 말라"는 성경말씀을 많은 기독인들이 착각하는데 이 말씀은 사적인 정죄, 즉 사적으로 자기 개인에게 죄를 범하고 피해나 상처를 입힌 자는 용서해주고 죄를 묻지 말라는 뜻이지 공적인 정죄, 즉 나라의 리더들이나 성직자들, 교수나 교사, 큰 회사의 임원들, 또는 단체장 등의 죄, 즉 권력에서 비롯된 공인들의 죄는 아래 성경말씀처럼 비판하고 정죄하고 내쫓으라고 성경에 기록되어 있습니다(고전 5:2, 12, 13). 그렇지 않으면 나라와 사회와 교회와 조직에 계속적인 피해자와 아픈 상처가 생기기 때문이지요. 즉 "판단하지 말라, 정죄하지 말라"는 말씀은 모든 죄에 적용되는 것이 아니고 공적인 죄, 사적인 죄를 구분하여 적용되어야 합니다. 특히 성직자와 임직자의 범죄에 대하여 좋게, 좋게 조용히 덮으면 결코 좋은 교회, 아름다운 교회가 되지 못하며 일벌백계 식의 엄벌주의가 필요합니다. 그래야 교회가 삽니다. 공인들의 죄에 침묵하는 것은 죄에 동참하는 것이란 옛말이 있습니다.

"그리하고도 너희가 오히려 교만하여져서 어찌하여 통한히 여기지 아니하고 그 일 행한 자를 너희 중에서 물리치지 아니하였느냐"(고전 5:2).

"외인들을 판단하는데 내게 무슨 상관이 있으리요마는 교중 사람들이야 너희가 판단치 아니하랴 외인들은 하나님이 판단하시려니와 이 악한 사람은 너희 중에서 내어 쫓으라"(고전 5:12~13).

우리는 믿음으로 구원을 받고 천국에 가지만 예수님 믿는다고 모두 천국 가는 것이 아니고 서두의(마 7:21) 성경말씀처럼, 다만 하늘에 계신 내 아버지의 뜻대로 행하는 자라야 천국에 들어갈 수 있습니다. 왜냐하면 하나님은 사랑의 하나님이시되 동시에 공의의 하나님이시기 때문입니다. 목회자가 사랑에 대하여만 설교하고 공의에 대하여 설교치 않는 것은 반쪽 복음입니다. 하나님께서는 특히 전도와 선교의 길, 즉 영혼구원의 길을 막는 교회의 타락에는 크게 진노하십니다. 『내가 본 지옥과 천국』(신성종 목사 저) 등 저승에 다녀온 자들의 간증문을 보면 "지옥에 그렇게 유명한 목사와 장로들이 많아서 크게 놀랐다"는 표현들이 여럿 있습니다.

우리는 우리 자녀들과 우리 손자녀들에게 세상 사람들이 손가락질하는 '양의 탈을 쓴 늑대들의 소굴'이 아니라 주님 보시기에 아름다운 교회, 그리고 살 맛 나는 나라를 만들어 물려줘야 합니다. 그러기 위해선 필요한 것이 세 가지 꼭 있어야 하는데 첫째 말씀사랑과 묵상, 그리고 말씀실천이며, 둘째 쉬지 않는 기도로써 하나님의 뜻을 알고 이에 순종하는 기독인, 그리고 교회가 되어야 합니다. 셋째 이는 약한 인간의 힘으로 제대로 되지 않으니 반드시 하나님이신 성령님의 도움이 필요하고 그래서 성령 충만해야 합니다. "인자가 올 때에 세상에서 믿음을 보겠느냐"(눅 18:8)는 성경말씀처럼 지금은 말세인데 하나님의 임재, 곧 성령 충만이 없으면 주님을 부정하는 무서운 죄, 즉 배교를 하게 됩니다.

지금 한국교회에 큰 회개운동, 큰 기도운동, 큰 성령운동이 일어나야 합니다. 저 북한의 사람 우상숭배, 남한의 돈 우상숭배, 이 민족의 차별주의, 집단이기주의와 양극화, 부정부패와 음란죄가 없어지도록 기도해야 하고, 한국교회가 새로워지도록 제2의 종교개혁 운동과 철저한 회개운동이 일어나야 합니다.

이 제2의 종교개혁 운동은 성도 개인들의 말씀실천과 기도의 노력뿐만 아니라 제도적으로도 뒷받침이 되어야 하는데 상기 한국교회의 많은 문제점들이 대부분 제왕적인, 담임목사의 종신제에서 나오고, 임직을 봉사직이 아니라 계급으로 착각하는 임직자에 의해 생기는 것이므로, 매 안식년 직전에 사무총회 특별결의로 이들의 재신임을 묻는 '담임목사와 장로신임제'가 바로 시행되어야 합니다.

또한 하나님의 돈인 교회 헌금에 대한 부정과 전횡적 집행을 막기 위해선 1개월에 한번 가능한 한 세부적으로 재정을 인터넷으로 공개하는 '세부재정 인터넷 공개제'를 반드시 도입해야 합니다.

한편으로 지금 신학교가 난립해 있고 부적격 목사의 교회진출이 너무 많으니 신학교의 교육시스템이 바르게, 엄밀하게 정비되어야 하고 목사안수와 장로임직에는 철저한 사전 검증절차가 마련되어야 삯꾼 목사와 문제 장로가 나오지 않습니다. 하나님께서는 주님의 지체이신 교회가 바로 서기를 진정 원하시며 지금 한국교회에 다시 제2의 종교개혁이 일어나 원래의 아름다운 교회, 교회다운 교회 모습을 찾기를 원하십니다.

그것은 오직 말씀으로, 오직 기도로, 오직 성령 충만으로 가능합니다. 용감한 자만이 하나님 말씀의 법궤를 메고 요단강을 건널 수 있습니다. 역사와 교회의 방관자가 아니고 책임자이신 성도님들 모두 제2의 종교 개혁에 동참하시길 기도드립니다.

2018. 교회를 위해 기도하는 한 성도 드림

14장
교육개혁과 인간혁명

〈교육개혁〉

"보라 내가 새 하늘과 새 땅을 창조하나니 이전 것은 기억되거나 마음에 생각나지 아니할 것이라 Behold, I will create new heavens and a new earth. The former things will not be remembered, nor will they come to mind"(사 Isaiah 65:17).

"너희는 유혹의 욕심을 따라 썩어져 가는 구습을 따르는 옛사람을 벗어버리고 오직 너희의 심령이 새롭게 되어 하나님을 따라 의와 진리의 거룩함으로 지으심을 받은 새사람을 입으라 Put off, concerning your former conduct, the old man which grows corrupt according to the deceitful lusts, and be renewed in the spirit of your mind, and put on the new man, which was created according to God, in righteousness and true holiness"(엡 Ephesians 4:22~24).

"이제는 너희가 이 모든 것을 벗어버리라 곧 분함과 노여움과 악의와 비방과 너희 입의 부끄러운 말이라 너희가 서로 거짓말을 하지 말라 옛사람과 그 행위를 벗어 버리고 새 사람을 입었으니 이는 자기를 창조하신 이의 형상을 따라 지식에까지 새롭게 하심을 입은 자니라"(골 3:8~10).

"우리는 그의 약속대로 의가 있는 곳인 새 하늘과 새 땅을 바라보도다"(벧후 3:13).

"사람들이 자기를 사랑하며 돈을 사랑하며 자랑하며 교만하며 비방하며 부모를 거역하며 감사하지 아니하며 거룩하지 아니하며 무정하며 원통함을 풀지 아니하며 모함하며 절제하지 못하며 사나우며 선한 것을 좋아하지 아니하며 배신하며 조급하며 자만하며 쾌락을 사랑하기를 하나님 사랑하는 것보다 더 하며 경건의 모양은 있으나 경건의 능력은 부인하니 이 같은 자에게서 네가 돌아서라 People will be lovers of themselves, lovers of money, boastful, proud, abusive, disobedient to their parents, ungrateful, unholy, without love, unforgiving, slanderous, without self-control, brutal, not lovers of the good, treacherous, rash, conceited, lovers of pleasure rather than lovers of God - having a form of godliness but denying its power. Have nothing to do with them"(딤후 2 Timothy 3:2~5).

"사랑은 오래 참고 사랑은 온유하며 시기하지 아니하며 사랑은 자랑하지 아니하며 교만하지 아니하며 무례히 행치 아니하며 자기의 유익을 구하지 아니하며 성내지 아니하며 악한 것을 생각하지 아니하며 불의를 기뻐하지 아니하며 진리와 함께 기뻐하고 모든 것을 참으며 모든 것을 믿으며 모든 것을 바라며 모든 것을 견디느니라 사랑은 언제까지나 떨어지지 아니하되 예언도 폐하고 방언도 그치고 지식도 폐하리라 …그런즉 믿음, 소망, 사랑, 이 세 가지는 항상 있을 것인데 그중에 제일은 사랑이라"(고전 13:4~13).

"나의 반석이신 여호와를 찬송하리로다 그가 내 손을 가르쳐 싸우게 하시며 손가락을 가르쳐 전쟁하게 하시는도다"(시 144:1).

"예수께서 모든 도시와 마을에 두루 다니사 그들의 회당에서 가르치시며 천국 복음을 전파하시며 모든 병과 모든 약한 것을 고치시니라"(마 9:35).

"그러므로 너희는 가서 모든 족속으로 제자를 삼아 아버지와 아들과 성령의 이름으로 세례를 주고 내가 너희에게 분부한 모든 것을 가르쳐 지키게 하라 볼지어다 내가 세상 끝날까지 너희와 항상 함께 있으리라 하시니라 Therefore go and make disciples of all nations, baptizing them in the name of the Father and of the Son and of the Holy Spirit. and teaching them to obey everything I have commanded you. And surely I am with you always, to the very end of the age"(마 Matthew 28:19~20).

위대한 사업은 위대한 영혼이 있어야 가능하고 위대한 영혼은 위대한 교육이 있어야 다듬어진다. 그러나 지금은 말세인지라 위의 디모데후서 3장 말씀처럼 여러 가지 말세의 징조를 보이고 있다. 사람들이 점점 더 무정하여 이웃과 타인을 사랑하지 않고 자기를 사랑하며, 교만하며, 남을 비방하기를 좋아하며, 서로 감사함이 없고, 거룩해야 할 성직자와 성도들까지 부정을 저지르며, 사나워 쉽게 화를 잘 내며, 사람에게 한 약속을 손바닥 뒤집듯이 잘 어기며, 돈을 사랑하여 수단과 방법을 가리지 않고 돈을 벌려 하며, 돈에 집착하여 부모에게 효도치 않고, 사회에 거짓과 사기가 횡행하고, 가정 폭력이 넘치고, 술과 마약과 도박 등 쾌락을 추구하는 자가 넘친다. 음주운전 벌칙을 강화해도 이 살인과 같은 죄는 끊이지 않고 있고, 한국은 '자살공화국'이란 불명예스러운 이름을 갖고 있으며, 젊은 층에 이혼율이 급격히 높아지고 있다. 이뿐 아니라 처처에 기근과 홍수 지진과 해일이 있으며 화산 폭발도 잦아지고 있다. 2004년 12월 동남아 쓰나미로 사망한 자가 28만 명이 넘었고 사스·메르스·조류독감 등의 강력하고도 새로운 전염병들이 계속되고 있다. 특히 젊은 청년들이 결혼적령기가 지나도 결혼치 않고 노총각·노처녀가 많으며 결혼해도 자식을 잘 출산치 않는 경우도 많은데, 이들에게 가정도 중요하지만 이보다 물질적인 조건과 환경이 더 중요해졌기 때문이다.

현재 대한민국에서는 예전의 '동방예의지국'이 '동방무례지국'으로 바뀌었다. 돈 때문에 인륜을 저버리는 경우가 자주 뉴스에 등장한다. 보릿고개 넘기가 힘들던 그리 가난했던 나라를 이만큼 국민소득 3만 불의 경제대국으로 만든 노장세대는 장유유서(長幼有序)라고 대접받던 시대가 끝난 지 오래되었고 반대로 불청객·퇴물 취급을 받는다.

국민소득이 크게 올라갔는데 오히려 삶은 더욱 각박해졌고 사회에 범죄율은 더욱 높아졌다.

그동안 교육은 좌로 우로 치우쳐 바른 역사 교육이 없었고 공산군들의 남침으로 수십만 명의 고귀한 생명이 희생된 6.25전쟁을 한반도 통일전쟁이라 미화하고, 사람을 성화시키고 영성을 바로잡고 인격을 키우는 인성교육과 공중도덕을 강조하는 교육은 등한시되었다. 교육은 수능점수를 높이고 좋은 대학 가고 출세하는 데에 치중하고 있다. 학교에는 바른 정신을 가진 인재양육이란 목표는 사라졌고 이윤을 남기고 돈을 끌어 모으는 장사꾼의 논리가 지배하고 있다. 학교 재단과 재단 이사장의 비리가 횡행하고 있다. 학교는 기득권의 유지와 지배계급의 옹호를 위한 문화와 시스템을 만들어 간다. 교사는 존경받는 스승이 아니라 돈을 버는 직업으로 전락하여 존경이 사라진 지 오래이며 이 현상은 성직자의 경우도 마찬가지이다. 교사와 학생 간에 사제관계, 은혜와 의리의 관계가 없어졌다. 거기에는 사랑과 믿음과 존경과 감사가 없어졌다. 지금은 스승도 없고 제자도 없어졌다. 사제 간의 충격적인 성범죄도 종종 뉴스에 등장한다. 교육 내용이 경쟁을 강조하고 출세에 치중하다 보니 국내 모 저명한 대학교의 경우, 학생과 교수들의 자살이 한동안 끊이질 않았다. 로스쿨과 의과대학은 비싼 등록금에도 불구하고 수많은 학생들이 출세를 위해 홍수처럼 몰려온다. 미션 학교에서 성경 공부와 일주일에 한 번씩 드리던 공예배가 거의 사라졌다. 가난한 학생들의 등용문이던 사법고시는 폐지되었고 대부분 부잣집 자식들이 갈 수 있는 로스쿨로 대치되었다.

함석헌 선생은 이 나라에는 국민정신, 국민도덕이 없는 나라라고 했다. 그는 "이 나라의 교육은 형식뿐이지 아무 이념이 없습니다. 국민정신이 부족한 것은 원인이 무엇입니까? 생각이 없기 때문입니다. 생각이란 없는 데서 있는 것을 창조해냄입니다. 고로 약한 자, 병든 자, 불리한 조건에 있는 자일수록 생각하는 것이요 또 생각지 않으면 안 됩니다. 생각하면 떨어진 것이 하나가 될 수 있고 실패한 것이 유익으로 변할 수 있습니다. 히브리를 히브리로 만든 것이 생각입니다. 그런데 이 나라는 교육철학이 없는 나라입니다. 물질적 가난은 정신적 가난의 상징적인 표시입니다. 정신이 끊어진 데서 이집트 문명은 땅속으로 들어갔고 정신이 일어난 때에 아테네는 세계를 얻었습니다. 우리의 가장 근본적인 결점은 생각이 깊지 못한 것입니다. 살려거든 생각해야 합니다. 제 역사를 가지고 제 세계를 가져야 합니다. 이 어려움을 당하고 간절히 필요로 느끼는 것은 위대한 인격인데 위대한 인격은 생각하는 백성 없이는 나지 않습니다. …우리는 신각성이 부족한 민족입니다. 세계를 깊이 보지도 않고 역사를 깊이 보지도 않습니다. 오천 년 역사에 분명한 정신적 체계를 갖지 못했다니 그것은 무슨 부끄러움입니까? 그리고도 살아온 것이 기적입니다.

그러기에 산 것이 아닙니다. 이리저리 굴러온 것이지 걸어온 것이 아닙니다. 새 교육이 나오려면 먼저 혼의 신생(新生), 새로 남이 있어야 할 것입니다. …그동안 교사가 시대창조의 신념이나 윤리를 갖지 못했습니다. 그러니 학생은 자연히 게을러지고 거칠어지고 더러워졌습니다. 먼저 정신을 불러일으키는 것, 이것이 긴요합니다."라고 말씀했다.

이제 앞의 여러 성경말씀들처럼 새 하늘 새 땅이 열리고 새로운 교육 이념과 교육 시스템이 자리 잡혀야 한다. 교육의 목적은 인간성을 갈고 닦음으로 훌륭한 인재를 양성하는 것이다.

경쟁보단 협력을 추구하고, 부정은 쳐다보지도 않도록 청렴하며, 자기중심적 이기주의에서 벗어나 희생과 구제와 봉사를 실천하며, 기득권을 지키기 위한 것이 아니라 사회의 공정성을 취하고 균등한 기회를 제공하고, 지연·혈연·학연이 아니라 자기의 능력으로 평가 받는 문화를 만들고, 그동안 노벨 평화상 하나밖에 타지 못한 이 나라의 교육 시스템이 창의성을 크게 개발하고 각자의 달란트를 더욱 개발할 수 있는 시스템으로 바꾸고, 지(智)·인(仁)·용(勇)의 훌륭한 영성을 가진 사람을 양성하는 교육이 되어 이 나라에 세계적인 인물이 많이 나와야 한다. 그동안 이 나라에 세계적인 인물이 많이 나오지 못했던 이유는 앞의 그릇된 교육 풍토에 기인한다.

고린도전서 13장 13절에 믿음·소망·사랑 중 제일은 사랑이라 했으니, 사랑이 넘치는 훌륭한 인재를 양성하는 것이 교육의 제일 목표가 되어야 한다. 제일 먼저 하나님을 사랑하고, 이웃을 내 몸처럼 사랑하고, 나라를 사랑하고, 산과 강과 사막과 바다 등 자연 환경과 나무·꽃·동물을 사랑하는 사람을 키워야 한다. 학교나 사회나 이 나라에서 사랑의 노래를 많이 불러야 한다.

모든 교육은 하나님 말씀, 성경이 기초가 되어야 한다. 미션학교를 설립 시 설립자의 뜻과 목적이 기독교 교육을 목표로 학교를 세웠으므로 미션학교에서 예배나 성경공부 시간이 '종교의 자유'란 미명하에 없어지는 것은 작은 것을 얻기 위해 큰 것을 잃는 소탐대실(小貪大失)이며, 우상숭배의 큰 잘못이니 학교의 담당자나 관련당국은 이 점을 명심하고 수정해야 한다.

이처럼 하나님 말씀에 기초하여 학생들의 인격과 영성을 바르고 건강하게 키우는 것을 기본 바탕으로 하여 사랑과 정의와 진리를 추구하고 여기에 각자의 전문 이론이나 전문 기술과 과학을 닦아서 사회를 풍요롭고, 아름답고, 훌륭하게 선진화시키는 교육, 그리고 교사가 사랑으로써 훌륭한 인재를 양성하는 본래의 사명을 다하여 직업인이 아니라 스승으로 존경받는 그런 교육으로 개혁되어야 한다.

여기서 다음과 같은 몇 가지 고려해야 할 사항이 있다.

1) 먼저 대학교와 신학교의 난립을 막아야 한다.

지금 수많은 대학교와 신학교가 난립해 있는데 이 경우, 교육은 자연히 부실해질 수밖에 없다. 제대로 된 교사·교수를 확보하기도 힘들고 학생들 모집에 무리수가 따르니 가르침도 배움도 부실해지고 부실 졸업자를 양산하게 된다. 학교가 운영을 위해 돈에 치중하니 등록금을 마련하기 위해 농가의 재산목록 일호인 '소를 팔아 그 뼈를 쌓는 탑'이라는 뜻의 '우골탑(牛骨塔)'이라고 대학교를 부르듯이 가계에 교육비 부담을 크게 하고 있다.

대학교의 총장으로서 재단이사회에서 좋은 점수를 얻어 오랫동안 연임하기 위해 가장 우선시되는 능력은 '교육자적인 자질과 능력보다 학교 홍보를 잘하여 경제계나 정계로부터 학교에 모금을 잘하는 펀드 매니저의 능력'이라고 한다.

한편으로 지금 기독교가 사회에 빛과 소금 역할을 제대로 하지 못하는 데는 성도들과 목회자들이 성경 말씀대로 살지 않기 때문인데, 신학교가 난립해 있으니 부적격 목회자를 양산하고 있는 것이 한 원인이 되고 있으며 이는 한국교회 타락과 연결되고 있다.

특히 신학교의 교수나 학생은 하나님으로부터의 소명이 없고 자기의 품성이 양을 기르는 목자로서의 성품이 못 된다고 생각하면 신학교의 교수나 학생으로 지원을 해서는 안 된다.

즉 스스로 돌이켜보아 이 소명과 품성과 능력, 3요소가 '아니다.'라고 판단되면 자기에게 맞는 다른 길을 찾아야 한다.

2) 임금 격차를 줄여야 한다.

대학교 졸업자와 고등학교 졸업자 간의 임금 차이, 그리고 회사 신입사원과 최고 경영자의 임금 차이를 줄이는 동시에 기술고등학교와 전문학교의 졸업자가 많도록 해야 한다.

모든 사람들이 대학교에 진학하려는 현상은 대졸자와 고졸자의 임금 격차가 이 나라에서는 크기 때문인데, 반면에 유럽을 보면 대졸자와 고졸자 간의 임금 격차는 별로 크지 않다. 즉 이 나라에서 고임금인 의사·변호사·은행원의 임금이 유럽에서는 고졸 기술자나 사무원과 비교해 큰 차이가 나지 않는다. 그러니 유럽에서는 이 나라와 달리 기를 쓰고 대학교에 진학하려고 애쓰지 않으며 공부에 뜻이 있거나 학업이 우수한 자만 대학교에 진학하고, 아니면 고등학교나 전문학교 졸업으로 만족하며 기술을 중시하는 사회이니 기술고등학교나 전문학교 졸업자가 우리에 비해 상대적으로 많다.

사회에 황금만능주의와 신자유주의가 팽배하는 것은 많은 부조리와 사회 병리 현상을 낳게 된다. 특히 21세기에 들어와 신자유주의가 자본주의 사회에 들어와 '승자독식, 정글법칙, 부익부빈익빈, 양극화, 기울어진 운동장, 중산층의 몰락' 등의 단어로 상징되는 사회현상을 만들었는데, 이는 결코 바람직한 현상이 아니며 사람들의 삶이 더욱 각박해지고 경쟁이 더욱 심하고 절대다수에게 상실감을 주며 결과적으로 인정이 더욱 마르게 하고 있다.

예를 들어 1970년대, 80년대 경제개발 단계에서 대기업체에 입사한 신입사원과 회사 대표의 봉급 차이가 10배 미만이었는데 지금은 백 배나 천 배 정도로 뛰었다. 이것이 자본주의의 자연스러운 생리라고 하지만 과연 건전한 현상일까? 한 사람의 승자 독식이 수천·수만의 사람들에게 상실감을 주고 이들이 자포자기하거나, 아니면 돈을 더 얻으려고 혈안이 되는 황금만능주의에 더 빠지게 하는 것이 아닌가? 결론적으로 천민자본주의라고 할 수 있다.

하나님은 모든 사람을 공평하게 고귀하게 창조하셨다.

따라서 유럽처럼 고졸자와 대졸자들의 임금 차이가 너무 크지 않도록 하고, 회사 신입사원과 최고 경영자의 임금 차이도 너무 크지 않도록 사회적인 장치를 만들 필요가 있다.

자유롭게 경제활동을 하고 그 열매를 취하는 것은 이 사회에서 자유이나 이런 큰 임금 격차는 한 사람이 수백 수천 명의 임금을 가져가므로 실업을 더욱 부추긴다. 또한 그런 고임을 지불치 않으면 좋은 인재를 얻을 수 없다고 하겠지만 그처럼 겸손과 깊은 철학이 없는 경영자는 회사를 외부적으로 단기적으로 화려해 보이게 만들지만 장기적인 관점에 있어 기업의 체질을 강화하고 장기적으로 많은 열매를 얻지도 못할 것이다. 스타 경영자들은 대부분 자기 개인의 이익을 위해 단기적인 성과를 급히 얻으려는 경향이 많다.

체육계나 예술계의 일류선수나 톱스타들이 받는 높은 연봉은 그들의 생에 중 활동기한이 다른 직업에 비해 짧으므로 금액이 높은 것은 당연하지만, 언론기자들이 이를 매스컴에 거리낌 없이 발표하는 관행은 없는 자들의 상실감을 더욱 키워 사회 갈등을 조장시키므로 지양하는 것이 좋다. 교육과 사회정책은 어디까지나 분열하고 갈등을 조장하여 쪼개지는 것이 아니라 사랑으로 화합하고 하나 되는 것을 목표로 해야 한다.

3) 인격을 닦고 참사람을 만드는 교육이 우선되어야 한다.

바른 교육이 되려면 교사가 먼저 참된 사람이 되어야 한다. 교사는 바른 인격을 가지고 소명의식을 가진 자여야 한다. 그냥 이론만 가르치고 기술만 가르치는 사람이 아니다. 교사들은 가장 훌륭하신 교사였던 예수님의 마음과 자세를 가져야 한다. 예수님께서 "나는 선한 목자라" 하셨는데 이 선한 목자의 정신을 가지고 양을 위해 목숨을 바칠 각오를 한 후 교단에 서야 한다. 교사는 사랑과 정의와 진리를 위해 살고 죽으려고 해야 한다.

특히 교사나 목회자들은 출세나 생계를 위해 이 길을 택해서는 안 된다. 특히 교사는 제자들에게 먼저 사랑하는 마음, 감사하는 마음, 믿는 마음, 존경하는 마음, 참된 마음을 갖도록 가르칠 수 있어야 한다.

함석헌 선생은 "정말 큰 것은 영혼의 힘입니다. 영혼의 힘은 내가 고통을 견딜 때 나는 힘입니다. 그 영혼에는 무한한 힘이 들어 있습니다. 그러나 대부분의 경우 영혼에 고장이 나서 그 힘을 다 쓰지 못합니다. 만일 영혼의 고장을 제거하면 무한한 힘이 나옵니다. 새 교육은 영혼을 개조하고 영혼을 해방하는 교육이어야 하는데 이는 그동안의 교敎, 육育, 학學, 습習이 아니고 구제救, 예배祭, 믿음信, 사랑愛이어야 합니다. …이것은 종교적 신앙으로만 될 수 있습니다. 절대자의 군복을 입고 그의 깃발을 듭시다. 사람의 영혼을 해방하는 한 분을 봄으로써 영혼의 빛을 발휘해가는 교육, 그것이 미래의 새 교육입니다."라고 했다. 그것은 학생들에게 올바른 인생관과 세계관, 역사관을 세우고 올바른 이상과 비전을 심어주고 각자에게 주어진 사명 달성을 위해 평생을 바쳐 노력하도록 공격명령을 내리고 돌격명령을 내리는 교육이어야 한다.

인간혁명

인간혁명은 앞에서 언급한 종교개혁과 교육개혁이 연결되어 있다.

가정교육과 학교교육에서 사람의 인격을 닦고 참사람이 되는 훈련을 받아야 하고 이에 더하여 바른 종교의 선한 영향력을 받아야 한다. 교육에서 기본적인 도덕과 질서의 인성을 닦되 사람의 근본적인 변화는 사람의 노력으로 되지 않는다는 것이 정설이다. 이에는 성령님께서 개입하셔야 가능하다.

바울은 가브리엘 문하생이요 당시 최고 수준의 교육을 받았고 드문 로마 시민권을 가진 엘리트 계층이었지만 진리를 모르고 예수님 믿는 자들을 잡아 죽이는 데 앞장섰다.

나의 경험으로도 소위 교수층에 있는 사람들은 자기의 좁은 주관에서 못 벗어나므로 예수님을 영접하고 하나님을 체험하기란 낙타가 바늘귀를 통과하는 것과 같다.

그러나 바울 선생에게 성령님께서 임하시고 강권적으로 역사하시자 그가 무릎을 꿇었다.

그는 그동안의 자기 잘못을 크게 회개하고 깊이 예수님의 진리를 묵상하고는 새사람이 되었다. 잔혹한 예수님 핍박자에서 강력한 예수님 전도자로 백팔십도 변화된 것이다.

바울이 이렇게 크게 변신하고 큰 위대한 영성의 사도가 된 데는 과거에 받은 최고 교육의 바탕이 있었고, 이에 더하여 주님의 강력한 역사하심이 있어서였다.

임진왜란 당시 이순신 장군이 선조 왕에게 올린 장계에 이 나라 백성에 대한 평가가 아래와 같이 나와 있다.

'우리나라 사람들은 십중팔구는 겁쟁이고 용감한 자는 열에 한둘밖에 없습니다. 평상시에는 분간되지 않고 서로 섞여 있지만 일단 무슨 소문만 들리면 도망갈 생각만 하고 놀라서 허둥지둥하다가 엎어지고 자빠지면서 다투어 달아나는데, 비록 그 가운데 용감한 자가 있다고 하더라도 혼자서 어떻게 시퍼런 칼날을 무릅쓰고 죽음을 각오하고 돌진하여 싸울 수 있겠습니까. 만일 정선된 군졸들을 용감하고 지혜로운 장수들에게 맡겨서 정세에 따라 잘 지도하였더라면 오늘날의 사변이 이런 지경에까지 이르지 않았을 것입니다."

이처럼 우리 국민성은 진리와 정의에 용감하지 않고 비겁한 사람들이 많으며 또 국가청렴지수에 나타나듯이 정직성이 떨어진다.

하나님께서 이스라엘 백성이 출애굽한 후, 사막과 광야에서 40년을 헤매게 하신 이유는 이스라엘 백성들이 여전히 노예근성을 가지고 있고 우상숭배하며 불평불만을 쉽게 하며, 장대한 여리고 성 앞에서 하나님에 대한 믿음보다 여호수아와 갈렙을 제외한 대다수의 백성들이 불신의 자세를 가졌으므로 하나님께서는 이런 잘못된 이스라엘 국민성을 정금과 같이 닦아 제사장의 나라로 만드시기 위함이셨다.

이 국민성의 개조, 민족성의 개조는 우리 자신의 성격 개조이고 우리 자신의 인간혁명이다.

다음과 같은 인격의 사람들을 만들어 내야 이 민족이 세계의 횃불이 될 것이다.

1) 성령 충만한 믿음의 사람이 되어야 한다.

날마다 십자가에 자기를 죽이고 그 안에 예수님만이 사시게 해야 한다. 우리 인간은 하나님의 형상을 닮아 창조되어 다른 피조물에 비하여 높은 지성과 능력을 하나님 선물로 받았지만 원죄가 있고, 옛사람이 온전히 죽지 않고, 혈기도 완전히 죽지 않은 죄인이요 부족한 존재이다. 따라서 부패한 근성을 지닌 옛사람을 매일 죽이고 예수님의 마음으로 살아야 하고, 하나님의 말씀을 듣기 위해 항상 하나님께 귀를 기울이며 모세와 다윗처럼 모든 것을 하나님께 묻고 나아가는 믿음의 사람이 되어야 한다.

"사람이 떡으로만 살 것이 아니요 하나님의 입으로 나오는 모든 말씀으로 살 것이라"(마 4:4; 신 8:3).

이처럼 하나님 말씀으로 살고 하나님께서 동행하시는 믿음의 사람, 즉 성령 충만한 사람이 되면 하나님께서 우리 인생의 모든 계획을 세우시고 하나님께서 진행하시고 하나님께서 마무리 지으시므로, 결코 실패하고 패배하는 인생이 아니라 바르고 빛나는 축복된 인생이 되게 해주신다.

인생에 있어 가장 중요한 것 중의 하나는 믿음이다. 이 믿음은 하나님께서 우리에게 주신 귀한 선물이다. 예수님은 인류에게 영혼구원의 믿음을 주시기 위해 오셨는데 그의 이름을 믿는 자가 영혼구원을 받으며, 믿음이 있는 자가 기도할 때 병의 치유함을 받고, "믿음은 바라는 것들의 실상이요 보지 못하는 것의 증거니"라는 히브리서 11장 1절 말씀처럼 믿음은 우리 삶의 기본 기둥이 되며 우리의 물질세계도 우리의 믿음에 따른다.

그러므로 우리 환경이나 조건이 순풍일 때나 역풍일 때, 여기에 흔들리지 않고 오직 하나님에의 믿음만 붙잡고 그분 말씀에 귀 기울이고 순종하며 하나님만 의지하고 하나님만 바라보며 예수님 마음을 가지고 사는 사람이 되어야 한다.

2) 사랑과 공의의 사람이 되어야 한다.

하나님은 사랑과 공의의 하나님이시고 사랑과 공의는 둘이 아니요 하나이다. 믿음·소망·사랑 중 제일은 사랑이라고 하여 사랑만 강조하는 목회자들이 있는데 이는 잘못이다. 공의롭지 못한 사랑은 반쪽 복음이다. 사랑은 반드시 공의와 병행되어야 온전한 사랑이 되며 하나님은 공의롭지 못한 사랑에는 기뻐하지 않으신다.

십자가의 정신은 사랑과 희생이고 자기부정이다. 사랑이 부족하면 비겁해지고 용기가 부족해지고, 따라서 이웃에 대한 배려도 없어지고 자기중심적이 되므로 거짓과 부정이 따르게 된다. 그래서 "온전한 사랑이 두려움을 내어 쫓나니"라고 하셨고 또한 사랑은 불의를 싫어한다고 하셨다. 우리 각자 부정을 몰아내고 거짓을 추방하자. 공의 중에서 특히 가장 많은 유혹은 돈과 이성으로부터 오니 특히 두 가지 시험을 이겨내고 하나님 앞에서 떳떳한 일꾼이 되자. 이러면 하나님께서 함께하시니 하나님만 두려워하고 세상 무엇에도 두려워하지 말자.

> "사랑 안에 두려움이 없고 온전한 사랑이 두려움을 내어 쫓나니 두려움에는 형벌이 있음이라 두려워하는 자는 사랑 안에서 온전히 이루지 못하였느니라"(요일 4:18).

이 사랑은 말로만 하는 사랑이 아니라 실천하는 사랑, 즉 희생과 구제와 봉사가 따라야 한다. 자기만 사랑하는 것이 아니라 하나님은 네 이웃을 네 몸과 같이 사랑하라고 하셨다.

또한 자기에게 손해를 끼치고 미운 짓을 한 사람도 바다 같은 마음으로 용서하고 포용할 수 있어야 한다. 이 용서는 상대방에게만 유익한 것이 아니라 먼저 자신에게 유익하다.

"나더러 주여 주여 하는 자마다 다 천국에 들어갈 것이 아니요 다만 하늘에 계신 내 아버지의 뜻대로 행하는 자라야 들어가리라"(마 7:21)는 말씀처럼 하나님의 뜻을 헤아리고 그분 뜻대로 사랑으로 실천하는 것이 중요하다. 사랑과 믿음은 실천이다.

3) 영혼의 사람, 기(氣)의 사람, 기백의 사람이 되어야 한다.

그동안 우리 역사가 세계사에 있어 뚜렷하지 못하고 탁월성을 크게 나타내지 못한 이유는 우리 국민성이 용감하지 못하고 정직하지 못하고 강하지 못하였고 관대치 못하였기 때문이다. 그리스 문화, 로마 문화, 르네상스, 팍스아메리카 같은 문화, 즉 세계적인 문화가 없었다. 그리고 우리 할아버지들이 소유했고 조상들의 얼이 담긴 저 넓은 만주와 간도 땅을 잃어버린 것은 이 민족의 얼이, 정신이, 기백이 줄어들어 그런 줄어든 역사를 만든 것이다.

고구려 시대에 가졌던 그 넓은 땅을 다시 찾자는 운동과 계획이 7세기 후반의 삼국통일 이후 지금까지 1천 삼백 년이 넘도록 전혀 없었다. 그러니 후삼국시대, 고려시대, 조선시대 역사는 계속 내리 줄고 줄어드는 쇠락하는 역사였다가 종국에는 일본에게 나라까지 빼앗기는 비참한 역사를 가지게 되었다. 그러다가 사람의 지혜와 노력이라기보다 하나님의 순전한 은혜와 섭리로써 1945년에 이 나라가 일본의 식민지 굴레에서 벗어나게 되었으나 여전히 정신을 차리지 못하자 하나님께서는 1950년에 6.25전쟁, 즉 물신주의자들인 공산주의자들의 침략이란 고난의 회초리를 다시 드셨다. 이 전쟁은 일종의 세계전쟁이었다. 북한에는 중국과 러시아가 편들었고 남한에는 미국·영국·프랑스 등 16개국이 남한을 돕기 위해 참전했으며, 총 20여 개국이 남과 북으로 나뉘어 힘을 겨루었다.

'은혜를 모르는 자는 사람이 아니다.'라는 말이 있듯이 우리는 세계적으로 찬란한 문화를 만들고 강한 경제력과 정치력을 키워 이들 나라에 입었던 은혜를 갚고 가난하고 약한 나라를 도와야 한다. 그러기 위해선 먼저 영혼의 사람, 기의 사람, 기백의 사람, 위대한 인격의 사람을 길러내야 한다.

세상의 역사는 국민과 백성, 개개인의 영혼의 역사다. 그것이 국민성이고 민족성이고 개인의 인격이다. 새롭고 바르고 밝은 역사를 만들기 위해서 '내가, 이 백성이, 이 민족이 나서야 한다.'는 기상과 기백이 있어야 한다. 자기사랑보다 더 무서운 죄가 자기멸시이다. 자기멸시는 어둠과 쇠락과 죽음의 길로 통한다.

자존감과 역사관을 가지고 '세계의 운명과 역사가 우리들에게 달려 있다.'는 각성을 해야 하고, 세계에 올바른 영향을 끼치는 개인·백성·민족이 되어야 하는데 이는 오직 영혼의 힘에서 나온다. 그러므로 우리 할 일은 영혼의 힘, 얼의 힘, 정신의 힘과 기백을 키우는 것이다. 앞으로 과학은 더욱 발전하여 상상하기 힘들 정도로 넓은 우주여행을 할 것이다. 지구는 하나의 작은 항구가 되며 우주라는 큰 바다에의 항해를 할 것인데 이 우주여행도 다름 아닌 영혼의 힘에서 나온다. 용감한 자만이 하나님 말씀의 법궤를 메고 요단강을 건널 수 있다. 폭풍과 거친 파도를 무릅쓰고 모험을 하고 도전을 해야 큰 고래를 잡을 수 있다.

엘리야가 불수레를 타고 승천하기 전, 그의 제자인 엘리사에게 마지막으로 구할 것을 묻자 엘리사는 다른 모든 것을 제하고 오직 엘리야의 영감, 영혼의 힘의 갑절을 달라고 청했다.

"엘리야가 엘리사에게 이르되 나를 네게서 취하시기 전에 내가 네게 어떻게 할 것을 구하라 엘리사가 가로되 당신의 영감이 갑절이나 내게 있기를 구하나이다"(왕하 2:9).

4) 진리를 추구하고 책을 많이 읽고 연구심을 기르고 기업가 정신을 키우자.

"예수께서 대답하시되 네 말과 같이 내가 왕이니라 내가 이를 위하여 났으며 이를 위하여 세상에 왔나니 곧 진리에 대하여 증거하려 함이로다 무릇 진리에 속한 자는 내 소리를 듣느니라 Jesus answered, 'You are right in saying I am a king. In fact, for this reason I was born, and for this I came into the world, to testify to the truth. Everyone on the side of truth listens to Me"(요 John 18:37).

공자 선생은 "오늘 아침 진리를 찾으면 저녁에 죽어도 좋다."고 했듯이 진리 탐구에 대한 그의 열정은 대단했다. 그러나 그가 영혼구원이란 예수님의 진리, 즉 복음을 모르고 세상을 떠난 것은 아쉬운 점이다. 예수님은 진리를 증거하시기 위해 이 세상에 오셨다고 했다.

예수님께서 구세주인 것은 분명한 진리이다. 타 종교에서 언제까지 우리 힘으로 수도하여 도를 깨우치고 진리를 찾을 것인가. 진리이신 하나님 말씀, 즉 성경이 우리에게 주어진 것은 하나님의 크신 은혜이자 선물이다. 그러므로 먼저 성경 말씀을 묵상하고 깊이 연구하여 하나님의 뜻을 잘 깨닫자. 그리고 성경 말씀을 우리 자신만의 능력으로 완전히 깨닫는 것은 신학을 전공으로 공부하더라도 한계가 있고 성경 말씀의 적용범위는 무한하니 성경에 대한 이해의 폭을 넓히기 위해서도 책을 많이 읽자. 책을 많이 읽는 것은 지혜와 지식을 많이 쌓게 하지만 또한 사고와 안목과 식견의 폭을 넓혀주어 우물 안 개구리가 되지 않게 한다.

이 민족의 단점으로 깊이 생각하지 않고 연구심이 부족한 것이라고 할 수 있는데 이는 소위 '빨리빨리' 문화에서 기인한다.

그동안 이 나라에 노벨 수상자로 일반 학문이나 과학 분야의 수상자는 한 명도 없고 평화상 수상자만 한 명 있었던 것은 우리 교육의 문제점을 여실히 보여 주고 있다.

주로 암기식의 주입교육의 병폐로서 깊이 생각하여 독창적인 영감이나 아이디어 얻는 데에 약하다. 이스라엘 민족, 곧 유대인들이 세계경제를 쥐락펴락하며 세계의 언론계, 정계의 선두그룹에 많이 진출해 있고 아인슈타인 등의 저명한 과학자들과 노벨상 수상자들이 많은데 이는 그들의 교육방법이 어려서부터 토라와 구약성경을 중심으로 토론하며 깊이 생각하고 연구하는 교육과 문화를 가졌기 때문이다. 이런 토라의 연구와 토론 문화 때문에 세대 간의 갈등과 세대차가 세계에서 유대인들이 가장 적다고 한다. 중요한 것은 이것저것이 아니라 한 과제에 초점을 맞추어 깊이 생각하는 것이다.

한편 1970년대 이후 우리나라의 경제가 국민의 단합된 의지로 급속히 발전해왔으나 지금은 그 빨랐던 성장률에 피로가 왔고, 노사 간에 갈등이 심각하고 빈부격차가 심해졌고 청년들의 실업률은 매우 높아졌다. 전 세계적으로 보호무역주의가 확산되고 있으며 영국은 유럽연합에서 탈퇴하겠다고 한다. 이 나라에 1990년대 말의 국가부도사태였던 IMF 사태가 다시 온다는 전망도 일부 있다. 유항산자 유항심(有恒産者 有恒心)이란 말이 있듯이 사람은 먹고 사는 문제가 해결되어야 마음의 안정과 평강을 가질 수 있고, 이렇게 되어야 학문적 이론도 기술도 과학도 문화도 발전할 수 있다. 즉 나라에서는 민생과 경제가 가장 중요한 과제 중 하나이며 가난한 나라는 학문과 문화도 빈약하게 된다. 따라서 경제력은 강해야 하는데 이에는 기업가 정신이 바탕이 된다.

기업가 정신은 해당 기업 일에 대하여 연구하고 모험하고 도전하고 개혁하며 불굴의 의지를 추구하는 진취적 정신이다.

기업가는 깊이 생각하여 독창적인 영감이나 아이디어를 가져야 하며, 경제의 바다에서 큰 고래를 잡기 위해 위험을 무릅쓰고 모험하며, 기업의 초창기에는 항상 돈과 사람과 기술이 부족하니 이 한계를 돌파하기 위해 도전하고, '창조적 파괴'라는 단어처럼 항상 새로운 제품, 새로운 기술, 새로운 제도, 새로운 기업문화를 만들어 나가 '새 술은 새 부대에 담는' 개혁이 있어야 하고, 실패와 고난은 모든 기업이 겪어야 하는 훈련장이니 100번 넘어지면 101번 일어나는 불굴의 의지와 집념이 필요하다. 이런 진취적인 기업가 정신이 있어야 큰 기업의 운영이 가능해지고 이것이 쌓여 나라 경제가 부강해진다.

5) 희락과 감사함을 가지고 부지런히 일하는 사람이 되자.

희락, 곧 기쁨과 감사함을 가지고 부지런히 일하며 살아가는 사람은 이 세상에서도 이미 저 천국을 맛보며 살아가는 것이며, 불평불만과 게으름을 가지고 살아가는 사람은 이 세상에서도 벌써 저 지옥을 맛보며 살아가는 것이다.

하나님 말씀, 곧 복음을 믿는 자들은 복된 자이다. 그래서 천주교에서는 성도들을 복자라고 부른다. 이 복음을 믿고 예수님을 영접한 사람들은 이제 가장 귀한 진리를 찾았고 구원의 확신을 얻었으므로 감옥에서도 기뻐 뛰며 춤을 춘다.

이 영혼구원과 복음의 진리는 하나님의 은혜로 값없이 우리에게 주어진다. 그러니 어찌 감사하고 기뻐하지 않을 것인가.

예전에 성자를 선정하는 조건으로 그 사람이 유머 자질이 있느냐가 평가 항목 중의 하나였다고 한다. 우리 속에 계시는 성령님은 항상 긍정적이시며 밝고 유쾌하신 분이시지 결코 부정적이거나 낙심하거나 슬퍼하시는 분이 아니시다. 비기독인이 기독인을 보면서 가장 그들과 다른 점으로 느끼는 점이 기독인들은 표정이 밝고 뭔지 모르게 기뻐하는 것이라고 한다.

앞에서 말한 로렌스 수사는 자기가 언제 죽어 이 세상을 떠날지 예언했는데, 죽는 그날까지 주님을 직접 뵙게 되었다며 조금도 슬퍼하지 않고 기뻐하며 임종을 맞았다.

이처럼 죽음 앞에도 두려워하지 않고 오히려 기뻐하는 자세가 성도의 기본적 자세가 되어야 하지 않을까.

"주의 앞에는 충만한 기쁨이 있고 주의 오른쪽에는 영원한 즐거움이 있나이다"(시 16:11).

우리가 입는 옷을 보면 먼저 면화나 동물의 털에서 실을 뽑고 그 실로 포목과 직물을 만들며, 이 직물에 물감을 들여 염색하고 직물을 자르고 바느질하고 가봉하고 잘못된 것은 다시 수정하여 옷을 만드는데 여기에는 수많은 사람들의 수고가 배어 있다.

음식 중 밥이나 빵을 보자. 먼저 곡식의 씨앗을 논밭에 뿌리고 거름을 주고 물을 대어 키운 후, 수확기에 추수하고 탈곡하고 그 알맹이만 추려서 다시 도정하거나 가루로 빻고 자루에 포장하고 수송하여 각 가정에 도착하면, 주부가 밥을 짓든가 밀가루를 반죽하고 설탕이나 버터로 맛을 내고 빵으로 구워낸다.

우리가 사는 집은 어찌 만들어졌나? 먼저 설계사가 주어진 조건에 따라 설계 도면을 만들고 설계 도면에 따라 기초를 파고 다듬은 후 시멘트와 철근으로 기둥과 벽을 만들고 기와를 올려 지붕을 만들고 창틀을 끼워 넣고 여기에 유리 창문을 만들어 넣고, 현관문과 방문을 만들고, 마룻바닥을 만들고 도배하여 벽지와 천장지를 붙이고, 전기를 배선하여 조명등을 달고, 장롱과 침대와 가구를 만들어 넣고 수도시설을 하여 싱크대와 화장실을 만들어 하나의 집이 되게 한다. 이 과정에 얼마나 많은 기술자와 노동자의 수고가 배어 있는가. 아무리 돈이 많이 있더라도 이런 옷과 식량과 집을 만드는 사람이 없으면 우리가 직접 옷과 식량과 집을 만들어 살아야 하는데 그 얼마나 수고롭고 또 형편없는 결과물을 내겠는가? 곰곰이 생각하면 이 모든 것들이 하나님과 관련된 사람들에게 감사할 일들이다.

하나님께서 우리를 세상에 보내시어 우리가 출생했지만 어머니의 그 심한 출산 고통이 없이 태어난 사람이 어디 있는가? 우리가 세상에 태어나 먹고 마시고 배우고 성장하여 일을 하게 되고 결혼하여 가정을 이루는 것 모두 부모님께 감사할 일이 아닌가? 또한 이 모든 일을 이루신 분이 하나님 아니신가? 그러니 우리가 어찌 하나님과 부모님과 이웃 사람들과 범사에 감사치 않을 수 있겠는가? 원망과 불평하는 사람보다 감사하는 사람일수록 감사할 일이 더욱 많이 생기게 된다.

기뻐함과 감사함은 우리 몸도 건강케 한다. 우리 몸과 마음은 연결되어 있고 우리 마음에 병이 들면 몸도 병이 들어 아프게 되는데 이 기쁨과 감사함은 우리 마음을 건강하게 만들어 몸도 건강하게 만드는 요소이다.

또한 기뻐하고 감사하는 사람은 인간관계를 좋게 만들고 그가 속한 조직의 분위기를 밝고 건전하게 만들므로 다른 사람의 협력을 잘 얻게 하고 결과적으로 성공하고 승리하는 사람이 되게 한다.

그러므로 데살로니가전서 5장 18절 말씀처럼 '범사에 감사하는' 사람이 되자.

6) 타인을 존중하고 생명을 존중하는 사람이 되자.

인류의 역사를 보면 크고 작은 전쟁이 많이 있어서 수많은 사람들의 피를 큰 강물처럼 흘리게 했다. 이 전쟁이란 대부분 힘이 있는 사람들이 자기들의 탐욕을 채우기 위해 그럴듯한 명분을 앞세워 상대방을 죽이게 하는 행위이다.

하나님께서는 모든 사람을 공평하게 귀하게 만드셨으므로 다른 사람을 무시하고 부정하는 폭력행위는 이 하나님의 뜻에 어긋나는 범죄이다.

"생명을 사랑하고 좋은 날 보기를 원하는 자는 혀를 금하여 악한 말을 그치며 그 입술로 거짓을 말하지 말고 악에서 떠나 선을 행하고 화평을 구하며 그것을 따르라"(벧전 3:10~11).

먼저 타인을 존중하는 데 있어 특히 주의할 것은 말이다. 말이 사람을 죽이고 살리기도 한다. 소위 거짓 악플에 시달려 자살을 한 연예인들도 있다.

말에 실수가 없는 사람은 인격을 많이 닦은 사람이다. 특히 성도들은 사람들을 살리는, 죽은 영혼들을 살리는 말을 해야 한다. 즉 밝고 긍정적인 말을 해야 하며 위로하고 격려하고 용기와 희망을 주고 존중하고 칭찬하고 축복하는 말을 하되, 부정적인 말, 슬퍼하거나 애수에 젖은 말, 비꼬는 말, 무시하는 말, 악하게 욕하는 말, 퇴폐적이거나 저속한 말은 금해야 한다. 하나님께서는 어느 사람이 하는 말에 따라 그 사람에게 혀의 열매를 거두게 하신다. 그러므로 "너희 말이 내 귀에 들린 대로 내가 너희에게 행하리라."고 민수기 14장 28절에 말씀하셨다. 혀가 축복과 저주의 근원이 되니 특히 말에 조심해야 한다.

또한 타인을 존중하려면 겸손해야 한다. 하나님과 동등하게 되려던 루시퍼 천사가 사탄이 되었으므로 하나님은 교만을 특히 싫어하시고 "교만은 패망의 선봉이요 오만한 마음은 넘어짐의 앞잡이니라."고 잠언 16장 18절에 말씀하셨다.

겸손한 자만이 진리를 찾을 수 있고 조심하는 자만이 사물의 본질을 볼 수 있다.

생명은 귀하고 신비한 것이다. 생명을 존중하는 자는 전체를 고려한다. 내가 귀하면 남도 귀하고 있는 자, 없는 자, 배운 자, 못 배운 자, 잘난 자, 못난 자 모두 다 귀하고 양반·상놈이 따로 없어야 한다. 남녀 차별이 없어야 하고 빈부격차가 심해지지 않는 사회를 지향해야 하고 모든 사람에게 기회가 균등하게 주어지는 공정성을 지향해야 한다. 조선 5백 년 역사는 양반·상놈의 심한 계급차별의 역사였다. 양반에 의한 상놈 착취의 역사였으니 중산층은 없어졌고 모든 경제와 부가 소수의 양반에게 집중되었으니 경제가 발전할 리 없었고, 그러니 학문과 기술과 과학의 발전이 없었고, 새로운 서양문물이 들어오면 양반의 기득권을 빼앗길 것 같으니 이것이 두려워 나라의 문고리를 걸어 잠갔으며, 따라서 국력은 날이 갈수록 피폐해져 임진왜란과 병자호란의 큰 환난을 맞았으나 조정은 정신 차리지 못했고, 결국 서양문물을 먼저 받아들인 일본에게 나라가 망한 것이다. 양반·상놈 계급 차별의 업보로 온 것이 6.25전쟁이었는데 지금 또다시 신자유주의에 의하여 새로운 양반과 상놈, 즉 있는 자와 없는 자의 계급주의·차별주의가 생기고 빈부격차가 심해지고 있다. 이 심해지는 빈부격차에 의한 사회병리 현상이 많이 나타나고 있으므로 정치하는 사람들은 이 점을 잘 고려하여 사회의 공정성을 찾아야 하고 그렇지 못해 소위 절대다수인 '상놈'들의 원한이 쌓이고 쌓이면 언젠가는 폭발하여 양반들의 핏값을 요구하게 될 것이고, 그 결과 역사는 후퇴하게 될 것이다. 성경에 나오듯이 백 마리의 양을 가진 목자가 한 마리의 양을 잃어버려 온종일 찾아 헤매다가 그 한 마리의 양을 찾아 기뻐하는 비유를 배워야 한다. 즉 한 생명과 영혼이 중요하니 생각이 있는 자는 전체를 고려해야 한다.

동물・식물도 그 생명이 귀중하니 동물을 학대하거나 불법적인 벌목 등의 생명경시 행위가 없어져야 하며, 또 이들이 멸종하는 일이 없도록 환경도 잘 보존해야 한다. 이 지구도 생명체이다. 지구 환경과 자연을 귀하게 생각하지 않고 잘 보존치 않고 경제적인 욕심으로 환경을 파괴하고 물과 공기를 오염시키면 온실효과, 엘리뇨 현상, 오존층의 파괴, 해일과 지진 등으로, 그 부정적인 대가가 반드시 사람들에게 돌아온다. 지금 우리가 직면하고 있는 대기오염, 즉 미세먼지와 초미세먼지의 매우 심각한 문제는 환경문제를 전혀 고려치 않은 수많은 공장 난립과 무분별한 지역 개발계획, 화력발전소와 디젤 차량의 증가, 벌목에 의한 사막화 등의 자연파괴에서 오는 것이다. 즉 나와 타인과 동식물과 자연이 함께 살 수 있는 생명존중의 계획을 세우고 추진해야 한다.

7) 끝까지 인내하고 하나님께 충성하여 승리하는 자가 되자.

"네가 죽도록 충성하라 그리하면 내가 생명의 면류관을 네게 주리라" (계 2:10).

우리의 사명은 악과 싸워 나가는 것이다. 우상숭배・사람숭배・물신주의(物神主義)・거짓과 부정부패・차별주의・집단이기주의・분열주의・파벌주의・권위주의・탐욕・음란과 퇴폐・사치・생명경시와 싸워 나가야 한다. 그러나 이 세상은 죄가 창일하고 감옥에 있는 죄인과 감옥 밖에 있는 죄인으로 가득 차 있다. 따라서 이 영적 전투는 시간이 오래 걸리고 힘이 많이 든다. 사람의 마음은 파동이 많고 변덕이 많고 영력이 약하여 한 사명에 끝까지 충성하는 사람이 적다. 그러므로 하나님께 죽도록 끝까지 충성하는 사람에게 귀한 생명의 면류관을 주시겠다고 하셨다.

이 영적 전투에서 가장 필요한 영의 힘이 인내요 오래 참는 것이다. 피곤을 참고 고통을 참고 부족함을 참고 사막과 같은 무미건조함을 참고 낙심과 절망을 참고 때론 슬픔도 참아야 한다. 어떤 모든 것보다 오래 참아야 한다. 100번 넘어지면 101번 일어나야 한다. 처칠 수상이 옥스퍼드 대학교 졸업식 연사로 초청되었을 때 졸업생들에게 간단히 말했다. "Never give up. Never, Never, Never, Never, Never, Never, Never 절대 × 7 포기치 말라"고. 우리에게는 하나님이라는 영원한 소망이 있다.

하나님께서는 이 세상 끝날까지 우리와 함께하시겠다는 약속을 하셨다. 우리는 부족하고 힘이 약하지만 전능자께서 함께하시므로 최종적으론 우리가 승리하고 성공한다. 아무리 고생이 많고 고난이 많아도 우겨쌈을 당해도, 답답한 일을 당해도, 핍박을 받아도, 거꾸러뜨림을 당해도 모든 것이 합력하여 선이 되게 해주신다고 약속하셨다. 이 하나님의 약속이 우리에게는 소망이다.

"우리가 사방으로 우겨쌈을 당하여도 싸이지 아니하며 답답한 일을 당하여도 낙심하지 아니하며 핍박을 받아도 버린 바 되지 아니하며 거꾸러뜨림을 당하여도 망하지 아니하고 우리가 예수 죽인 것을 몸에 짊어짐은 예수의 생명도 우리 몸에 나타나게 하려 함이라"(고후 4:8~10).

우리는 역사의 방관자가 되어선 안 되고 관객이 아니라 공연하는 배우가 되고 주인공이 되어야 한다. 하나님께서 우리에게 사명으로 주신 일을 해야 한다. 그 일은 축복이다. 하나님은 지금도 일하고 계신다. 그러므로 우리도 죽을 때까지 일해야 한다. "천국은 침노를 당하나니 침노하는 자는 빼앗느니라."라는 마태복음 11장 12절 말씀처럼 그 일은 적극적으로 지극한 정성을 가지고 해야 한다. 하늘나라는 들이치는 자가 얻으니 그 일을 뜨거운 열정을 가지고, 부지런히, 꾸준히, 기뻐하고, 감사하는 마음으로 아름답게, 때론 용기 있게 모험하고, 도전하며 잘 수행하자.

이 세상에서 삶은 잠깐이요 천국에서의 삶은 영원하다. 우리 모두 하나님께 끝까지 죽도록 충성하여 생명의 면류관을 받자.

위와 같이 바르고, 깊고, 착하고, 선한, 그리고 끈기 있게 인내하고, 강하고, 바다같이 넓은 위대한 인물을 길러내야 하고 이 영성운동이 사회로 국가로 널리 확산되어 개개인의 인격을 넘어 그런 국민성을 만들어야 한다.

하나님은 모세를 통하여 이스라엘 국민성을 개조하기 위해 가나안 땅에 들어가기 전까지 40년을 광야에서 헤매게 하셨다. 결국 위대한 국민성이 위대한 국가를 만들고 위대한 세계역사를 쓰게 한다.

15장
대한민국에게 주어진 사명과
남북통일과 공정 경제

❋ 대한민국의 사명

　대한민국 5천 년 역사를 보면 수많은 수난과 고난의 역사였다. 수많은 외침이 있었는데 특히 중국 수나라와 당나라 · 청나라의 침입이 있었고, 임진왜란 · 병자호란 등의 전쟁에도 이 나라가 망하지 않고 민족의 정체성을 잃지 않고 왔으나 1910년 한일합방으로 나라가 일본의 식민지가 되었다. 36년간 나라를 잃고 치욕적인 역사를 가진 후 순전히 하나님의 은혜로 1945년에 일제에서 독립되었다.

　1945년 8월 15일 이 나라가 일본 식민지에서 광복되자마자 북위 38선을 기점으로 북한에 소련군이 진주하여 먼저 공산주의 정권이 들어섰고 남한에는 미군이 진주하여 민주주의가 들어와 남북이 분단되었다. 이때 이승만 대통령이 남한 정부를 세우지 않았으면 이 나라가 공산국가가 되었을 가능성이 높다. 그 후 1950년 6월 25일 김일성 휘하의 공산군들은 소련과 중국의 지원하에 강력한 전차부대를 앞세우고 남침을 개시하여 3일 만에 남한 수도인 서울을 점령했다. 유엔군이 남한을 돕기 위해 참전했으나 세가 불리하여 대구 · 부산과 낙동강 이남 지역을 제외하곤 모두 공산군들이 장악하였다. 그러나 더글러스 맥아더 장군의 탁월한 인천상륙작전이 성공하여 공산군의 세력은 압록강까지 밀렸고,

통일이 곧 되는 듯했으나 모택동 휘하의 중국공산군이 밀고 내려옴에 따라 1951년 1월 4일 일사후퇴를 했고 전쟁은 교착상태에 빠져 1953년 휴전에 들어가게 되었다. 그동안 한국이 망하지 않은 것은 하나님께서 이 나라에 별도로 특별히 주어진 사명이 있기 때문이다. 개인이든 조직이든 나라든 다른 사람이나 다른 조직, 다른 나라와 특별히 다른 점이 있으면 그것이 바로 하나님께서 주신 사명이다. 대한민국이 다른 나라에 비해 특별히 많은 것은 유대인들의 이스라엘처럼 바로 고난이다.

세계에서 가장 수난과 고난이 많았던 나라는 유대 민족의 이스라엘이었다. 그들의 역사를 보면 BC 13세기에 출애굽하였고 BC 1020년에 군주제가 성립되어 초대 왕이었던 사울을 거쳐 2대 왕이었던 다윗, 3대 왕이었던 솔로몬 왕 때 전성기를 구가한 후 점차 국력이 쇠락해져 BC 930년에 북이스라엘 왕국과 남유다 왕국으로 나누어진 후, 북이스라엘은 BC 720년에 아시리아에게 망하였고 남유다는 BC 586년에 바빌로니아에게 망하였다. 그 후 페르시아의 지배를 거쳐 그리스의 지배를 받았으며 다시 로마의 지배를 받았고 그 후 아랍의 지배와 맘루크왕조의 지배, 오스만제국의 지배를 거쳐 영국의 지배를 받았고 특히 제2차 세계대전 당시 독일 히틀러 정권에 의하여 약 6백만 명의 유대인들이 남녀노소 가리지 않고 대규모 학살을 당한 후 1948년에 이스라엘 국가가 다시 건국되었다. 이처럼 나라가 완전히 망하여 2천 년이 넘는 세월이 흐르는 동안 이 민족에게 그렇게 많은 핍박과 고난을 당한 이후에 다시 나라가 재건된 경우는 이스라엘이 유일하다.

대한민국과 이스라엘은 같은 셈족의 후손으로 수난과 고난의 역사를 가진 것이 동일하고, 또한 백의민족, 초막절과 추석 명절 등 생활 관습이 비슷한 것이 많다.

하나님께서 이 나라에 수많은 고난을 통하여 주신 사명이 무엇일까? 이스라엘 백성에게 주어진 사명은 유일한 하나님이신 여호와를 경외하며 메시아인 예수님을 낳는 것이 사명이었다면, 우리 대한민국 한민족에게 주어진 사명은 그 고난의 역사를 통하여 예수님의 유언을 실천하는, 즉 복음을 이 세상 끝까지 전하는 메시아적 사명이다. 그러므로 대한민국은 '제2의 이스라엘'로서 제사장 나라가 되어 세계선교의 최선봉이 되는 사명을 감당해야 한다.

지금 이 세상에서 기독교인들이 가장 심하게 핍박받는 나라가 북한이다. 북한의 성도들은 지하교회에서 예배를 드리는데 이 사실이 발각되면 바로 사형에 처해진다. 2차 대전 당시 독일의 나치스가 유대인들을 가스실에서 남녀노소의 구별 없이 학살했듯이 북한에서도 발각된 성도들을 남녀노소 구별 없이 어린아이들도 같이 학살한다. 이 집단 학살 현장에서 한 어린이가 교수형을 당할 때 "엄마! 나 죽기 싫어!"라고 외치니, 그 어머니가 "무서워 말아라. 오늘 엄마와 같이 너무 좋은 천국에 가는 날이야."라고 답했다는 일화가 있다. 이러하니 국제기독교선교단체인 오픈 도어즈가 발표한 2018년 기독교 박해국 중 1순위로 최악인 나라가 북한이다. 아프가니스탄과 소말리아가 2, 3위로 그 뒤를 따르고 그 이후 순위는 주로 중동의 아랍국들이다. 현재 해외 선교사를 가장 많이 파송하는 나라는 1위가 미국이고, 한때 한국이 2위였으나 지금은 브라질 다음으로 3위이다.

기독교 역사는 서진(西進)을 하고 있다. 바울 선생이 동쪽인 아시아로 이방선교를 하려고 할 때 성령님께서 막으시고 서쪽으로 보내셨으며 바울 선생은 로마에서 순교하셨다. 로마에서 기독교가 공인된 후 온 유럽에 기독교가 널리 확산되었고 다시 복음은 서쪽으로 대서양을 넘어 신대륙으로 갔다가 다시 서쪽으로 태평양을 넘어 아시아로 왔다. 결국 복음은 이스라엘을 종착역으로 하여 계속 서진할 것인데 여기에 가장 큰 장벽은 중앙아시아 제국들과 아랍 제국들이다. 이들 나라는 북한

다음으로 기독교 성도들을 가장 심하게 박해하고 있는데 "천국은 침노를 당하나니 침노하는 자는 빼앗느니라."는 말씀처럼 마지막 여리고 성인 이들 나라에 최악의 조건을 무릅쓰고 복음을 전할 나라가 미국이 아니고 바로 통일된 대한민국이다. 하나님의 뜻을 따르기 위해 남한과 북한은 복음으로 통일되어야 하고 북한의 지하교회에서 정금처럼 단련된 후 자유를 찾은 북한 성도들과 세계선교에서 지혜와 지식을 쌓은 남한 성도들이 힘을 합하여 그 난공불락의 무슬림 나라에 마지막 선교의 사명을 수행해야 한다. 주님의 복음이 이 세상 끝까지 전파된 이후 예수님께서 재림하신다니, 대한민국이 통일되어 이 나라에 의해 중앙아시아 제국들과 아랍 제국들에의 선교가 이루어져 '백 투 예루살렘' 된 이후에 예수님께서 재림하실 것이다. 이것이 바로 하나님께서 '제2의 이스라엘'인 대한민국에게 주신 사명이다.

❋ 남북통일

이 나라의 국민 중 천문학적인 통일비용을 꺼려 통일을 원치 않는 사람들이 많은데 왜 남북통일이 필요한가?

첫째, 먼저 대한민국을 줄여 한국의 '한'은 '하나'의 뜻이 있고 '하나님'의 뜻이 있다. 애국가에도 '하나님이 보우하사 우리나라 만세'의 구절이 있다. 5천 년의 역사에 나라가 망할 위기가 수없이 많았으나 하나님의 보호하심으로 수많은 위기를 이겨내어 민족의 정체성을 잃지 않고 여기까지 왔다. 역사적으로 보아 수많은 고난을 당한 수난의 여왕이었으나 그 뜻은 '하나' 되라는 뜻이고 하나님께 돌아오라는 뜻이다.

우선 내 개인이 인격적으로 하나 되어야 하고 하나님과 하나 되어야 하며 하나님은 모든 사람을 귀하게 만드셨다. 없는 자, 못 배운 자, 못난 자, 장애인, 다 귀하다. 잘난 자는 어느 쪽이 부족하고 못난 자는 어는 쪽이 탁월하다. VIP 혹은 VVIP라는 단어는 비성경적이다. 소위 '양반과 상놈'이 하나 되고 유산자와 무산자가 하나 되고 유식하고 무식한 자가 하나 되고, 젊은 세대와 노년 세대가 세대차 없이 하나 되고 동과 서가 하나 되고 남과 북이 하나 되어야 한다. 가정도 회사도 다른 조직도 하나 되지 못하면 망하는 길로 들어선다. 하나 되는 것이 삶의 원칙이다. 전체가 하나로 되는 것이 사는 길이요 건전한 길이요 또 바른길이요 번영의 길이다. 양 치는 목자에게는 현재 있는 99마리 양도 중요하지만 잃어버린 한 마리의 양을 찾는 것도 그 못지않게 중요하다.

그동안 이 나라의 역사가 어려웠던 근본 이유는 파벌주의와 분열주의에 있었다. 둘만 있어도 싸우고 여럿이 모이면 당파 싸움과 파벌 싸움을 한다. 그 웅대했던 고구려도 신라도 고려도 조선도 모두 내부 분열로 망했다. 서로 갈라지는 민족이었고 한민족의 핏속에는 내부 분열의 피가 흐르고 있었다. 이 나라의 관용성 지수는 바닥 수준이고 공동체 지수도 꼴찌 수준이라는 통계가 있고 결과적으로 사회통합 수준도 바닥이다. 싸움은 단결하여 밖으로 하는 싸움이어야지 분열되어 안으로 하는 싸움은 망하고 죽는 길이다. 우리가 살려면 하나 되는 운동, 통일 운동이 있어야 한다. 우리 안이 하나로 통일되지 못하고 겉으로만 남북통일이 되면 통일의 아무런 유익이 없게 된다. 그러므로 먼저 안이 하나 되어야 하는데, 그 길은 우리가 하나님 안에서 하나 되는 길밖에 없다.

현재 남한 인구는 2018년 기준 약 5,200만 명이고 북한의 인구는 약 2,600만 명으로 남북 합쳐 약 7,800만 명으로 8,000만 명이 채 안 되는 수치인데, 북한의 기독인 수는 정확한 통계가 나올 수 없으나 약 10~20만 명 사이일 것으로 추정한다. 남한 인구의 약 반인 북한 주민들이 공산주의의 사람 우상숭배 세력들에게 착취당하고 있다. 북한의 지배계급들은 주지육림 속에서 권력을 즐기고 있으나 일반 주민들은 추위와 굶주림과 가난과 질병과 극심한 인권유린에 시달리고 있다. 우리가 간절히 자유민주주의하의 남북통일을 기도함으로 하나님께서 개입하시어 현대의 출애굽이 북한에서 이루어져 북한 주민들이 압제와 착취에서 해방되고 또한 지하교회에서 예배드리는 북한 성도들이 백일천하에 주님께 예배드리는 그날이 어서 와야 한다. 누가복음 10장 30~37절에 나오듯이, 길 가다 강도 만나 거의 죽어가는 사람을 외면한 제사장이나 레위 사람이 되지 말고, 선한 사마리아인이 강도 만난 자를 싸매고 주막에 데려가 살려 주었듯이 남한의 성도들은 북한 주민들이 사람다운 삶을 살아가도록 자유민주주의로의 남북한 통일을 위해 기도하고 노력해야 한다.

즉 북한 주민들의 현대판 출애굽이 이루어지기 위해 속히 남북통일이 이루어져야 한다.

둘째, 남북통일이 되지 않으면 나라로서 제대로 된 힘이 나오지 않는다. 북한에는 산이 많고 금·텅스텐·희귀광물 등 지하자원이 많으며 저렴한 노동력이 많은 반면, 남한에는 논밭이 많고 기술과 자본이 있다. 경제구조도 서로 협력하고 상생해야 잘될 수 있는 구조다. 그러므로 통일이 되면 1인당 국민소득이 현재 3만 달러에서 8만 달러로 된다는 추정치가 있다. 이 정도면 이 나라의 국민소득이 세계 최고 수준에 가깝다. 통일이 되면 북한에 남한 및 서방국가들의 투자가 이루어져 소득수준도 올라가 1990년대 말 소위 '고난의 행군' 시절에 약 300만 명의 북한 주민이 굶어 죽었는데 이런 굶주림도 없어질 것이며, 남한에서는 현재 침체된 경제성장률이 높아져 당면 과제인 높은 청년실업 문제도 해결될 것이며, 양질의 북한 노동력을 이용하면 타국에의 투자보다 생산성도 높아지고 제품의 제조원가도 낮아질 것이다. 결과적으로 통일된 한국의 경제력은 강력해지고 정치력도 높아져 국제사회에서 한국의 위상은 당당한 강대국의 위치를 갖게 될 것이다.

이 나라는 그동안 미·일·중·러의 4대 강대국에 둘러싸여 기를 제대로 펴지 못하고 인접국들에게 수탈당해 왔었는데, 이제 통일이 되면 어느 나라도 넘보지 못하고 이들과 동등하게 대할 수 있는 힘이 있게 된다.

그동안 세계 최강국이었던 미국은 그 역사적 역할과 영향력이 쉽게 없어지진 않겠지만, 점차 축소되고 약해지고 있는 반면에 중국은 그 역할과 영향력이 점차 확대되고 있으며 그 교만은 하늘을 찌르고 있다. 중국은 한국을 하나의 변방이나 약소국가로 취급하고 있다. 그러나 과거 역사를 보면 이 중국의 교만을 꺾었던 나라가 이 나라였고 앞으로 그 중국의 교만을 꺾을 나라도 이 나라일 것이다. 수나라, 당나라, 청나라가 백만 대군으로 이 나라에 쳐들어왔을 때 을지문덕, 양만춘, 연개소문, 김유신, 강감찬 장군 등에게 패배한 후 날개가 꺾여 나라가 망하였는데 앞으로도 중국의 교만을 겸손으로 바꿀 수 있는 나라는 이 나라밖에 없을 것이다. 이 나라는 남북통일이 이루어져야 제대로 된 나라의 모습을 갖고 강국들에게 위축되지 않고 당당한 모습으로 세계역사에서 주인공으로서의 역할을 해나갈 것이다.

셋째, 남북통일이 되어야 하는 또 하나의 이유는 세계적인 새로운 이념과 문화가 이 나라에서 만들어져야 한다. 공산주의는 답이 아니고 신자유주의도 정답이 아닌 것으로 드러났다. 우선 공산주의는 하나님을 부정하는 물신주의(物神主義)가 바탕이므로 기독교와 양립할 수 없다. 그동안 공산주의에 의해 박해받은 사람과 기독인은 수천 수억 명이 넘는다. 지금도 북한과 무슬림 지역에서는 예수님 믿다 잡히면 총살이나 교수형이다. 이 공산주의는 자본주의와의 대결에서 이미 패배로 판명이

났으나 아직까지 베트남과 중국 등의 공산주의는 변장한 모습으로 위세를 부리고 있다. 사람의 존엄성과 인권, 그리고 그 영혼과 자유를 인정하지 않고 기만과 술수의 물신주의인 공산주의는 언젠가 하나님의 때에 하나님의 심판을 받아 소멸될 것이다. 그러므로 남북통일은 연방제 통일이 아니라 반드시 자유민주주의 체제하에서의 통일이어야 한다.

한편 자유민주국가에 지금까지 약 30년간 거세게 불고 있는 신자유주의는 그 병폐가 한마디로 사람을 돈의 노예로 만드는 것이었다. 성인이 어린이를 두들겨 패는 것과 같은 모습을 자유라고 일컬으며 방임하는 것이었다. 이 신자유주의가 들어옴으로써 협력보다는 경쟁이 사회의 기본이념이 되었고, 빈부격차가 극심해졌고, 부동산 투기가 횡행했고, 제조업에의 투자는 감소하여 실업률은 높아졌고, 취업도 정규직이 아니라 임시직·계약직으로의 취업이 대부분이었고. 중산층은 몰락하여 소수의 유산자와 절대 다수의 무산자로 분열되어 새로운 계급주의가 나타났고, 국제적인 나라 간의 협력도 약해져 '브렉시트'와 'America First', 즉 미국 우선주의가 나타나 자국이익 우선주의로 바뀌고 있다. 실업률이 높아진 청년들과 민생이 어려워진 서민들은 이 나라를 '헬 조선'이라고 부르고 있으며 프랑스에서는 서민들의 '노란 조끼' 시위가 이어지고 있다.

그러므로 신자유주의도 조만간 사라질 것이며 자유민주주의하에서 전체를 포용하는 새로운 이념이 나와야 하는데, 이는 그동안 공산주의와 자유민주주의가 극심히 대결했던 이 나라에서 남북통일 후에 나올 것이다.

이 남북통일은 하나님의 때에 하나님의 방법으로 이루어질 것이며 사람의 힘으로 이루어지지 않는 것이니 성령님께서 역사하시도록, 서독의 성도들이 '성 니콜라이'교회에서 통일을 위해 오랫동안 기도했듯이 이 나라의 성도들이 열심히, 꾸준히 기도해야 한다.

통일 정책에 있어선 1990년대에 있었던 독일 통일을 반면교사로 삼아야 한다. 즉 서독은 국방과 경제를 튼튼히 하되 영국, 프랑스, 러시아 등 주변국들에게는 독일 통일이 이들에게 위협이 아니라 더욱 경제적·정치적으로 도움이 된다는 사실을 들어 꾸준히 설득했고, 동서독 간의 민간교류를 확대하여 동독인들이 자유주의의 우세한 점을 맛보고 잘 납득하게 만들었으며, 서독의 정권이 여야당 간에 바뀌어도 이 통일 정책만큼은 변하지 않고 꾸준히 동일한 정책으로 밀고 나간 점이다.

✻ 공정 경제

남북통일을 위해 남한에서 할 일은 성도들의 꾸준한 기도뿐만 아니라 공의롭고 정의로운 경제, 이름하여 '공정 경제'가 이루어져야 한다. 현재 자유민주주의하의 자본주의, 좀 더 구체적으로 말하여 신자유주의는 자본주의의 병폐를 극단적으로 나타내고 있으며 매우 잘못된 경제 정책임이 드러났는데도 여전히 유지되고 있다.

대통령 직속의 국민대통합위원회가 2016년 작성한 '한국형 사회 갈등 실태 진단'이란 연구보고서에 따르면, 우리 사회의 갈등이 심각한 상태에 이르렀음을 잘 보여 주고 있다.

여기선 우리 사회 갈등의 유형을 8가지로 나누었는데 다음과 같다.

1. 불안을 넘어선 강박: 이겨야 살아남는다는 생존에 대한 불안이 강박 형태로 변모,
2. 경쟁을 넘어선 고투: 협력을 통한 선의의 경쟁은 사라지고 서바이벌 식의 투쟁적 경쟁이 팽배,
3. 피로를 넘어선 탈진: 성과를 위해 잠시도 쉬지 않는 자기소모적 경쟁 강화,

4. 좌절을 넘어선 포기: 패자부활전이 불가능한 사회라는 인식이 포기의 정서를 확대.
5. 격차를 넘어선 단절: 경제적 격차로 인한 계층 간 단절이 소통의 단절로 이어져.
6. 불만과 분노를 넘어선 원한: 상류층에 느끼는 상대적 박탈감이 심화되어 사회적 원한을 축적.
7. 불신을 넘어선 반감: 특정 기준에 따라 집단적인 대결구도를 만들고 서로 공격하는 성향.
8. 갈등을 넘어선 단죄: 적대감의 해법을 대화를 통한 화해보다 처벌과 단죄형태로 전환.

결과적으로 이 사회는 경쟁 사회, 양극화 사회, 학력중심 사회, 불신 사회, 부패 사회, 과로 사회, 실망, 분노로 표현되고 있다.

이는 1990년대부터 지금까지 약 30년간 신자유주의가 자본주의의 주류로 등장하여 정글문화, 즉 약육강식의 문화를 만들었는데 어느 정권이든 정경유착이 되어 이 신자유주의의 심한 병폐를 제대로 시정하지 못한 결과이다. 정권들은 대통령 선거 당시에는 공정 경제를 이룬다고 국민들에게 공약을 했으나 대통령으로 당선된 후에는 정경유착으로 이 공약을 스스로 어기고 양두구육(羊頭狗肉)의 재벌옹호정책을 폈는데, 이에 분노한 민중들이 광화문에서 횃불집회를 대규모로 연 결과 보수정당이 정권을 잃게 된 것이다. 경제적인 상류층으로 구성된 보수정당은 국회의원 선거에서도 전멸하다시피 대패를 했는데 자기들이 왜 그렇게 대패했는지 그 이유도 아직 잘 모르고 집안싸움을 하고 있다. 바로 그 이유는 살신성인하는 자세로 부익부빈익빈(富益富貧益貧) 현상을 심화시키는 기득권을 포기했어야 했는데 그렇지 않았고 이를 묵인하고 더욱 부채질한 점임을 아직도 잘 모르고 있다. 예를 들어 이들은 아파트 분양가 상한제를 없애 주택 값을 천정부지로 올려 그들의 이익은 많이 취했으나 집 없는 서민들의 원성을 높게 만들었다. 이는 우리나라뿐만 아니라 신자유주의에 서민들이 시달려 온 미국과 유럽에서도 마찬가지 현상을 보이고 있다. 즉 미국에서 도널드 트럼프가 대통령으로 당선된 것, 영국이 유럽연합에서 탈퇴하는 브렉시트를 하겠다는 것, 프랑스에서 '노란 조끼' 데모가 계속되고 있는 것도 모두 같은 원인으로 발생하고 있다.

특히 우리나라의 경우, 그동안 신자유주의에 의해 재벌에의 경제력 집중이 심화되었는데 1970년대나 1980년대의 30대 재벌 자산의 국민총생산 대비 비율은 약 50%선이었으나 1990년대 말에는 이 비율이 92% 이상으로 대폭 늘었고 계속 증대되고 있으며 같은 기간 30대 재벌 매출의 국민총생산 대비 비율이 60%선에서 1990년대 말에는 95% 이상으로 늘었고 이 또한 계속 증대되고 있다. 이 결과 동네 빵집, 동네 슈퍼마켓, 동네 문구점, 재래시장 등은 사라졌고, 재벌들의 프랜차이즈 제과점이나 대형 할인점과 대형 양판점 등이 들어서 이를 대신하고 있다. 이 결과 분배구조가 악화되었는데 이 분배구조를 더욱 악화시킨 원인이 부동산 투기였다. "주위에 돈을 번 사람들은 모두 부동산 투기에 의해 돈을 벌었다."는 원성이 자자했고 천정부지로 치솟는 주택 값은 청년들에게 좌절감과 절망을 깊이 심었다.

서울 강남의 아파트 값은 작은 아파트도 최소 10억 원 이상이니 대졸 초임 연봉 약 2천만 원 선으론 한 푼도 쓰지 않고 저금한다 해도 약 50년 이상이 걸리는 금액이다. 이런 상황에 좌절감을 가진 많은 청년들이 스스로 결혼할 생각을 하지 않아 노총각·노처녀를 양산하고 있으며 결혼해도 아기를 가지지 않으려 해서 저출산 현상을 낳고 있다. 한편 취직자리도 정규직은 경쟁률이 100:1이 넘는 곳이 수두룩하고 대부분이 임시직이나 계약직이다. 일반 기업체에의 취직은 언제 사직당할지 모르고 장래가 불안하므로 안정된 자리인 공무원직에 취직하려고 몇 년씩 장기간 시험공부하고 있는 사람, 소위 '공시생'들이 부지기수이다. 대기업체들은 경제 활력이 낮으니 현금성 자산은 많이 소유하고 있으나 투자를 하지 않고 높은 실업률과 낮은 경제성장률의 악순환을 반복하고 있다. 4차 산업혁명은 전 세계적으로 세게 불고 있으나 대기업체들은 이런 IT 분야의 새로운 바람에 순응하기에는 체구가 너무 비대하다. 이 분야는 대기업체보다 오히려 중소기업들이 적격인데 그동안 한국의 중소기업들은 대기업들의 횡포로, 소위 '갑질'로 설 자리를 너무 많이 잃었고 체력이 약하다.

이런 민심을 몰랐거나, 혹은 무시했던 보수정권은 결국 다수 서민들의 분노에 찬 시위로 정권을 잃었고 그 중심 인사들은 여러 가지 죄목으로 지금 차가운 감옥에 갇혀 있다.

그동안 국민들에게 보여 온 정치인들의 이중성을 갈아엎어야 하고, 선거 때만 부르짖는 공정 경제가 되어선 안 되며 이 과업은 대통령이 책임과 의지를 갖고 수행해야 하는 중대사이다. 공의롭고 정의로운 경제의 실천은 갈가리 찢어진 민심을 위로하고 새로운 '양반 · 상놈'의 유산자 · 무산자 계급주의로 분열된 사회를 대통합하는 방법이다.

이 공정 경제를 실천하기 위해 요구되는 조치들은 다음과 같다.

1) 먼저 재벌들에게 경제력이 너무 집중되는 것을 막기 위해 지주회사와 순환출자 등에 의한 기업지배구조를 개선해야 하고, 2) 중소기업 고유업종 제도를 강화하여 재벌들이 침범치 못하게 해야 하고, 3) 공정거래제 강화로 대기업체의 중소기업체에 대한 '갑질'을 규제해야 하며, 4) 금산분리, 즉 금융과 산업계가 분리되어야 하며 자금의 적절한 배분이 필요하고, 5) 조세정책을 대폭 수정하여 유산자들이 공정하게 세금을 더 내는 시스템이 확립되어야 하고, 6) 임대주택의 대폭 확대, 분양

가 상한제, 분양원가 공개, 임차인 보호 등 주택 및 부동산정책에 큰 개혁이 있어야 하며, 7) 계약직·임시직 등 비정규직을 점차적으로 정규직으로 전환하는 방안, 8) 성장률과 조화된, 효율적인 복지정책이 면밀히 수립되고 철저히 수행되어야 한다. 그리고 9) 조세피난처를 이용한 재벌들의 탈세 방지, 10) 공공산업 부문의 회복, 11) 고금리 사채의 근절, 12) 여성 노동력 확대가 있어야 한다.

제2차 세계대전 이후 일본의 재벌들은 해체되었고 미국의 재벌들도 해체되었다. 이 나라에서는 재벌의 해체보다는 문어발식으로 기업집단의 세력을 확장하는 현상을 억제해야 한다.

이들은 특히 지주회사제와 순환출자를 통하여 작은 자본으로 계열기업을 확장시키므로 이에 대한 제도 개선과 철저한 감시가 필요하다. 이 같은 편법으로 30대 재벌들의 계열회사 수는 1990년대에 들어 배나 늘었다.

그동안 동네 빵집이 없어지고 동네 문구점과 슈퍼가 없어진 현상처럼, 재벌들의 중소기업 고유업종에 침범하여 세를 확장하고 재벌 2세, 3세들에게 편법 세습하는 것을 많이 보아 왔는데 이에 대한 억제가 필요하다.

어느 대기업체가 카풀 사업을 시행한다고 하자 택시업계의 기사들이 분신자살 하는 행위가 이어지고 있다. 법적으로 이 사업을 할 수 있는 여지가 있다고 해도 이런 중소기업형 사업을 대기업체가 파고드는 것은 합당하지 않고 공의롭지 않은 행위이다.

대기업체들은 그들의 중소협력업체에 대한 '갑질'을 수없이 횡행해 왔다. 납품단가의 대폭적 삭감, 중소기업의 지적재산 탈취, 과도한 수수료나 로열티 요구, 갑작스런 발주물량의 취소 등등 약육강식의 정글

법칙은 이제 종료되어야 하고, 공정거래법을 수행하는 공정거래위원회는 이런 불공정 거래 행위가 근절되도록 불철주야 노력해야 한다.

소위 은행업무인 저축·대출 업무가 산업계에 넘어가고 있고 앞으로 가속화될 가능성이 있는데, 이는 이윤추구를 목적으로 하는 산업계의 특성상 자본의 불공정한 집중화와 자본의 비효율적 사용, 그리고 고금리의 문제를 일으킨다. 결과적으로 중소기업체들에게는 자본부족현상과 이자비용 부담 과중을 심화시키고 재벌들과 대기업체의 문어발 사업 확장에 보탬이 될 뿐이다. 이런 자본의 편중은 불로소득을 추구하는 부동산 투기와 비정상적인 부동산 가격 폭등을 초래하고 빈부격차를 심화시키므로 마땅히 금해야 한다.

이 나라의 조세정책은 선진국들과 달리 있는 자들에게 유리하고 무산자들이나 저소득자들에게 불리한 조세제도이다. 1977년에 도입된 부가가치세는 거래되는 물품이나 용역에 대하여 유산자나 무산자에게 동일 세율 10%를 부과하는 간접세인데, 이 부가가치세가 재정에서 차지하는 비중이 약 35%로 어느 세금종목보다 가장 높다.

즉 재정에서 차지하는 세금의 비율은 재산과 그 수익에 대하여 부과하는 직접세가 간접세보다 더 높아야 조세정책이 공평한 것인데, 우리나라에서는 이것이 역전현상을 보이고 있으므로 대단히 조세정책이 잘못된 것이다. 결과적으로 부동산 투기에 의한 불로소득을 정부가 조장하는 셈이다. 그 한 예로, 60대의 한 여성은 임대주택을 604채나 소유하며 그 임대소득으로 부를 계속 축적하고 있다. 따라서 건전한 사회 분위기를 조성하고 사회적 대통합을 이루려면 먼저 공정한 조세정책이 수립되어야 하고 이와 같은 직접세와 간접세의 역전현상을 거꾸로 돌리고, 있는 자와 고소득자가 세금을 더 내는 제도로 개혁되어야 한다.

이 나라의 정치가들과 엘리트 지배계층이 그동안 크게 잘못한 것은 부동산 투기를 방조하고 또한 조장한 것이다. 이는 불로소득을 초래하고 소득의 불공정성을 가져왔고 분배의 불균형을 초래하여 부익부빈익빈 현상을 가져왔으며 사회의 갈등을 심화시켰고 젊은 층의 분노와 결혼율과 출산율 저조현상, 소외계층의 무력감·절망감·자살률 세계 최고 등의 병폐를 가져왔으나 소위, '중이 제 머리 깎지 못한다.'는 속담처럼, 이에 대한 발본색원(拔本塞源)이 없었고 막대한 사회적 비용을 지불하고 있다. 주택정책을 제대로 수행하는 나라는 싱가포르였는데 그 방안은 정부가 주체가 되어 대량의 임대주택과 공공주택을 공급하여 국민들이 주택에 지불하는 비용과 부담을 크게 줄여준 것이다. 이처럼 부동산 투기를 근절하고 주택문제를 해결하기 위해서는 임대주택을 대폭으로 확대하고 다주택 및 호화주택 소유에 대한 재산세의 강화와 아파트 분양가 상한제의 부활, 임대차보호법의 강화, 편법세습을 방지하기 위한 자금출처 조사 강화 등이 필요하다.

1990년대 말 이 나라가 국가파산 상태인 IMF 사태를 맞아 큰 위기에 처했으나 온 국민들이 금 모으기 운동을 일으키고 철저히 근검절약하고 일을 열심히 하여 그 국가적 위기를 극복했다. 그러나 정부가 정책을 잘못 시행하여 외국의 투기자본들에게 금융업을 넘겨주는 등 실책이 있었고, 또 한 가지는 기업체에 필요한 직원을 채용 시 하시라도 해고할 수 있는 계약직과 임시직의 채용이 일반화되어 가계와 사회의 불안과 갈등을 초래하고 있는 점이다.

이제 경제가 안정되고 회사도 그럴 여력이 있으면 임시직·계약직의 사원들을 정규직으로 전환시켜주어 공존·공생하는 문화를 만들어 나가야 한다.

한편 복지 예산이 낭비되고 오용되는 부분이 많은데 복지예산은 확충하되 경제성장과 조화를 이루어야 하며, 복지예산은 낭비되지 않도록 효율성이 고려되어야 하고 그 집행에 부정이 개입하지 않도록 철저한 관리가 필요하다. 이에 추가하여 각종 보험들의 수혜에 부정이 개입되어 부당하게 보험금이 지불되는 경우가 많은데, 이는 또 보험료를 올려 다수 서민들의 부담을 더 가중시키므로 보험회사와 사정당국이 철저히 관리하여 이런 부정 집행과 사회적 비용의 낭비가 없도록 해야 한다.

많은 대기업체와 재벌들이 바하마, 버뮤다, 케이만 군도 등 조세회피처를 이용하여 이곳에 직원도 없는 페이퍼컴퍼니, 즉 서류상 회사(유령회사)를 세우고 이를 이용하여 탈세를 하고 편법세습을 하고 불공정거래를 하므로, 조세당국은 관련기관들과 협력하여 이에 대한 정보를 수집하고 그 발본색원 방안을 강구해야 한다.

공공산업의 민영화가 만능의 키인 양 한동안 거세게 이루어졌으나 이는 사기업의 독점과 독식, 과도한 이익추구, 소비자 부담의 과중을 초래하고 있다. 한 예로서 통신비의 과중, 휘발유·경유 등의 유류비 부담의 과중, 주거비의 과중, 교통비의 과중 등을 초래하고 있다. 기존 민영화된 산업의 국유화를 주장하는 것이 아니라 공공부문의 민영화는 시장의 실패에 따른 큰 비용 부담을 가져옴을 잊지 말아야 한다. 그리고 이와 같은 공공성을 지닌 산업은 정부가 수행하는 것이 서민들의 부담을 덜어주는 방안이 될 수 있다.

현재 제1금융권의 대출 이자율은 4~5%선에 있으나 저축은행 등 제2금융권의 개인 대출이자율이 그 세 배인 15%를 상회하고 사채이자 상한이 25%이지만 돈이 급한 서민들에게 빌려주는 불법적인 사채이자율은 연 100% 이상 되는 곳도 많다.

이들 고금리 업체나 업자들은 서민들의 고혈을 빨아먹고 있는데 이 오래된 범죄행위가 아직도 근절되지 않고 버젓이 활개치고 있다. 정부의 책임은 이들 불법적인 사채업을 근절하여 서민들의 눈물을 닦아 주는 것임을 잊지 말아야 한다.

　현재 이 나라는 1970년대나 1980년대에 비하여 여성 인력이 사회에 많이 진출해 있지만 아직까지 선진국의 여성 인력 활용도에 비하면 많이 부족한 상태이다. 선진국뿐 아니라 심지어 가까운 홍콩이나 싱가포르에만 가서 봐도 사무실 인력의 약 절반이 여성 인력으로 충원되고 있음을 볼 수 있다. 물론 업무 특성에 따라 이 비율이 달라질 수는 있지만 전체 노동인력의 절반은 여성 인력이 차지하도록 그 활용도를 더 높여야 한다.

16장
하나님 나라와 제사장 나라의 건설
: 선교와 구제

"너희도 산 돌같이 신령한 집으로 세워지고 예수 그리스도로 말미암아 하나님이 기쁘게 받으실 신령한 제사를 드릴 거룩한 제사장(나라)이 될지니라"(벧전 2:5).

"너희는 택하신 족속이요 왕 같은 제사장들이요 거룩한 나라요 그의 소유가 된 백성이니 이는 너희를 어두운 데서 불러내어 그의 기이한 빛에 들어가게 하신 이의 아름다운 덕을 선포하게 하려 하심이라 But you are a chosen people, a royal priesthood, a holy nation, His own special people, that you may proclaim the praise of Him who called you out of darkness into His marvelous light"(벧전 2:9).

"성령으로 나를 데리고 크고 높은 산으로 올라가 하나님께로부터 하늘에서 내려오는 거룩한 성 예루살렘을 보이니 하나님의 영광이 있어 그 성의 빛이 지극히 귀한 보석 같고 벽옥과 수정같이 맑더라"(계 21:10~11).

"너희는 먼저 그의 나라와 그의 의를 구하라 그리하면 이 모든 것을 너희에게 더하시리라"(마 6:33).

"분쟁하는 나라마다 황폐하여질 것이요 스스로 분쟁하는 동네나 집마다 서지 못하리라"(마 12:25).

"이르시되 때가 찼고 하나님의 나라가 가까이 왔으니 회개하고 복음을 믿으라 하시더라"(막 1:15).

"또 여기 있다 저기 있다고도 못하리니 하나님의 나라는 너희 안에 있느니라 Nor will people say, 'Here it is', or 'There it is', because the kingdom of God is within you"(눅 Luke 17:21).

"예수께서 대답하시되 진실로 진실로 너희에게 이르노니 사람이 물과 성령으로 나지 아니하면 하나님의 나라에 들어갈 수 없느니라 Jesus answered, 'I tell you the truth, no one can enter the kingdom of God unless he is born of water and the Spirit' "(요 John 3:5).

"하나님의 나라는 먹는 것과 마시는 것이 아니요 오직 성령 안에 있는 의와 평강과 희락이라 The kingdom of God is not a matter of eating and drinking, but of righteousness, peace and joy in the Holy Spirit"(롬 14:17).

"하나님의 나라는 말에 있지 아니하고 오직 능력에 있음이라"(고전 4:20).

"이기는 자는 이것들을 상속으로 받으리라 나는 그의 하나님이 되고 그는 내 아들이 되리라 그러나 두려워하는 자들과 믿지 아니하는 자들과 흉악한 자들과 살인자들과 음행하는 자들과 점술가들과 우상 숭배자들과 거짓말하는 모든 자들은 불과 유황으로 타는 못에 던져지리니 이것이 둘째 사망이라"(계 21:7~8).

수님께서 이 땅에서 공생애를 시작하시며 제일 먼저 선포하신 말씀이 "하나님 나라가 가까이 왔으니 회개하고 복음을 믿으라."

고 하셨고 예수님의 말씀 중 많이 강조하신 내용이 하나님 나라였다. 하나님 나라는 천국을 의미하나 우리가 이 세상을 떠나서 가는 천국뿐만이 아니라 이 세상에서도 하나님의 말씀, 즉 복음이 지배하는 나라이다. 그 나라는 거룩한 성이라고 하셨고, 그 나라는 우리 안에 있다고 하셨으며, 말에 있지 아니하고 오직 능력에 있다고 하셨다.

하나님의 말씀, 복음을 가장 간략하게 요약한 것이 '4영리'인데 그 내용은 "하나님께서 이 세상과 사람을 창조하셨고 사랑하신다. 그러나 모든 사람은 멸망할 수밖에 없는 죄인이다. 이에 구세주이신 예수님께서 십자가에서 우리 죄짐을 지시고 죽으셨고 사흘 만에 부활하셨고 장래 재림하신다. 그래서 우리는 예수님을 믿음으로써만 구원을 받는다."이다.

이 짧은 복음에 하나님의 몇천 년에 걸친 섭리와 사랑, 곧 아가페의 역사가 담겨 있다.

그러나 이 복음을 믿는 기독교인의 숫자는 약 25억 명(이중 천주교인이 약 20억 명, 개신교인이 약 5억 명)으로 세계 전체 인구 75억 명 중 3분의 1밖에 되지 않고 약 50억 명이 아직도 이 복음을 모르고 있다. 심지어 북한이나 아프가니스탄 등에서 예수님을 믿다 잡히면 죽음을 당한다.

먼저 하나님 나라는 우리 안에 있다고 누가복음 17장 21절에 말씀하셨다. 즉 우리 마음 안에 있다. 우리가 예수님을 영접하고 우리 죄를 회개하고 기도에 전무하면 하나님 아버지와 예수님의 영이신 성령님께서 우리 안에 충만히 임하시고 내주하시게 된다. 성령님께서 우리 안에 거하시면서 우리 주인이 되실 때 하나님 나라는 이미 우리 안에 임한 것이다. 바울 선생의 말씀처럼 우리는 매일 십자가에서 죽고 예수님만이 사시도록 하는 것이 우리 안의 하나님 나라이다. 성령님 곧 하나님께서 우리 안에 거하시면서 우리와 대화를 주고받는 것이 하나님의 임재이다. 전지전능하신 하나님, 곧 성령님께서 우리 안에 내주하시며 이렇게 저렇게 하라 말씀하시고 지시하시니 그 말씀과 지시에 우리가 온전히 순종하면 세상만사 걱정할 것이나 두려워할 것이 하나도 없다. 그 성령님의 지시는 사랑과 의를 추구하고 평강과 희락을 주시기 위함이다. 그러므로 하나님의 말씀에 절대 순종하는 것이 매우 중요하다. 이때 성령님은 역사하시어 능력을 베푸시고 기적도 행하신다. 그 예표로서 예수님은 물로 포도주를 만드셨고 오병이어의 기적을 행하셨고 앉은뱅이를 일으키셨고 장님의 눈을 뜨게 하셨으며 나병 환자를 온전히 치유해 주셨고 귀신 들린 자에게서 귀신을 온전히 내쫓으셨고, 야이로의 죽은 딸과 죽은 지 사흘이 된 나사로를 살려 주셨고 폭풍의 바다를 말씀으로 잠잠케 하셨고 물위를 걸어오셨고 드디어 십자가에 달려 죽으신 지 사흘 만에 부활하셨다. 이런 기적은 예수님만이 아니라 성령 충만을 받은 그의 제자들도 같은 기적의 능력을 행하였다. 그러므로 고린도전서 4장 23절에 "하나님 나라는 말에 있지 않고 능력에 있다."라고 말씀하셨다.

이 대한민국은 어서 복음화가 100% 이루어져 하나님 나라가 되고 제사장의 나라가 되어야 한다. 제사장의 나라는 베드로전서 2장 5절 말씀처럼 나라가 온전히 복음화되어 온 국민이 하나님께서 기쁘게 받으실 신령한 제사, 곧 하나님께 예배를 드리는 나라가 됨을 뜻한다. 이 제사장 나라는 예수님의 유언이 복음의 전파, 곧 선교였으므로 선교를 열심히 하는 나라이고 또한 예수님께서 간단히 말씀하신 계명이 "네 마음과 목숨과 뜻을 다하여 주 너의 하나님을 사랑하고 둘째는 그와 같으니 네 이웃을 네 몸과 같이 사랑하라" 하셨으니 우리 이웃의 사랑, 곧 구제를 많이 하는 나라이다.

성도 개인이든 교회든 나라든 선교와 구제에 힘써야 하고 선교와 구제를 많이 하는 나라가 제사장 나라이다. 해외 파송 선교사 수에 대한 최근 통계를 보면 미국이 약 12만 명으로 1위이며 2위가 약 3만 명의 브라질이고 한국은 170여 개국에 약 2만 8천 명을 파송하여 해마다 조금씩 순위가 달라 3위 선에 머무르고 있다.

이 나라의 신학교 졸업생들, 그리고 목회자들은 국내 교회의 목회자 수요 대비 공급초과 현상을 보이고 있으니, 국내의 자리보다 오히려 해외 선교사로 파송되는 것이 비록 힘들고 어렵지만 하나님의 뜻이 아닐까 한다.

국내 선교에 있어서도 예전처럼 목회자가 독자적으로 작은 교회로 출발해 개척하는 것은 현 상황에 맞지 않고 결국 스스로 자립하지 못하고 폐교하는 경우가 많으니, 이 방식보다는 이미 자립을 했고 어느 정도 출석교인 수가 많은 교회에서 재정과 출석교인을 분할해주는 분립 개척이 바람직하다. 이것이 미자립 교회 목회자들이 눈물 흘리는 것을 사전에 막아주는 방법이고 하나님께서 기뻐하시는 방법이다.

이 나라가 1970년대부터 2007년까지 해외 파송 선교사 수가 급속히 늘었으나 2008년부터 해외 파송 선교사 수는 꾸준히 줄었다. 신기한 것은 대한민국의 경제성장률이 해외 파송 선교사 수와 거의 비례하는 점이며 해외 파송 선교사 수가 많았던 1970년대부터 2000년대 말까지는 이 나라 경제가 줄기차게 성장했으나 2010년대 들어 이 파송 선교사의 수가 적어지면서 경제성장률도 따라 둔화되었고 최근 파송 숫자가 거의 0이 되면서 경제성장률도 거의 0에 가깝다. 미국도 마찬가지 현상을 보이는데 그들의 해외 파송 선교사 수가 많이 증가할 때 나라 국운이 강했고 지금은 비록 세계 순위는 약 12만 명으로 1위이지만 파송 선교사 수가 정체되자 나라 국운도 정체되어 있다.

이것을 보면 하나님께서는 선교를 그렇게 기뻐하심을 알 수 있다. 한국도 해외 파송 선교사 수를 현재 약 3만 명에서 꾸준히 늘려 머지않은 장래에 10만 명으로 늘려야 할 것이다.

나도 1990년대 이후 아프리카 카메룬과 남아프리카공화국, 네팔, 태국, 중국, 러시아, 그리고 북한 접경지역에 단기선교를 다녀왔다. 이런 나라에 단기선교를 하면서 느낀 점도 하나님께서는 이 선교를 매우 기뻐하시는 데 반하여 사탄은 당연히 그렇게 싫어한다는 점이다. 즉 단기선교를 나가기 전에는 사탄이 여러 가지 방법으로 나가지 못하게 방해를 한다. 그러나 이 위협과 방해공작을 물리치고 담대히 전진하면 하나님께서 동행하시며 보호하시며 많은 은혜와 기쁨을 주시는 것을 직접 보았다.

몇 가지 예를 들면, 1990년대에 러시아나 중국에 회사일로 출장 나갈 때는 꼭 한자성경이나 영어성경책을 10여 권씩 여행용 트렁크에 은밀히 넣어 현지인들에게 전도하면서 전해 주었는데, 그 당시 중국이나 러시아는 포교 활동이 금지되어 있었으므로 세관 검색대를 통과 시 만일 이것이 발각되면 압수는 물론이고 개인적으로도 형사처벌을 받게 되지만 하나님 도우심으로 한 번도 걸리지 않았다. 당시 이런 나라에서 성경책이 귀했으므로 성경책을 받은 현지인들은 그렇게 좋아하며 감사를 표했다.

2012년 여름 네팔에 교회 청년부 부장으로서 청년들 10여 명과 함께 선교 나가기 전에 두 달간 선교 준비를 했으나 갑자기 교회에 재정적인 문제가 발생하여 나갈 수 없는 형편에 처했다. 그래서 하나님께 기도드렸더니 이때도 새벽기도 시에 바로 응답을 하셨는데 "너희들이 선교를 나가는지 안 나가는지 내가 두고 볼 것이다."라고 하나님께서 엄히 독려하시는 말씀이셨다. 그래서 선교를 강행하기로 결심하고 교회와 몇

분 성도들의 지원도 받아 출발을 했다.

그랬더니 네팔에 도착할 때까지 현지에 장맛비가 내리고 있었으나 우리 팀이 산골 마을에 전도를 위해 출발하니 바로 비가 그쳤다. 체류기간 1주일 동안 내내 하나님의 은혜가 넘쳤고 약 100여 명의 현지 어린이들에게 전도를 했고, 한편으로 우리 청년들은 심야기도하는 동안 모두 하나님 임재와 성령 충만을 체험했다. 선교기간 동안 잠시 틈을 내어 수도인 카트만두 근교 고지의 전망대에 올라 하나님의 탁월한 솜씨인, 아름답고 장엄하게 뻗쳐 있는 눈 덮인 히말라야 산맥을 보면서 우리 청년들은 율동을 곁들인 찬양을 하나님께 드렸다.

2014년 여름에는 아프리카 케냐에 교회 청년들 10여 명과 함께 단기선교를 나가기로 했는데 케냐에 극단회교주의자들에 의한 테러가 여러 군데 발생하여 백 명 넘는 사람들이 죽고 훨씬 더 많은 사람들이 크게 다쳤다. 심지어 이 테러분자들은 주일날 교회에 성도들이 모여 예배드리고 있는데 예배당 뒤에서 총질을 하여 수십 명이 죽고 많은 사람들이 부상을 당했다. 이런 사탄의 방해로 우리 교회에서는 아프리카 선교를 나가지 말라는 분위기가 높아졌기에 다시 하나님께 기도드린 결과, 제2의 후보지로 선정된 남아프리카공화국에 선교하기로 결정하고 출발했다. 결론적으로 일주일 동안 현지 5개 교회에 총 150여 명의 어린이들을 초청하여 전도했고, 남아공도 총기에 의한 살인 및 강도사건이 많이 발생하는 나라이지만 하나님께서 안전하게 또 은혜롭게 인도하시어, 체류기간 동안 세 번의 총소리를 들었으나 우리 일행은 아무런 사고를 당하지 않고 안전하게 귀국할 수 있었다.

현지 시골 동네에 나아가 전도를 하고 돌아올 때, 계곡의 시원한 물에 들어가 우리 청년들이 몸에 흘린 땀을 씻으며 하나님 은혜에 감사드리며 찬양드렸던 장면이 몇 년이 지난 지금도 뇌리에 생생히 기억된다.

만일 선교 기간 중에 테러나 다른 사고를 당하여 인명 손실이 생기면 이는 중장기적으로 한국교회의 복음 사역과 선교에 악영향을 미치니 해외 단기선교는 특별히 안전성을 고려하여 신중히 계획해야 한다.

2016년 여름에 북한 접경지역에 단기선교를 계획했으나 당시 북한의 테러 요원들에 의한 우리 선교사들과 성도들에의 테러와 납치 계획이 있음을 감지하여 계획이 연기되었고 2017년 8월에 북한 접경지역에 단기선교를 다녀왔다. 아래는 우리 교회의 월간지에 실린 내 간증문이다.

✻ 주님께서 많은 은혜를 주신 북한 접경지역 단기선교

선교는 주님의 유언 실천이므로 어둠의 세력들이 가장 싫어하며 항상 방해가 많으나, 우리가 기도로 무장하고 나서면 하나님께서 한량없는 은혜와 사랑으로 함께해 주시는 것과 여러 성도님들이 이 선교를 위해 뒤에서 기도해 주시는 것을 이번 선교에서도 피부로 확실히 느꼈고, 그동안 제가 다녀온 아프리카의 카메룬, 남아공, 네팔, 태국, 중국, 러시아 선교와는 또 다른 큰 감동과 우리 역사에 대한 많은 생각을 하게 해주셨습니다. 이는 이번 선교가 우리 동포인 탈북민들을 위한 선교, 봉사인지라 피는 물보다 진하기 때문인 것 같습니다.

저희들은 이번 선교기간 5박 6일 동안 두만강 하류의 훈춘에서 백두산을 거쳐 압록강 하류의 단동, 그리고 심양까지 약 2천 킬로미터(5천 리)를 새벽 5시경 기상하여 밤 11시 반까지 강행군하여 교회 4곳과 신학교 한 곳을 방문했고 주로 탈북민들을 위로하고, 그들을 위해 기도하고 헌금하고 돌아왔습니다.

1990년대 후반에, 사람 우상숭배가 많은 북한에는 심한 가뭄과 홍수 때문에 식량이 매우 부족하여 약 3백만 명이 굶어 죽은, 그들 말로 '고난의 행군'이 있었습니다. 이때 많은 북한 주민들이 식량을 구하기 위해 탈북을 했는데 이들은 대부분 주부들이었지요(북한에서 먹을 것을 준비하는 것은 주부의 책임이란 의식 때문). 탈북 후 이들은 대부분 인신매매단에 걸려(당시 중국의 1자녀 갖기 운동으로 동북 3성의 젊은 남녀 성비는 14:1) 중국인에게 강제결혼을 당해 북한에도, 중국에도 남편과 자식들이 있는 기구한 운명을 가졌고, 따라서 신세를 비관하여 자살기도를 한 사람들이 많았습니다. 저희들이 만난 탈북녀 중의 한 분도 농약을 먹고 자살기도 했는데 동네 사람들에게 발견되어 겨우 목숨을 건졌으나 키는 왜소하고 몸은 깡말랐으며 간과 장을 크게 다쳐 얼굴색은 흑인처럼 검었습니다. 저희 일행은 이들을 위로하고 통일의 그날이 어서 오기를 같이 간절히 기도했지요.

일정 중에, 독립투사였고 열정의 시인이었던 윤동주가 다녔던 용정중학교, '선구자의 노래'에 나오는 용정시에 있는 비암산, 일송정, 그리고 해란강도 보았지요. 또 옛 고구려 수도였던 집안에 있는 광개토대왕릉과, 일제가 비문 내용을 '임나일본부'로 왜곡한 광개토대왕비, 그리고 그 아들이었던 장수왕의 능도 방문했는데 이 능은 당시 우리 조선족(동이족) 왕릉의 특색인 적석총, 즉 큰 돌을 쌓아 만든 무덤으로 이는 이집트의 피라미드와 닮은 모습입니다(중국의 산동성에 있는 소호릉도 동이족 왕릉 형태인 적석총이며, 현재 여러 가지 유적과 중국 측 역사서인 '사고전서' 등의 확실한 사료로 인해 우리 민족의 강토가 이제까지 우리가 알 듯이 압록강, 두만강 북쪽의 넓고 비옥한 만주와 북간도뿐 아니라 북경, 천진 등 중원대륙을 아우르는 광대한 영토로 훨씬 더 넓었다는 학설이 민족문화연구원 원장인 심백강 박사 등 역사학자들에 의해 새로이 대두되고 있음).

민족의 성산인 백두산 정상의 천지는 궂은 날씨 때문에 천지 전체를 볼 수 있는 확률이 20% 미만이라고 하는데 우리 팀에 기도하시는 분들이 많아서였는지 저희들은 맑은 하늘 아래 천지 전체를 잘 보았고 또 천지를 보며 한동안 기도한 후 하산했으나, 우리 일행이 하산한 후에는 갑자기 심한 안개와 구름이 몰려와 백두산 정상을 덮어 볼 수가 없었습니다. 여기서 안타까운 점은 김일성 시절에 백두산 소유권의 4분의 3을 북한이 중국에 넘겼고, 남아 있는 4분의 1의 개발권까지 김정은이 중국에 팔았다는 점입니다. 북한은 이것 이외에도 동해와 서해 어업권과 북한의 중요한 지하자원의 상당 부분도, 압록강 하구에 있는 여의도 면적의 4배나 되는 섬인 황금평의 상당 부분도 핵무기 개발자금을 마련하기 위해 중국에 팔아먹었다는 사실이죠.

심양에 있는 동관교회를 방문했는데 이곳은 한국 기독인의 은인으로, 한글성경을 처음 번역하신 스코틀랜드 출신의 존 로스(John Ross, 1842~1915) 선교사님이 사역하신 교회인바, 그는 중국에서 사역하시는 동안 부인과 네 명의 자녀를 천국에 먼저 보냈습니다. 그 슬픔을 에너지로 승화시켜 더 열정적으로 성경번역과 선교활동에 매진하셨다 하지요. 그는 하나님께서 주신 달란트로 11개 외국어에 능통했고 한글 성경 번역 중 어려웠던 '하나님, 성령, 천사'라는 단어를 처음으로 정하신 분이며 누가복음, 요한복음, 신약전서 등 순서로 봉황산과 고려문, 그리고 압록강을 건너 우리 민족에게 전달되었습니다. 이는 루터의 종교개혁이 당시 라틴어로 성경이 읽혀지던 것을 자국어인 독일어로 번역하는 과업에서 시작되있듯이 매우 중요한 일이었지요.

현재 동관교회 담임목사님은 성함이 오OO, 여자 목사님으로 조선족이신데 우리말이 유창하시며 중국 공산당원으로서도 상당한 지위를 가지고 계신 분입니다.

다른 교회에서와 마찬가지로 저희들이 선교헌금을 이분께 전해 드리려고 했으나 "동관교회는 자립한 교회이니 대신 힘든 미자립 교회에 헌금해 주십시오."라고 정중히 사양, 양보하시는 모습이 오히려 당당하고 보기 좋았습니다.

우리 교회의 강점은 여러 가지가 있으나 그 중 지체장애자를 위한 사역이 있는 점, 청년부가 강한 점, 그리고 선교와 구제와 통일에 대한 비전이 확고한 점을 들 수 있겠습니다.

이번 선교 여행애서 특히 느낀 점은 그 옛날 고조선, 고구려 등 우리 선조들의 강토에 비해 지금 우리나라 영토가 너무 줄었다, 그것도 남북으로 나뉘어 있고 남도 동서로 나뉘어 있으니 남쪽부터 먼저 하나님 사랑으로 화합하고 하나 되는 것이 꼭 필요하다고, 또 흩어져 있는 통일에 대한 국민의식을 모으고 이를 위해 더 열심히 기도해야 하겠다는 점이었습니다. 서독은 강한 국방력, 강한 경제력, 누가 집권하든 통일된 국민의식과 일관된 통일정책으로 독일을 통일강국으로 만들었는데 우리는 아직 이런 면들이 너무도 부족하지요.

따라서 다음은 자식들과 며느리들에게 통일에 대해 써 보낸 메시지이며, 그들로부터 통일에 대한 생각이 바뀌었고 이를 위해 기도하겠다는 답을 들었습니다.

'이 나라의 남북통일에 대하여 부정적인 의견을 가진 사람들이 아직 많은데 통일이 되어야 하는 이유를 성경적으로 보면 다음과 같다. 누가복음 10장에 예루살렘에서 여리고로 내려가는 길에 강도를 당한 사람 이야기가 나온다. 즉 지금 북한의 우리 동포들은 김일성, 김정일, 김정은이란 강도들에게 습격을 당한 사람과 같고, 이들이 죽어가고 있는데 제사장이나 레위인같이 외면치 말고, 선한 사마리아인처럼 300만 명이 굶어 죽은 배고픔과, 흉악한 세습왕조의 공산주의 압제와, 짐승보다 못한 인권말살에서 북한동포를 구해내는 것이 하나님의 뜻이기 때문이다. 또한 예수 믿다 잡히면 죽는데도 지하교회에서 믿음을 지켜나가는 북한 성도들과 북한의 무너진 교회를 회복시키는 길이기 때문이다. 이것이 이사야서 58장 6절의 말씀처럼 "나의 기뻐하는 금식은 흉악의 결박을 풀어주며 멍에의 줄을 끌러주며 압제당하는 자를 자유케 하며 모든 멍에를 끊는 것이 아니겠느냐"는 말씀을 실천하는 것이기 때문이다. 그러므로 예수 믿는 자들은 반드시 민주적, 평화적 남북통일을 위해 기도해야 한다.'

끝으로, 이번 선교과정에 많은 은혜를 베풀어주신 하나님께 깊이 감사드리며, 우리 일행 모든 분들과 또한 이번 선교를 위해 뒤에서 기도해주신 성도님들에게 감사 말씀드립니다.

위와 같이 나는 앞으로 시간이 되는 대로, 재정이 허락하는 대로 최대한 선교할 생각이며, 또한 현지에서 고생하시는 선교사님들에게 비록 별로 크지 않은 금액이라도 가능한 대로 후원할 생각이다.

한편 우리나라가 제사장 나라가 되는 데 꼭 필요한 것이 이웃 사랑, 곧 가난하고 어렵고 힘들고 소외되고 절망하고 있는 사람들에 대한 구제이며 우리나라가 1950년대에 선진국들의 원조를 많이 받았으니, 이제 가난하고 힘없는 나라에 대한 원조도 확충되어야 하는데 성경에는 이에 대한 말씀이 아래와 같이 많다.

"너희 땅의 곡물을 벨 때에 밭모퉁이까지 다 베지 말며 떨어진 것을 줍지 말고 그것을 가난한 자와 거류민을 위하여 남겨 두라 나는 너희의 하나님 여호와이니라"(레 23:22).

"가난한 자를 보살피는 자에게 복이 있음이여 재앙의 날에 여호와께서 그를 건지시리로다"(시 41:1).

"가난한 자를 불쌍히 여기는 것은 여호와께 꾸어 드리는 것이니 그의 선행을 그에게 갚아 주시리라 He who is kind to the poor lends to the Lord, and he will reward him for what he has done"(잠 Proverbs 19:17).

"가난한 자를 구제하는 자는 궁핍하지 아니하려니와 못 본 체하는 자에게는 저주가 크리라"(잠 28:27).

"긍휼히 여기는 자는 복이 있나니 그들이 긍휼히 여김을 받을 것이요 Blessed are the merciful, for they will be shown mercy"(마 Matthew 5:7).

"주는 가장 자비하시고 긍휼히 여기시는 이시니라"(약 5:11).

"하나님이 능히 모든 은혜를 너희에게 넘치게 하시나니 이는 너희로 모든 일에 항상 모든 것이 넉넉하여 모든 착한 일을 넘치게 하려 하심이라 기록된 바, 그가 흩어 가난한 자들에게 주었으니 그의 의가 영원토록 있느니라"(고후 9:8~9).

 성경에는 가난한 자들을 위하여 밭의 곡물까지 다 베지 말고 남겨두어 구제하라고 하셨다.

 그동안 한국교회들이 불신자들에게 비난을 받는 이유 중 하나가 이들 사회적인 약자들에의 구제를 하긴 했으나 큰 금액을 사용치 못한 점이다. 즉 가난한 자, 힘든 자들에게 나누고 흘려보내는 예산보다 교회의 외부적 부흥과 양적 성장을 위해 교회 건물을 크게 짓는 데 훨씬 큰 예산을 투입했기 때문이다.

 그러므로 일부 훌륭하신 목회자들의 경우, 교회의 출석교인 수가 늘어나 예배당을 넓힐 필요가 있으면 교회건물을 신축하는 것보다 인근 학교의 강당을 주일날 임대하여 교회 건물로 사용하고 출석교인 수가 더 늘어나면 성도들과 재정을 나누어 분립개척을 시키며, 또 예산의 많은 부분을 선교와 구제에 사용하는 것은 성경적이라 할 수 있다.

우리 교회에 2018년 초에 새로이 담임목사로 부임하신 유승대 목사님은 교회 예산의 50% 이상을 선교와 구제에 사용하겠다는 목표를 제시하셨는데 이는 매우 바람직하고 하나님께서 기뻐하실 일이다.

이 교회는 지체장애자들이 와서 예배를 드리고 시간을 보낼 수 있는 시설과 인력을 제공하고 있으며 지금 일주일에 두 번 노숙자들을 위한 식사를 제공하며, 주일에는 누구나 와서 점심 식사를 할 수 있고, 정기적으로 서울역 앞 동자동 쪽방촌에 음식 나누기 봉사를 하며 달동네에 연탄을 제공하는 봉사를 한다. 앞에서 말한 선교는 예수님께서 이 세상을 떠나 승천하시기 바로 전에 우리에게 주신 중요한 유언인데 이 선교도 구제가 없이 선교하면 선교가 제대로 될 리가 없다. 또한 이 구제는 하나님께서 우리에게 주신 명령이시니 우리는 순종하고 기쁜 마음으로 흘려보내고 나누는 구제를 해야 한다.

17장
겸손하라, 강하고 담대하라

✽ 겸손하라

"사람들이 너를 낮추거든 너는 교만했노라고 말하라 하나님은 겸손한 자를 구원하시리라"(욥 22:29).

"겸손한 자는 먹고 배부를 것임이며 여호와를 찾는 자는 그를 찬송할 것이라 너희 마음은 영원히 살지어다"(시 22:26).

"여호와여 다윗을 위하여 그의 모든 겸손을 기억하소서"(시 132:1).

"진실로 그는 거만한 자를 비웃으시며 겸손한 자에게 은혜를 베푸시나니"(잠 3:34).

"교만이 오면 욕도 오거니와 겸손한 자에게는 지혜가 있느니라"(잠 11:2).

"교만은 패망의 선봉이요 거만한 마음은 넘어짐의 앞잡이니라 Pride goes before destruction, a haughty spirit before a fall"(잠 Proverbs 16:18).

"사람의 마음의 교만은 멸망의 선봉이요 겸손은 존귀의 길잡이니라"(잠 18:12).

"겸손과 여호와를 경외함의 보응은 재물과 영광과 생명이니라 Humility and the fear of the Lord bring wealth and honor and life"(잠 Proverbs 22:4).

"사람이 교만하면 낮아지게 되겠고 마음이 겸손하면 영예를 얻으리라"(잠 29:23).

"지존무상하며 영원히 거하며 거룩하다 이름하는 자가 이같이 말씀하시되 내가 높고 거룩한 곳에 거하며 또한 통회하고 마음이 겸손한 자와 함께 거하나니 이는 겸손한 자의 영혼을 소성케 하며 통회하는 자의 마음을 소성케 하려 함이라"(사 57:15).

"여호와께서 네게 구하시는 것이 오직 공의를 행하며 인자를 사랑하며 겸손히 네 하나님과 함께 행하는 것이 아니냐"(미 6:8).

"나는 마음이 온유하고 겸손하니 나의 멍에를 메고 내게 배우라 그리하면 너희 마음이 쉼을 얻으리니"(마 11:29).

"그가 전파하여 이르되 나보다 능력 많으신 이가 내 뒤에 오시나니 나는 굽혀 그의 신발 끈을 풀기도 감당치 못하겠노라"(막 1:7).

"그러므로 너희는 하나님이 택하사 거룩하고 사랑받는 자처럼 긍휼과 자비와 겸손과 온유와 오래 참음을 옷 입고"(골 3:12).

"그러므로 하나님의 능하신 손 아래서 겸손하라 때가 되면 너희를 높이시리라 Humble yourselves, therefore, under God's mighty hand, that He may lift you up in due time"(벧전 1 Peter 5:6).

모세가 광야 학교에서 하나님의 교육과 훈련을 받으며 그 학교를 졸업할 즈음 시내산에 올랐을 때, 하나님께서는 떨기나무에 타지 않는 불의 이상을 보이신 후 그에게 임재하셔서 직접 말씀하셨는데 "모세야 네가 선 곳은 거룩한 곳이니 네 신을 벗으라"(출 3:5)고 말씀하셨다. 이는 이제부터 온전히 모세의 옛사람과 혈기를 죽이고 겸손히 하나님의 종으로서 하나님의 뜻만 따르라는 명령이셨다.

다윗도 매우 겸손한 자로서 모든 중요한 일을 행할 때 일일이 하나님께 기도드리며 하나님의 뜻을 묻고 그 말씀대로 행하였다. 그러므로 그가 어렵고 억울한 일을 당하여 하나님께 신원할 때는 그의 '겸손을 기억해주시고 해결해주십시오.'라고 신원했다(시 132:1).

이와 대조적으로 사울은 오만하여 사무엘이 다소 늦자 조급하여 참지 못하고 자기가 그를 대신하여 제사드린 것이 결국 그에게 화가 되었다. 이처럼 마음이 조급하면 오만해지거나 교만해지기 쉬우니 조급해하지 말며 하나님의 때를 기다리는 것도 매우 중요하다. 아브라함도 조급하여 교만함의 아들인 이스마엘을 낳았고 그 후손들은 지금 세계적인 고민거리이다.

예수님 바로 앞서 태어나 주님의 길을 예비한 세례 요한은 지극히 겸손한 자로서 예수님에 대하여 "나는 굽혀 그의 신발끈을 풀기도 감당하지 못하겠노라"(막 1:7)고 말하였다.

예수님은 "나는 마음이 온유하고 겸손하니"(마 11:29)라고 말씀하셨다. 그는 삼위일체 하나님 중 한 분이시나 자기 몸을 낮추시사 이 세상에 낮은 사람의 신분으로 오셨고 모든 일을 하나님 아버지의 뜻대로 행하셨으며 그분의 뜻대로 고난의 골고다 언덕길을 올라 자기의 생명까지 십자가에 내놓으셨다. 그러므로 하나님 아버지께서는 예수님의 이름을 높이시사 모든 사람의 이름보다 존귀하게 하셨고 하나님 아버지의 우측 보좌에 앉게 하셨다. 미가 선지자는 하나님께서 우리에게 바라시는 것은 공의를 실천하고 이웃을 사랑하며 겸손히 하나님과 동행하는 것이라고 했다.

"교만은 패망의 선봉이요 거만한 마음은 넘어짐의 앞잡이니라."고 잠언 16장 18절에 말씀하셨는데, 실제 경제계를 보면 이런 예를 많이 볼 수 있다. 즉 회사가 아직 작고 사업이 어려울 때는 임원들이 조심하고 겸손한 마음을 갖고 운영하지만 회사가 잘되면 바로 겸손한 마음을 잃고 오만해져서 판단력을 잃고, 회사 조직을 키우며 무리하게 투자를 하다 망한 회사들이 한두 곳이 아니다. 회사 경영자에게 이러이러하면 회사가 위험에 빠지게 되고 실패하게 된다고 옆에서 충고를 해줘도 자기 생각에만 고집하기에 그의 귀에 들리지 않으며 결국 패망의 길을 걷게 된다. 기업을 경영하는 자는 특히 이 잠언 16장 18절 말씀을 명심해야 할 것이다. 겸손한 자만이 사물의 본질을 잡을 수 있고 겸손한 자만이 참을 찾고 진리를 찾을 수 있다. 하나님께서는 교만한 자를 싫어하시고 내치심을 잊지 말아야 한다. 이는 아마 교만한 천사 루시퍼가 사탄이 되어 하나님과 동등하게 되려다 하나님의 징계를 받아 땅으로 추방되었기 때문이리라.

하나님은 겸손한 자를 사랑하시고 그를 높이시며 귀한 것을 마련해 주신다.

"겸손과 여호와를 경외함의 보응은 재물과 영광과 생명이니라."고 잠언 22장 4절에서 말씀하셨다. 이처럼 우리가 겸손히 하나님을 경외하며 그분의 뜻에 순종하면 크신 은혜와 축복을 예비하사 우리를 선대해 주신다. 그래서 하나님의 능하신 손아래 우리가 겸손히 우리의 주관과 우리의 옛사람을 벗어버리고, 오직 주님만 우리의 주인으로 모시고 주님만 의지하면 하나님의 때에 우리를 높이신다. 결국 겸손함이 형통의 길이다.

우리에게서 하나님의 영이신 성령님께서 떠나가시면 우리는 아무것도 아니다. 우리에게 하나님의 보호하심이 없으면 우리의 미약한 힘으론 한순간도 제대로 살 수가 없다. 우리가 겸손히 하나님께 무릎 꿇을 때 하나님께서 지혜와 능력과 담대함을 주시며 이로써 우리가 승리할 수 있게 하신다. 우리의 교만과 오만을 버릴 때 하나님은 함께 동행하시어 우리가 넉넉히 이기게 하신다.

그러므로 우리는 하나님의 임재를 사모하며 겸손히 우리의 신발을 벗고 하나님의 뜻과 말씀에 순종해야 한다. 그럼으로써 우리 삶이 가장 은혜롭고 복되고 아름답고 기쁘며 보람되고 추후 천국에서의 상급도 큰 삶이 된다.

❋ 강하고 담대하라

하나님께서는 우리가 뒤로 물러가 울며 침륜에 빠지고 이 세상을 한탄하며 은거하며 살라고 하지 않으시고, 하나님께 기도드리며 하나님 말씀과 뜻을 실천하며 강하고 담대히 살라고 명령하셨다. 이 세상에서 바닷가의 모래알처럼 많이 번성하며 이 땅을 정복하고 다스리라 하셨다.

"아브람아 두려워 말라 나는 너의 방패요 너의 지극히 큰 상급이니라"(창 15:1).

"너의 평생에 너를 능히 당할 자가 없으리니 내가 모세와 함께한 것 같이 너와 함께 있을 것임이라 내가 너를 떠나지 않고 너를 버리지 아니하리니 마음을 강하게 하고 담대히 하라 너는 이 백성으로 내가 그 조상에게 맹세하여 주리라 한 땅을 얻게 하리라 오직 너는 마음을 강하게 하고 극히 담대히 하여 나의 종 모세가 네게 명한 율법을 다 지켜 행하고 좌로나 우로나 치우치지 말라 그리하면 어디로 가든지 형통하리니 이 율법책을 네 입에서 떠나지 말게 하며 주야로 그것을 묵상하여 그 가운데 기록한 대로 다 지켜 행하라 그리하면 네 길이 평탄하게 될 것이라 네가 형통하리라 내가 네게 명한 것이 아니냐 마음을 강하게 하고 담대히 하라 두려워 말고 놀라지 말라 네가 어디로 가든지 네 하나님 여호와가 너와 함께하느니라 하시니라"(수 1:5~9).

"너희는 마음을 강하게 하며 담대히 하고 앗수르 왕과 그를 따르는 온 무리로 말미암아 두려워하지 말며 놀라지 말라 우리와 함께하시는 이가 그와 함께하는 자보다 크시니"(대하 32:7).

"여호와는 나의 빛이요 나의 구원이시니 내가 누구를 두려워하리요 여호와는 내 생명의 능력이시니 내가 누구를 무서워하리요 …군대가 나를 대적하여 진 칠지라도 내 마음이 두렵지 아니하며 전쟁이 일어나 나를 치려 할지라도 내가 오히려 안연하리로다 The Lord is my light and my salvation: whom shall I fear? The Lord is the strength of my life: of whom shall I be afraid? …Though an army should encamp against me, my heart shall not fear, though war should rise against me, in this I will be confident"(시 Psalms 27:1~3).

"내가 여호와께 구하매 내게 응답하시고 내 모든 두려움에서 나를 건지셨도다"(시 34:4).

"보라 하나님은 나의 구원이시라 내가 의뢰하고 두려움이 없으리니 주 여호와는 나의 힘이시며 나의 노래시며 나의 구원이심이라"(사 12:2).

"두려워 말라 내가 너와 함께 함이니라 놀라지 말라 나는 네 하나님이 됨이니라 내가 너를 굳세게 하리라 참으로 너를 도와주리라 참으로 나의 의로운 오른손으로 너를 붙들리라 보라 네게 노하던 자들이 수치와 욕을 당할 것이요 너와 다투는 자들이 아무것도 아닌 것같이 될 것이며 멸망할 것이라 So do not fear, for I am with you, do not be dismayed, for I am your God. I will strengthen you and help you: I will uphold you with My righteous right hand. All who rage against you will surely be ashamed and disgraced, those who oppose you will be as nothing and perish"(사 Isaiah 41:10~11).

"너는 두려워하지 말라 내가 너를 구속하였고 내가 너를 지명하여 불렀나니 너는 내 것이라"(사 43:1).

"너의 하나님 여호와께서 이 땅을 너희 앞에 두셨은즉 너희 열조의 하나님 여호와께서 너희에게 이르신 대로 올라가서 얻으라 두려워 말라 주저하지 말라"(신 1:21).

"너는 마음을 강하게 하고 담대히 하라 그들을 두려워 말라 그들 앞에서 떨지 말라 이는 네 하나님 여호와 그가 너와 함께 행하실 것임이라 반드시 너를 떠나지 아니하시며 버리지 아니하시리라"(신 31:6).

"이 큰 무리로 인하여 두려워하거나 놀라지 말라 이 전쟁이 너희에게 속한 것이 아니요 하나님께 속한 것이니라"(대하 20:15).

"여호와의 사자가 주를 경외하는 자를 둘러 진치고 저희를 건지시는도다 The angel of the Lord encamps around those who fear Him, and he delivers them"(시 Psalms 34:7).

"은총을 크게 받은 사람이여 두려워하지 말라 평안하라 강건하라 강건하라"(단 10:19).

"두려워 말고 믿기만 하라"(막 5:36).

"몸을 죽이고 그 후에는 능히 더 못하는 자들을 두려워하지 말라"(눅 12:4).

"너희는 마음에 근심하지 말라 하나님을 믿으니 또 나를 믿으라"(요 14:1).

"평안을 너희에게 끼치노니 곧 나의 평안을 너희에게 주노라 내가 너희에게 주는 것은 세상이 주는 것 같지 아니하니라 너희는 마음에 근심도 말고 두려워하지도 말라"(요 14:27).

"너희는 다시 무서워하는 종의 영을 받지 아니하였고 양자의 영을 받았으므로 아바 아버지라 부르느니라"(롬 8:15).

"빌기를 다하매 모인 곳이 진동하더니 무리가 다 성령이 충만하여 담대히 하나님의 말씀을 전하니라"(행 4:31).

"우리가 담대히 말하되 주는 나를 돕는 이시니 내가 무서워하지 아니하겠노라 사람이 내게 어찌하리요 하노라"(히 13:6).

"하나님이 우리에게 주신 것은 두려워하는 마음이 아니요 오직 능력과 사랑과 건전한 마음이니"(딤후 1:7).

"이기는 자는 이것을 상속으로 받으리라 나는 그의 하나님이 되고 그는 내 아들이 되리라 그러나 두려워하는 자들과 믿지 아니하는 자들과 흉악한 자들과 살인자들과 음행하는 자들과 점술가들과 우상 숭배자들과 거짓말하는 모든 자들은 불과 유황으로 타는 못에 던져지리니 이것이 둘째 사망이라"(계 21:7~8).

성령의 사람의 첫째 특징은 강하고 담대한 점이다. 세례 요한은 겸손한 사람이었지만 헤롯왕 앞에서도 전혀 움츠리지 않고 강하고 담대하여 죽음도 불사하며 헤롯이 동생의 아내를 취한 것을 죄라고 추궁하였다.

베드로가 성령 충만 받기 전에 그렇게 충동적이고 겁쟁이여서 말고의 귀를 자르고 예수님을 세 번이나 부정했으나 성령 충만을 받자 강하고 담대히 주님의 복음을 전파한 후에 십자가에 거꾸로 매달려 순교했다.

예수님 믿는 자들을 박해하던 바울 선생은 성령 체험한 후에는 주님을 위해 "수고를 넘치도록 하고 옥에 갇히기도 더 많이 하고 매도 수없이 맞고 여러 번 죽을 뻔했고 사십에서 하나 감한 매를 다섯 번 맞았으며 세 번 태장으로 맞고 한 번 돌로 맞고 세 번 파선하고 일주야를 깊은 바다에서 지냈으며 여러 번 여행하면서 강의 위험과 강도의 위험과 동족의 위험과 이방인의 위험과 시내의 위험과 광야의 위험과 바다의 위험과 거짓 형제 중의 위험을 당하고 여러 번 자지 못하고 주리며 목마르고 여러 번 굶고 춥고 헐벗었노라"(고후 11:23~27)는 고백을 했고, 계속 강하고 담대히 복음을 선포하다 결국 로마에서 참수형으로 순교하였다.

우리의 수많은 믿음의 선배들은 모두 세상의 어둠의 세력 앞에서 움츠리지 않고, 강하고 담대하게 하나님의 뜻과 말씀을 실천하여 하나님 나라를 확장한 후 천국에 입성하였다.

우리 믿는 자에게 우연은 없고 우리에게 일어나는 모든 일과 만남은 하나님의 섭리와 하나님의 계획으로 진행된다. 큰 그림은 하나님께서 그리시고 그 큰 그림 속의 작고 세부적인 일은 하나님께서 우리와 함께 만들어 가신다. 우리를 공동 창조자, 공동 건설자로 부르셨지만 설계도와 마스터플랜은 하나님께서 갖고 계시며 모든 일은 이 하나님의 섭리와 하나님의 설계도대로 진행된다.

하나님의 일에 우리 마음대로 우리 독자적으로 할 수 있는 것은 없다. 계획하시는 분도 하나님, 진행하시는 분도 하나님, 결말을 지으시고 이루시고 성취하시는 분도 하나님이시다. 모든 것, 모든 일과 사람들의 만남이 하나님의 뜻대로 이루어지니 우리는 겁내거나 두려워할 필요가 없다. 모든 일이 하나님의 섭리와 계획대로 진행된다고 하여 이 말은 우리가 방관자로 가만히 놀고 있으라는 뜻이 아니고 이는 하나님의 뜻과 말씀을 붙들고 강하고 담대히 실천하고 행하라는 뜻이다.

예수님은 "너희는 마음에 근심하지 말라. 하나님을 믿으니 또 나를 믿으라."고 요한복음 14장 1절에 말씀하셨다. 사탄은 우리가 두려움을 갖길 원한다. 두려움은 우리 주위에 널리 깔려 있는 가난과 외로움과 무지함과 무능력과 절망과 슬픔과 병과 죽음을 확대시킨다.

두려움은 하나님께서 우리 믿는 자에게 주시는 은혜스럽고 복된 삶을 누리지 못하게 하는 가장 큰 장벽이자 불신의 그림자이다. 그러나 하나님께서 임재하실 때, 우리가 기도할 때 미약한 우리가 담대해지므로 두려움은 물거품처럼 사라진다.

모든 일은 하나님의 뜻대로 이루어지니 우리는 믿음으로 담대히 나아가야 하며, 또한 사람도 두려워 말아야 한다. "사람을 두려워하면 올무에 걸리게 되거니와 여호와를 의지하는 자는 안전하리라"(잠 29:25)라는 말씀과 같이 사람을 두려워하면 하나님의 뜻과 말씀대로 살 수 없게 되고 하나님의 영광을 드러내지 못하게 된다. 또한 어둠의 세력들이 파놓은 함정과 올무에 걸리게 되니 오직 우리는 하나님만 두려워해야 한다. 하나님을 두려워하는 자는 우리 믿음의 선배들과 같이 사람을 두려워하지 않게 된다.

돈 고세트 저 『담대하게 살아라』에 보면, "두려움은 속박을 낳는다. 두려움은 파괴와 도둑질과 죽음의 영인 사탄에게 자리를 내어 주는 것이다."라고 했다. 도둑, 즉 사탄이 오는 것은 도둑질과 죽음과 멸망을 위해 오는 것이요 내가 오는 것은 양으로 생명을 얻게 하고 더 풍성히 얻게 하려는 것이라고 요한복음 10장 10절에 예수님이 말씀하신 것처럼, 사탄은 두려움을 통하여 도둑질과 죽음과 멸망을 가져오니 우리는 이 사탄의 속임수를 잘 알고 넘어가지 말아야 한다.

우리는 항상 하나님 이외에 무엇도 두려워 말고 강하고 담대해야 한다. 믿는 자들은 "너희는 마음에 근심도 하지 말고 두려워하지도 말라"(요 14:27)는 주님의 말씀에 따라, 최소한 염려함과 두려움에서 해방된 삶, 염려함과 두려움을 추방하는 삶을 살아야 한다.

돈 고세트는 우리가 강하고 담대하게 살 것을 요구하면서 "당신은 하나님을 믿는 크리스천으로서 집요해야 하며, 끈덕져야 하며, 맹렬해야 하며, 확고부동해야 하며, 전심전력해야 한다. 그러면 반드시 성공하게 될 것이다."라고 말했다.

우리가 강하고 담대해야 하는 이유는 이렇지 못할 때 우리는 믿음을 잃어버리고 불신 상태에 빠지게 되기 때문이다. 하나님께서 출애굽한 이스라엘 백성들에게 가나안 땅을 주신다고 약속했으나 이스라엘 백성들은 광야에서 하나님과 모세에게 불평·원망했으며, 가나안 정탐꾼도 여호수아와 갈렙을 제외한 10명이 가나안의 장대한 족속들에게 겁을 먹고 자기들은 메뚜기 같다고 했으며 가나안 땅을 정복치 못할 것이라 했다. 이에 동조한 대부분의 사람들이 불신에 빠졌으며 그 결과 그들은 모두 사막에서 죽음을 맞이했고 약속의 땅, 가나안을 기업으로 받지 못했다. 즉 강하고 담대함은 믿음의 길이며 염려함과 두려움은 불신의 길이다.

두려움을 물리치는 방법 중 첫째는 기도요, 둘째는 하나님의 약속의 말씀을 붙잡는 것이다.

사람들은 파산하거나 가난하게 되는 것을 두려워한다. 그러나 하나님께서는 성도들에게 물질에 대한 약속을 주셨다. "나의 하나님이 그리스도 예수 안에서 영광 가운데 그 풍성한 대로 너희 모든 쓸 것을 채우시리라."라는 빌립보서 4장 19절 말씀과, "만물이 다 너희 것임이라"는 고린도전서 3장 21절 말씀을 붙들고 경제적인 문제도 하나님께 맡기고 담대해야 한다. 하나님께서 이 약속을 주셨으니 IMF가 와도, 나라의 경제 전반이 어려워도 난 파산할 수 없다고 믿고 나아가야 한다. 경제적 문제가 있을 때도 하나님께 깊이 기도드리면 하나님께서 생각지도 못한 신비한 지혜와 방법을 주시며 도와주시어 그 고통을 벗어날 수 있게 하신다. 자기의 무지와 무능력함에 대한 두려움은 다음 말씀을 붙들어야 할 것이다.

"여호와를 경외하는 것이 지혜의 근본이요 거룩하신 자를 아는 것이 명철이니라"(잠 9:10).

"하나님이 모든 지혜와 총명을 우리에게 넘치게 하셨나니"(엡 1:8).

"내게 능력 주시는 자 안에서 내가 모든 것을 할 수 있느니라"(빌 4:13).

"할 수 있거든이 무슨 말이냐 믿는 자에게는 능치 못할 일이 없느니라"(막 9:23).

우리가 하나님 약속의 말씀을 붙들고 깊이 기도할 때, 하나님께서 주시는 지혜는 놀랍고 신비하고 탁월하며 위력이 있다. 우리가 약속의 말씀을 붙들고 간절히 기도할 때, 하나님께서 주시는 능력은 사람의 능력이 아니므로 그 힘은 강력하고 경이롭다. 태산과 같은 문제도, 여리고 성 같은 높은 장벽도, 홍해 같은 큰 난국도 간절히 기도드리면 하나님께서 주시는 놀라운 지혜와 능력으로 태산이 던져지고 여리고 성이 무너지고 홍해가 갈라지는 기적을 체험하게 된다.

또 한 가지 유념할 것으로 우리가 하나님을 항상 경외하고 하나님만 신뢰하며 의지할 때, 시편 34편 7절 말씀처럼 하나님의 천사가 우리를 둘러 진치고 우리를 위험에 처하지 않게 하고 건지신다. 이 언약의 말씀은 시편 91편 9~11절에도 기록되어 있다.

"네가 말하기를 여호와는 나의 피난처시라 하고 지존자로 거처를 삼았으므로 화가 네게 미치지 못하며 재앙이 네 장막에 가까이 오지 못하리니 저가 너를 위하여 그 사자들을 명하사 네 모든 길에 너를 지키게 하심이라 If you make the Most High your dwelling —even the Lord, who is my refuge— then no harm will befall you, no disaster will come near your tent. For He will command His angels concerning you to guard you in all your ways"(시 Psalms 91:9~11).

이처럼 하나님과 우리 사이에 영적인 존재인 천사가 있어, 이들이 하나님을 경외하는 우리를 둘러 진치고 하나님의 지시에 따라 모든 길에서 우리를 보호하고 지키게 하신다.

그러므로 우리 눈에 당장 이 천사들이 보이지 않는다고 해도 여호와를 경외하는 자에게는 하나님의 천사들이 둘러 진 치고 지키게 하신다는 하나님 말씀을 믿고 담대해야 한다.

이는 아람 왕이 이스라엘을 쳐들어왔을 때 엘리사가 기도하여 하나님의 병사들인 불말과 불병거가 가득 나타났는데, 그의 사환은 엘리사의 뒤에 불말과 불병거가 가득 둘러서 있는 것을 못 본 것과 같다. 이 천사들은 성령 충만한 믿음의 눈으로 보이는데 중요한 것은 이 천사들이 보이든 안 보이든, 말씀대로 그들이 우리를 지키고 있다고 믿고 담대히 두려움을 떨치는 것이다.

그리고 주의할 것은 천사는 어디까지나 하나님의 메신저요 심부름꾼이므로, 이를 타 종교처럼 우상숭배해서는 안 된다는 점이다.

우리가 강하고 담대한 삶을 살아야 하는 이유는 다음과 같다.

1) 우리가 믿음으로 강하고 담대해져야 하는 이유는 지금의 교회와 성도들이 세상의 빛과 소금 역할을 못하여 세상을 이끄는 것이 아니라 세상을 추종하고 세상과 타협하고 있기 때문이다. 라오디게아 교회가 하나님께 꾸중을 들은 것은 세상과 세속적인 것을 사랑하고 세상과 타협하며 하나님과 세상 사이에서 미적지근했기 때문이었다.

"네가 네 행위를 아노니 네가 차지도 아니하고 뜨겁지도 아니하도다 네가 차든지 뜨겁든지 하기를 원하노라 네가 이같이 미적지근하여 뜨겁지도 아니하고 차지도 아니하니 내 입에서 너를 토하여 버리리라"(계 3:15~16).

성도들이 성령을 체험하면 뜨거워져서 다른 사람들이 보기에 이상할 정도로 공의의 실천과 선교와 구제에 과감한 행동을 하게 된다. 하나님께서 함께하심을 몸으로 느끼기 때문에 담대해지고 뜨거워져서 세상에 겁날 것이 없고 거칠 것이 없어진다. 세상을 두려워하지 않으며 하나님의 영광을 위하여 물불을 가리지 않고 힘쓴다.

과거 뜨겁게 세상을 이끌던 성령 충만한 교회가 화사하고 아름다운 젊은 신부의 얼굴 같다면, 지금의 미적지근하고 세상에 끌려가는 교회는 쪼글쪼글한 할머니의 얼굴 같다. 성도와 교회는 미적지근하게 세상과 타협해서는 안 되고 하나님 말씀대로 강하고 담대하게 세상에 '아닌 것은 아니다.'라고 주장하며 행동해야 한다. 이렇게 할 때, 교회가 세상의 빛과 소금이 되고 영향력을 끼치게 되며 세상을 이끌게 된다.

2) 우리가 세상에 아첨하지 않고 담대해져야 하는 또 하나의 이유는 세상이 주는 기쁨과 하나님께서 주시는 기쁨은 큰 차이가 있기 때문이다. 이 세상이 주는 기쁨은 작고 순간적인 반면, 하나님께서 주시는 기쁨은 가슴이 벅차오를 정도로 크고 계속적이고 장기적이다.
"예수를 너희가 보지 못하였으나 사랑하는도다 이제도 보지 못하나 믿고 말할 수 없는 영광스러운 즐거움으로 기뻐하니" 이 베드로전서 1장 8절 말씀과 같이, 우리가 하나님 안에서 얻는 기쁨은 영광스러운 기쁨이지만 세상이 주는 기쁨은 싸구려 기쁨이요 찰나적인 쾌락이다. 하나님께서 주시는 기쁨은 우리의 인생을 온통 들어 흔들며, 말할 수 없이 영광스러운 큰 기쁨이요 환희이다. 세상의 시시한 기쁨을 추구하겠는가, 아니면 하나님의 크신 기쁨을 추구하겠는가 결심하시기 바란다.

3) 성도들에게 강하고 담대함이 요구되는 이유는 "천국은 침노를 당하나니 침노하는 자는 빼앗느니라."는 마태복음 11장 12절 말씀처럼 하나님 나라, 즉 천국을 이루는 데 강함과 담대함이 꼭 필요하며 주눅이 들고 겁약하면 이 하나님 나라를 과감하게 확장할 수가 없다.
우리가 탄 배는 유람선이나 수송선이 아니고 전투함이다. 우리는 하나님 나라의 군사들이다. 사탄 앞에서 두려워하면 하나님 나라를 확장할 수가 없다. 사탄은 우리보다 강하나 이미 사탄을 이기신 주님께서 우리와 함께하신다. 그러므로 우리는 결국 승리하게 되어 있으니 강하고 담대히 공격하고 전진해야 한다. "(예수님 이름으로) 마귀를 대적하라 그리하면 너희를 피하리라." 이 야고보서 4장 7절 말씀을 붙들고 사탄과 마귀를 대적해야 한다. 군사에게 제일 먼저 필요한 덕목은 강하고 담대한 용기이다.

4) 또한 우리가 두려워하지 않고 강하고 담대히 살아야 하는 중요한 이유 중 하나는 요한계시록 21장 8절에 천국에 들어가지 못하는 자들을 다음과 같이 나열하고 있는데 믿지 않는 자들, 흉악한 자들, 살인자들, 음행하는 자들, 점술가, 우상숭배자들, 거짓말하는 자들인데 이들에게 추가하여 두려워하는 자들도 여기에 포함되어 있는 점이다.
그 이유로 두려움은 하나님보다 세상을 더 크게 보아 성령님께서 우리 안에 내주하실 수 없게 하고, 두려움으로 하나님의 뜻과 말씀을 실천하지 못하게 되며 사탄에게 자리를 내주어 훔치고 파멸시키고 죽이는 데 쓰이게 되기 때문이다.
두려워하는 자는 천국에 들어가지 못한다고 하셨으니 이 얼마나 엄중하신 말씀이신가!

5) 마지막으로 우리가 강하고 담대해야 하는 이유는 이 길이 믿음의 길이므로 "믿음은 바라는 것들의 실상이요 보지 못하는 것들의 증거니"라는 히브리서 11장 1절 말씀처럼, 그 믿음으로써 우리가 승리하고 열매를 거둘 수 있기 때문이다.
이는 "네 영혼이 잘됨과 같이 네가 범사에 잘되고 강건하기를 내가 바라노라"(요삼 1:2)는 말씀과 같이 우리 영이 잘될 때, 즉 믿음으로 강하고 담대할 때 우리의 하는 일도 형통하고 육신도 강건하게 된다. 우리 영이 강하고 담대할 때 밖으로 하는 일도 우리 내면의 영에 따라서 잘된다. 몸도 영과 연결되어 있으니 우리 영이 강하고 담대할 때 육신도 우리 내면의 영에 따라 강건해진다. 이를 영어로 "As within, so without"이라고 한다.

따라서 우리가 하나님의 뜻과 말씀을 실천하는 데 있어서도, 믿음을 가지고 강하고 담대히 뜨겁게 행해야 영적 전투에서 승리하고 많은 결실을 거둘 수 있게 된다.

18장
지혜와 능력의 초인

앞장에서 언급한 내용을 다시 한 번 정리하고, 현재는 말세이며 머지않은 장래에 주님이 다시 오실 것으로 보이므로 하나님께서는 우리 성도들이 믿음으로 말세를 넉넉히 이기는 지혜와 능력의 초인이 되기를, 그리고 하나님 앞에서 칭찬을 받고 생명의 면류관을 받기를 기대하신다. 하나님뿐만 아니라 이 나라와 이 민족과 세계의 모든 나라들과 모든 피조물들이 그런 초인을 고대한다. 이 사회의 어둠과 죄악과 고통과 슬픔을 해결해줄 그런 초인을! 그 초인은 다음의 성품을 가진다.

1) 하나님의 임재를 구하는 자
   (하나님의 뜻과 말씀을 실천하는 자)
2) 믿음으로 강하고 담대한 자
3) 성령 충만하여 지혜와 능력이 큰 자
4) 세상에 휩쓸리지 않고 세상과 타협치 않는 자
5) 하나님의 사랑을 실천하는 자
   (선교와 구제, 남북통일과 공정 경제)
6) 희락의 사람
7) 감사의 사람

✸ 하나님의 임재를 구하는 자
(하나님의 뜻과 말씀을 실천하는 자)

우리 믿는 자들은 니체가 말한 초인이 아니라 하나님의 임재를 구하고 하나님과 연합하고, 동행하며 하나님께서 주시는 생명의 양식으로 사는 초인이 되어야 한다.

여기서 중요한 것은 쉬지 말고 하나님께 기도드리는 것이다.

'쉬지 말고 기도드리는 것'은 일을 하면서도 기도하는 것이다. 크고 작은 모든 일을 하나님께 여쭙고 그분의 말씀에 귀 기울이는 것이다. 우리의 모든 생각, 모든 말과, 모든 일과 행동을 하나님과 나누고 그분의 말씀과 의견을 구하는 것이다. 우리가 잠에 깨서부터 샤워할 때나, 식사할 때나, 걸을 때나, 일할 때나, 책을 읽을 때나, 글을 쓸 때나, 쉴 때나, 운동할 때나, 자연을 감상할 때나, 찬양을 할 때나, 묵상할 때나, 예배드릴 때나 하나님을 의식하고 하나님께 쉬지 말고 기도드리는 것이다.

하나님께서는 언제 어디서나 우리와 함께 계시는데 우리 마음의 눈이 하나님을 바라보지 않아, 우리 마음이 주님께 열려 있지 않아 하나님의 뜻을 모르고 하나님의 말씀이 들리지 않게 된다. 우리가 계속 기도하면 할수록 하나님 말씀이 더 잘 들리게 되고 하나님의 임재가 더 일상적이게 된다.

"사람이 떡으로만 살 것이 아니요 하나님의 입으로부터 나오는 모든 말씀으로 살 것이라"(마 4:4)는 말씀처럼, 우리는 육신을 위한 떡으로만 살 것이 아니라 하나님의 말씀, 즉 영의 양식으로 살게 된다. 우리 성도들에게 가장 우선적이고 중요한 일은 하나님의 임재를 구하고 하나님의 말씀을 듣는 것이다.

하나님은 이를 위하여 우리를 창조하셨다. 즉 하나님 임재, 하나님과의 동행, 하나님과의 교제를 위해 우리를 창조하셨는데 아담이 죄를 지음으로써 하나님과의 교제, 관계가 깨졌지만 예수님의 십자가 공로와 그 보혈로써 이 하나님과의 관계가 다시 회복된 것이다.

물론 하나님께서 하시는 말씀을 들으면 즉시 순종하고 실천해야 하는 것은 믿는 자로서의 기본이다. 그래서 순종이 제사보다 낫다(삼상 15:22).

하나님의 말씀과 뜻은 실천하기 위한 것이지 그냥 듣고 흘려버릴 일이 아니다. 이러면 하나님과의 관계가 소원해지고 하나님 임재도 하나님 말씀 듣는 것도 힘들어지게 되고 우리는 영적으로 무력해지고 타락하게 된다. 이때 세상 사람들은 우리를 향해 '말과 행동이 다른 사람들'이라고 손가락질하게 되며, 결과적으로 예수님께서 가장 강조하신 복음 전도의 길을 막게 된다. 성도들은 언제 어디서나 말과 행동이 일치하는 사람이란 평판을 받고, 특히 사람에게 한 약속은 하나님께 한 약속으로 생각하고 철저히 지켜야 한다.

하나님은 여러 특성을 가지고 계시지만 가장 크신 두 특성은 사랑과 공의의 하나님이시다. 그러므로 그분의 뜻은 대부분이 이 사랑과 공의에 있을 때가 많다. 우리가 하나님의 뜻에 부응하는 사람이 되어야 하는데 이는 선한 청지기와 십자가 군병이라 할 수 있다. 선한 청지기는 하나님께서 주신 재물과 다른 귀한 것들을 하나님과 이웃을 위해, 복음 전파를 위해 쓰는 자이며 십자가 군병은 하나님의 공의를 세상에 전파하고 우리들이 속한 조직과 사회에 실천하는 자이다. 먼저 우리가 이 선한 청지기가 되고 십자가 군병들이 되어야 한다. 또한 우리 자식들과 자손들, 그리고 우리의 후진들을 이 선한 청지기와 십자가 군병들로 양육해야 한다.

하나님의 임재를 추구하고 하나님의 임재를 많이 경험한 사람이 예수님을 많이 닮게 되고, 하나님의 온전하심과 같이 온전하게 되며 훌륭한 선한 청지기와 십자가 군병들이 된다.

하나님은 우리가 예수님 믿음으로 하나님의 자녀 된 신분을 주셨고, 우리가 하나님의 자녀가 되었으니 예수님의 장성하신 분량까지 우리 인격이 자라길 원하신다.

또 이 하나님의 임재는 이 세상에서 하나님 나라, 곧 천국을 경험하는 것이다.

이 하나님 임재를 얻는 사람은 감옥 속에 있어도 기뻐하고 감사한다. 바울 선생은 그렇게 많은 고통과 고난, 즉 감옥에 투옥되고, 태장을 맞고 돌로 맞고, 타고 가던 배가 파선을 당하고 강의 위험과 바다의 위험과 이방인의 위험과 강도의 위험을 당해도 복음 전도, 선교의 사명을 끝까지, 기쁘게 감당했던 것은 하나님의 임재와 하나님의 동행하심이 있어서 가능했다. 하나님께서 임재하시어 그에게 강한 능력을 주셨으므로 그 하나님께로부터 받은 강함으로 이 모든 고통을 넉넉히 이기고 "나는 선한 싸움을 싸우고 나의 달려갈 길을 마치고 믿음을 지켰으니 이제 후로는 나를 위하여 의의 면류관이 예비되었으므로 주 곧 의로우신 재판장이 그날에 내게 주실 것이며 내게만 아니라 주의 나타나심을 사모하는 모든 자에게도니라"(딤후 4:7~8)라고 당당히 말씀하신 것이다.

하나님과 사랑의 교제, 즉 하나님 임재 가운데 우리가 있으면 우리에게 근심과 두려움이 사라지지만 우리가 하나님의 임재, 그 사랑의 관계에서 잠시 눈을 떼고 소홀히 하면 곧 염려와 두려움이 찾아와 우리를 불편하게 만들고 우리 마음의 평강을 앗아간다.

이는 우리 피조물인 사람의 영혼을 하나님께서 온전히 소유하길 원하시기 때문이다.

이 하나님과의 사랑의 교제를 위해 우리를 창조하셨기 때문이다.

이 하나님과 함께 동행하는 것이 하나님 나라이고 천국이다.

이 세상에서 하나님 나라, 곧 천국을 소유하길 원한다면 하나님과의 대화를 지속적으로 해야 한다. 이 하나님과의 사랑의 관계에 있으면 하나님께서 한량없는 은혜를 부어 주신다. 하늘의 보고를 여시어 아름답고 귀한 것을 부어 주신다. 이런 모든 아름다운 보화나 그림보다, 세상의 그 어떤 아름다움보다 더 아름다우신 분이 주님이시다.

이처럼 하나님의 은혜가 임하면 못할 일이 없게 된다. '나의 사전에 불가능이 없다.'가 아니라 '하나님의 사전, 성령님의 사전에 불가능은 없다.'

우리가 받는 고통과 고난도 기쁨과 위로로 변하게 된다.

하나님께서 우리와 함께하시므로 기쁨이 넘치게 된다. 비록 우리가 기뻐하지 못할 상황에 있을 때에는 하나님께서 위로해 주신다. 또한 우리가 하나님과 함께 있을 때 두려워할 것이 없게 된다. 오직 하나님만 두려워하면 그 어떤 사람도 그 무엇도 우리에게 두려움을 주지 못한다.

그러므로 우리는 하나님과의 계속적인 사랑의 관계 속에 있어야 하며 한눈팔지 말아야 한다. 이 하나님의 임재, 하나님과의 사랑의 관계 지속은 기도와 말씀 묵상과 하나님께의 예배와 찬양으로 가능하다.

이처럼 우리 믿는 자에게 가장 귀하고 보람 있고 유익하고 은혜스러운 일은 하나님의 임재를 구하는 것이고, 그러기 위해 먼저 쉬지 말고 기도하는 것이다. 이에 추가하여 말씀 묵상과 예배와 찬양이 있어야 한다.

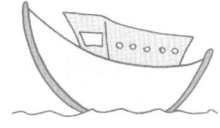

✽ 믿음으로 강하고 담대한 자

성경에 "강하고 담대하라."는 말씀이 수없이 나온다. 이처럼 강하고 담대해야 하는 이유는 믿음을 지키기 위한 것이다. "믿음은 바라는 것들의 실상이요 보지 못하는 것들의 증거니 선진들이 이로써 증거를 얻었느니라 믿음으로 모든 세계가 하나님의 말씀으로 지어진 줄을 우리가 아나니 보이는 것은 나타난 것으로 말미암아 된 것이 아니니라"(히 11:1~3) 말씀처럼, 이 세상에서의 모든 귀하고 중요한 일은 믿음으로 이루어진다. 또한 이 세상에서의 중요한 일보다 가장 중요한 우리 영혼 구원도 예수 그리스도를 믿음으로 이루어진다. 그러나 이 세상은 악하고 죄악이 창궐해 있으므로 우리의 믿음을 빼앗으려고 하며 사탄은 이를 획책한다.

우리가 나약하고 담대치 못하면 세상의 위협과 유혹에 빠져 불신에 빠질 수 있고, 그러면 믿음을 잃게 된다. 믿음을 잃으면 하나님 말씀대로, 하나님의 뜻대로 살지 못하고 하나님께서 주신 그 구원의 손길을 놓치고 멸망하게 된다. 이 세상의 부귀와 명예와 권세는 이 믿음과 구원의 법칙에 아무 상관이 없다.

믿음을 잃지 않아 구원은 얻되 강하고 담대치 못하여 이 세상에서 하나님의 뜻과 말씀대로 제대로 살지 못하면 천국에서의 하나님 칭찬과 상급이 적다.

"나더러 주여 주여 하는 자마다 천국에 다 들어갈 것이 아니요 다만 하늘에 계신 내 아버지의 뜻대로 행하는 자라야 들어가리라"(마 7:21)는 엄중한 말씀이 있는데, 성도들은 이 말씀에 주의를 기울이고 이 말씀에 어긋남이 없도록 해야 한다.

우리나라 5천 년 역사를 보면 광개토대왕, 을지문덕, 강감찬, 이순신, 세종대왕 등 몇 명 외에 세계적인 인물이 별로 없다. 한국 역사에 대한 역사학자들의 언급으로서 고려시대 이후 조선 역사를 보면 이 민족에게는 정신적인 기상이 너무 약하였고 죽었다고 한다. 그 결과 국력이 약해지고 문화는 빛을 잃고 국민성은 나약하고 비겁해져서 조선왕조 말기에 나라를 잃게 되는 치욕도 당한 것이다. 하나님께서는 믿음을 가지고 구하는 자에게는 은혜와 축복을 주시고 불신의 상태에서 구하지 않는 자에는 은혜와 축복을 절대 주시지 않으신다.

예수님은 하나님 나라에 대한 믿음을 주시기 위하여 오셨다. 즉 예수님은 우리에게 믿음과 자신감을 주기 위해 오셨다고 할 수 있다. 이 믿음과 확신, 자신감이 없는 자는 모든 일에 뚜렷하지 못하고, 맺고 끊음이 확실치 못하고, 열정으로 도전하고 모험하고 끝까지 인내하지 못하여 실패하고 패배한다.

사람들은 보통 하나님께서 주신 능력, 곧 잠재능력의 20% 정도만 발휘하고 나머지 80%는 잠재우고 저 세상으로 간다는 설이 있는데 이도 믿음, 확신과 자신감의 문제이다. 믿음과 자신감이 있는 자는 이 나머지 잠재된 80% 능력을 불러 낼 수 있다. 이 믿음과 자신감이 없으면 세상의 풍파에 휩쓸리고 이리저리 흔들리어 초지일관하지 못하여 하나님의 영광을 드러낼 수가 없다. 즉 강하고 담대한 자만이 믿음을 지키고 영적 전투에서 승리하여 전리품을 얻게 된다. 강하고 담대한 자, 곧 믿음을 가진 용감한 자만이 하나님 말씀의 법궤를 메고 요단강을 건너 젖과 꿀이 흐르는 가나안 땅에 들어갈 수 있다.

우리 성도들은 강히고 담대히여 믿음으로 약속의 기업을 얻었던 여호수아와 갈렙 같은 자가 되어야 하며, 두려워하고 염려한 열 명의 정탐꾼, 즉 불신으로 가나안 땅을 얻지 못한 자가 되지 말아야 한다. 예수님께서 모든 사탄의 권세를 물리치셨고 죽음까지도 이기고 부활하셨다. 이 승리하신 주님께서 우리와 함께하시고 또 하나님을 경외하는 자는 천사들이 둘러 진치고 호위한다. 죽음을 앞둔 사람에 대한 간증을 들어 보면 성도들이 소천 시 천국으로 안내하기 위하여 자기 주위에 둘러 서 있는 천사들이 보인다고 하며, 반면에 믿지 않는 자들에게는 귀신들이 그를 지옥으로 인도하기 위해 둘러 서 있는 것이 보인다고 한다. 그러므로 불신자들은 죽음을 두려워하며 떠는데, 믿는 자들은 언제 어디서나 두려움이 없어야 한다.

또한 모든 일은 하나님의 뜻대로 진행되니 염려할 필요가 없다. 세상을 주관하시는 역사의 주인은 하나님이시다. 우리가 예수님을 믿고 영혼 구원의 크신 은혜를 입은 것도 하나님의 섭리였고 하나님의 계획하심이 있었기 때문이다.

"곧 창세전에 그리스도 예수 안에서 우리를 택하사 우리로 사랑 안에서 그 앞에 거룩하고 흠이 없게 하시려고 그 기쁘신 뜻대로 우리를 예정하사 예수 그리스도로 말미암아 자기의 아들들이 되게 하셨으니 이는 그가 사랑하시는 자 안에서 우리에게 거저 주시는 바, 그의 은혜의 영광을 찬송하게 하려는 것이라"(엡 1:4~6)라는 말씀처럼 모든 것이 하나님의 섭리와 은혜로써 진행되었고 하나님의 계획대로 진행된다. 믿는 자에게 우연은 없고 일어나는 모든 일, 만나는 모든 사람들 모두 우연을 가장한 필연이며 하나님의 섭리와 계획하에 진행된다.

또한 우리는 예수님을 믿음으로 하나님의 자녀가 된 신분이다. 하나님의 자녀 된 권세, 예수 그리스도의 존귀하신 이름을 사용할 권세를 받았다. 그러므로 상황에 따라 일희일비하지 말고 염려하지 말고 두려워하지 말자. 이처럼 염려치 않고 두려워하지 않는 것은 믿는 자의 최소 조건이자 자격이다.

사람은 일반적으로 다음 4가지에 대한 두려움이 있다고 한다. 즉, 가난·질병·무지·고독을 두려워한다. 그러나 하나님은 우리 믿는 자에게 이 4가지 영적 질병을 물리칠 권세를 주셨다. "나의 하나님이 그리스도 예수 안에서 영광 가운데 그 풍성한 대로 너희 모든 쓸 것을 채우시리라"(빌 4:19)는 약속을 우리에게 주셨다. 즉 우리가 믿음으로 행할 때 하나님은 우리의 물적인 필요도 돈도 공급하신다.

예수님의 3대 사역 중 하나가 질병의 치료였다. 그는 앉은뱅이와 장님・중풍병자・나환자와 귀신 들린 자들을 치료하셨다. 그리고 우리 믿는 자들에게 예수 그리스도의 이름을 사용할 권세, 즉 각종 병들에게 주 예수의 이름으로 명령하여 치료할 권세도 주셨다. 성령 충만한 교회 곳곳에서 이 하나님의 치료하심, 곧 신유의 기적이 지금도 많이 일어나고 있다.

"믿는 자들에게는 이런 표적이 따르리니 곧 그들이 내 이름으로 귀신을 쫓아내며 새 방언을 말하며 뱀을 집어 올리며 무슨 독을 마실지라도 해를 받지 아니하며 병든 사람에게 손을 얹은즉 나으리라"(막 16: 17~18).

하나님은 믿는 자들에게 무지와 어리석음을 극복하는 권세도 주셨다.

곧 성령님 충만한 자들에게 지혜와 지식의 은사도 선물로 주신다. "그가 모든 지혜와 총명을 우리에게 넘치게 하사"(엡 1:8) 말씀으로 우리에게 지혜와 지식을 주실 것도 약속하셨다. 우리는 어떤 스승보다도 더 지혜로우신 하나님께로부터 이 지혜와 지식을 믿음과 기도로써 공급받을 수 있다.

마지막으로 우리는 겉으로 혼자 있어도 혼자가 아니다. 삼위일체 하나님께서 우리와 함께 계신다. 즉 하나님 아버지, 예수 그리스도, 그리고 성령님께서 함께 계신다. 그러니 우리가 감옥에 혼자 갇혀 있어도 혼자가 아니고 이 삼위 하나님께서 함께 계시니 외롭지 않고 두렵지 않다.

"그러므로 너희는 가서 모든 민족을 제자로 삼아 아버지와 아들과 성령의 이름으로 세례를 베풀고 내가 너희에게 분부한 모든 것을 가르쳐 지키게 하라 볼지어다 내가 세상 끝날까지 너희와 항상 함께 있으리라 하시니라"(마 28:19~20).

예수님께서는 사탄의 세력들에게 승리하시고 일반인들이 가지는 이 네 가지의 두려움도 예수 그리스도의 이름으로 기도드림과 하나님 말씀으로 극복하게 해주셨다. 그러니 믿는 성도들은 모두 강하고 담대하자! 염려하지 말고 두려워 말자!

✻ 성령 충만하여 지혜와 능력이 큰 자

현재의 기독인들은 약하다. 교회가 사회적인 영향력이 약하다. 빛을 비추되 그 조명도가 약하다. 이는 성령 충만을 간구하지 않고 성령님과 동행치 않아서이다. 성도들의 믿음이 강하지 못하고 살아 있지 못하다. 성도들의 믿음이 무기력하고 생동력이 없다. 우리가 하나님을 온전히 신뢰하고 그분께 의지하면 하나님께서 우리에게 지혜와 능력을 주시고 우리에게 필요한 모든 것을 공급해 주신다. "너는 마음을 다하여 여호와를 신뢰하고 네 명철을 의지하지 말라. 너는 범사에 그를 인정하라 그리하면 네 길을 지도하시리라"(잠 3:5~6)는 말씀처럼 우리가 살아가는 데 있어 가장 지혜로운 방법은 하나님을 신뢰하고 범사, 곧 모든 일에 그분을 인정하고 그분께 모든 것을 여쭙는 것이다. 다윗은 모든 전쟁에 있어 그 전쟁 전에 하나님께 어찌할 바를 여쭈었고 하나님의 지시대로 행하여 전승하였다.

"여호와를 경외하는 것이 지혜의 근본이요 거룩하신 자를 아는 것이 명철이니라"(잠 9:10).

"너희 중에 누구든지 지혜가 부족하거든 모든 사람에게 후히 주시고 꾸짖지 아니하시는 하나님께 구하라 그리하면 주시리라"(약 1:5).

우리가 어떤 중요한 일을 당하여 어찌할 바를 모를 때, 이 야고보서 1장 5절 말씀처럼 후히 주시고 꾸짖지 아니하시는 하나님께 깊은 기도로 구하면 탁월한 지혜를 주시고 우리는 이 하나님 주시는 지혜로 승리하게 된다. 이 하나님께서 주시는 지혜는 세상이 주는 지혜와 지식과 비교할 수 없을 정도로 탁월하고 훌륭하므로 이로써 넉넉히 이기게 하신다.

우리는 세상에서 영적인 리더가 되어야 한다. 이 영적인 리더에게 가장 먼저 필요한 것이 지혜와 능력인데 우리는 열심히 기도드리면 성령 충만해지고 이때 성령님께서 주시는 지혜와 능력이 임하고 이로써 우리는 크거나 작거나 모든 일을 담대히 정확히 훌륭하게 처리할 수 있다. 성령의 은사 중 첫 번째로 언급되는 것이 지혜다. 지혜는 그만큼 중요하므로 잠언 3장 13~16절에 지혜를 얻는 것이 금과 은과 진주를 얻는 것보다 낫고, 그 우편 손에는 장수가 그 좌편 손에는 부귀가 있다고 했다.

우리는 큰일을 행할 수 있어야 하는데 큰일을 제대로 행하려면 가장 필요한 것이 지혜이다. 그러므로 솔로몬이 왕이 되어 하나님께 제일 먼저 주십사고 구한 것이 지혜였다.

이 큰 지혜는 어찌 얻을까? 앞서 말한 대로 우리가 깊이 하나님께 기도드리면 이 지혜를 주신다. 우리가 기도하면 하나님께서 가장 정확한 지혜를 주시므로 이 하나님께서 주신 지혜로 담대히 전진할 수 있다. 이처럼 기도할 때 꼭 필요한 것은 믿음이다. 이 믿음으로 기도할 때 하나님께서 지혜를 후히 주신다. 앞에서 언급한 로렌스 수사는 그에게는 따로 스승이 필요 없었고 믿음으로 이 지혜를 얻었다고 말했다.

우리에게 불청객처럼 보이는 고통과 고난도 우리에게 지혜를 준다. 제1차 세계대전 당시 중동에서 혁명을 일으켰던 T.E. 로렌스는 자기에게 가장 큰 지혜를 준 것은 고통이었다고 했다. 그러니 우리가 살면서 받는 고통과 고난과 거절을 싫어하지만 말고 유익한 도구로 받아들이자. 삶에서 순풍(順風)의 연속은 무사안일과 나태와 교만을 가져와 그것이 패망의 원인이 되기도 한다. 그리고 지혜를 얻는 데는 그 지혜를 얻기까지 필사적인 자세로, 집중하여 생각하는 몰입(沒入)이 중요하고, 또한 하나님께서 주신 비전과 이에 대한 자신감을 가지고 기도해야 한다.

우리가 기도를 열심히 하면 성령 충만하여 위와 같은 탁월한 지혜뿐 아니라, 지식 · 믿음 · 신유 · 기적 · 예언 · 영 분별 · 방언 · 통변 같은 능력도 얻는다.

모세는 기도의 사람이었으므로 성령 충만하여 하나님 주시는 능력으로 40년간 이스라엘 백성을 이끌고 광야를 건너 가나안 땅에 들어가도록 했다. 이스라엘 백성들이 광야의 목마름과 주림으로 그에게 반역하고 소요를 일으켜도 그는 믿음으로 끄떡없었고, 하나님께서 이스라엘 백성을 멸절시키려고 하자 그들 대신 자기 목숨을 가져가시라고 중보하여 이스라엘 백성을 멸망에서 구했다. 비록 그는 그 사명을 다하여 느보산에서 소천하여 가나안 땅에 입성하지는 못했지만.

바울 선생도 하나님께서 주신 신유와 예언 · 방언 · 통변 등의 여러 능력을 가졌는데, 특히 그가 로마로 압송당하는 도중 배를 타기 전에 태풍 '유라굴로'로 인하여 배가 파선할 것이니 출항을 연기하라는 예언을 했으나 사람들이 바울의 이 예언을 무시하여 출항해 배가 파선했다. 배가 파선한 후에는 사람들이 목숨을 잃지 않을 것을 예언하였고 또한 이 예언도 그대로 이루어졌다. 배가 난파하여 크레타 섬에 사람들이 상륙했고 몸을 덥히기 위해 불을 피우는데 독사가 나와 바울의 손을 물었지만 사람들의 생각처럼 그는 죽지 않았고 전혀 이상이 없었다. 이를 목격한 배의 선원들과 로마 군인들을 그를 하나님께서 보내신 자로 인정하고 정중히 모셨다.

이순신 장군도 하나님께서 이 민족의 명줄이 끊이지 않도록 준비하여 보내신 사람이었으므로 지혜와 능력이 있어 무너진 조선 수군을 재건했고, 특히 예지의 능력이 있어 왜군이 침입하는 경로를 미리 알고 적의 대군을 무찌르기 위해 가장 적절한 지형을 고르고 탁월한 전략을 펼쳐 23전 23승, 전승할 수 있었다. 마지막으로 일본군이 퇴주하는 노량해전에서 완승 바로 직전에 그는 자기의 사명을 다 감당하였기에 어디서 날아온지 모르는 총탄에 가슴을 맞아 최후를 맞이하였다. 오히려 그것이 그가 살아남아 왕과 조정에서 그의 승리를 시기함으로 엮는 모함과 음모에 빠져 욕된 인생을 사는 것보다 나았으므로 하나님께서 가장 적절한 때에 그의 영을 데려가셨다.

우리 기독인물 중 한 사람인 이승만 초대 대통령도 기도의 인물이었으므로 세계 역사를 보는 예언의 능력이 있어 제2차 세계대전 발발 전에 일본이 미국을 침공할 것을 예언하였고 그대로 이루어졌다. 이로써 그는 미국의 많은 지식인들에게서 호응을 얻었고 6.25전쟁 때는 그가 기도하고 노력한 결과 미국 이외 유엔군의 참전으로 한반도가 공산화 되는 것을 막았으며 한미동맹도 이끌어 내어 이 나라의 국방을 튼튼히 했다. 독실한 기독인이었던 맥아더 장군은 이승만 대통령을 존경하여 6.25 전쟁의 승리를 위해 그와 적절히 잘 협력했고 대구, 부산 지역만 공산군들에게 함락되지 않고 한반도가 거의 적화되었는데 하나님의 도우심으로 인천상륙작전을 과감히 성공적으로 수행하여 공산군 세력의 허리를 잘랐다. 비록 말년에 이 전 대통령이 사람을 잘못 써 대통령직에서 하야하고 하와이로 망명하였지만….

앞에서 말한 카메룬의 마마지 앙드레 목사도 기도를 크게 많이 하는 사람이었으므로 하나님께로부터 신유의 능력을 받아 죽은 소녀도 살렸고, 중병도 많이 치유하였으므로 이를 목격한 사람들이 사방에서 몰려와 교회가 부흥하게 되었다.

이처럼 영적인 리더는 기도의 사람이 되어 지속적인 성령 충만을 간구해야 하며, 이때 하나님께서 주시는 지혜와 능력을 받아야 대임을 감당할 수 있고 그를 따르는 무리들도 젖과 꿀이 흐르는 가나안 땅으로 인도하여 입성시킬 수 있다.

❋ 세상에 휩쓸리지 않고 세상과 타협치 않는 자

"그러나 인자가 올 때에 세상에서 믿음을 보겠느냐 하시니라"(눅 18: 8).

"이 세상이나 세상에 있는 것들을 사랑하지 말라 누구든지 세상을 사랑하면 아버지의 사랑이 그 안에 있지 아니하니"(요일 2:15).

"무릇 하나님께로부터 난 자마다 세상을 이기느니라 세상을 이기는 승리는 이것이니 우리의 믿음이니라 For everyone born of God overcomes the world. This is the victory that overcomes the world, our faith"(요일 1 John 5:4).

현대 기독인들은 하나님 안에서 큰 기쁨을 누리는 것이 아니라 세상에 영합하여 작고 값싼 기쁨을 누리고 있다. 세상은 지금 돈의 신, 맘몬주의가 횡행하고 있는데 기독인들과 교회 안에서도 이 맘몬주의가 위력을 발휘하고 있다. 많은 교회에서 하나님 대신 돈을 사랑하여 돈의 위력이 지배하고 있고 이를 위하여 교회의 외적·양적인 성장을 추구하므로 성도들의 영적 상태는 떨어지고 무기력하기 이를 데가 없다. 믿는 자와 불신자들 사이에 큰 차이가 없다. 그러니 불신자들은 믿는 자들에게, "너희들이 교회 나가는 것 이외에 우리와 다른 점이 무엇이 있느냐?"고 폄하한다.

우리는 믿음으로 구원을 받는데 그 믿음이 힘이 없고 생동력이 없다. 이는 믿는 자들이 세상을 사랑하고 세상적인 것들을 사랑하기 때문이다. 누구든지 세상을 사랑하면 하나님의 사랑이 그 안에 있지 않다고 사도 요한은 말씀했다.

우리는 세상을 사랑하지 말고 하나님만 사랑해야 한다. 하나님은 전지전능자이시다. 그분이 해결치 못할 일이 없다. 우리가 그분만 사랑하고 그분만 의지하면 하나님께서 모든 것을 해결해주시니 우리에게 오직 한 분 주님만 계시면 된다.

부귀영화도 우리에게 필요하면 주시는 분은 하나님이시다. 그런데 우리는 이를 주시는 하나님을 주목하며 사랑하지 않고 그분이 주시는 이 세상적인 선물에만 관심이 있다. 그러므로 영적인 힘이 없고 믿음 생활이 무기력하다. 하나님께서는 "돈과 나를 겸하여 사랑하지 못한다."고 말씀하셨다. 그러나 현재 많은 기독인들이 하나님 대신 돈을 사랑하고 세상적인 즐거움을 사랑한다. 주일에 예배드리지 않고 친목모임이나 등산이나 골프 약속을 하며 주일성수하지 않고 하나님과의 관계를 가볍게 여긴다. 한국 기독인 수가 개신교 약 1천만, 천주교 약 5백만, 합하여 1천 5백만이나 되지만 이는 그동안 양적인 성장에 주력하여 질적·영적인 저하를 가져왔다.

세상에서 믿는 자들을 가장 많이 유혹하는 것은 돈과 이성이다. 이단종교들은 반드시 이 돈과 이성 문제를 일으킨다. 한국 기독교도 이에 자유스럽지 못하다. 기독인들은 부정한 돈, 배우자 이외에 부정한 이성과의 관계는 철저히 금해야 한다. 많은 기독인조차 이에 넘어가므로 주님이 다시 오실 때에 내가 믿음을 보겠느냐 하셨다.

세상과 세상적인 것이 우리를 지배하는 것이 아니라 하나님께서, 성령님께서 우리를 지배하셔야 한다. 우리는 하나님의 피조물이고 하나님, 성령님께선 우리의 모든 문제에 대한 결정권과 우선권이 있으시다. 구체적으로 우리의 진로·직업·직장·결혼·교우관계·선교와 구제 일 외에, 모든 크고 작은 일의 결정권을 우리가 아닌 주님께 드리고 그분이 결정하시도록 해야 한다. 우리 인생의 주권이 그분께 있다. 그분이 우리의 주인이시고 왕이시다.

우리는 하나님의 아들딸로서 세상을 지배하고 리드해야지 세상에 끌려가거나 세상과 타협해서는 안 된다. 세상의 힘은 막강하다. 이 세상을 이길 힘은 우리 힘이 아니라 성령 충만해야 성령님께서 주시는 힘으로 이길 수 있다. 성령님은 예수님의 영이시고 하나님 아버지의 영이시다. 그러므로 성령님께서 우리의 주인이 되셔야 우리에게 영적인 힘과 지혜와 능력이 생기고 세상을 이길 수 있고, 리드할 수 있다. 주님, 곧 성령님께서 우리의 주인이 되시려면 바울 선생의 말씀처럼 우리는 매일 십자가에 죽어야 한다. 나의 옛사람이, 나의 욕심이, 나의 정욕이 나를 이끌지 않도록 나는 매일 십자가에 죽어야 한다.

> "세상에 있는 모든 것이 육신의 정욕과 안목의 정욕과 이생의 자랑이니 다 아버지께로부터 온 것이 아니요 세상으로부터 온 것이라 이 세상도, 그 정욕도 지나가되 오직 하나님의 뜻을 행하는 자는 영원히 거하느니라"(요일 2:16~17).

그동안 목회자들이 교단의 높은 자리와 자기의 명예를 탐하고 금권선거를 하는 경우가 많았다. 그리고 금전적 부정사건과 이성과의 스캔들 사건에 여러 목회자들이 연루되어 언론에 기사화되고 법적 처벌을 받았고 사회의 지탄을 받았다. 유행어 중에 '남자는 흉물이 많고 여자는 요물이 많다.'는 말이 있다. 물론 이런 금전적 부정사건과 음란죄를 범한 자들도 회개하면 하나님께서 크신 사랑으로 용서는 하시지만 선교와 전도의 길을 막고 하나님의 영광을 가리니 이 세상적인 육신의 정욕과 안목의 정욕과 이생의 자랑을 떠날 수 없고, 이 유혹을 이길 자신감이 없는 사람들은 신학교에 진학하여 목회자들이 되지 않는 것이 바람직하고 하나님의 영광을 가리지 않게 된다.

한편 우리가 이 세상을 떠나 천국에 갈 때 그곳에서 우리가 상급을 받는 것은 이 세상에서 주님을 위해 한 일만이 남으며 이 세상에서 얼마나 많은 재물을 모아 큰 헌금을 했고, 큰 집에 살았고 큰 자동차를 타고 다녔으며, 얼마나 높은 자리에 올랐고 얼마나 세상적인 명예와 권세를 누렸으며 얼마나 많은 세상적인 큰일을 이루었는지는 하나님 앞에 아무것도 아니다. 요한일서 2장 17절 말씀처럼 오직 하나님의 뜻을 행한 일, 즉 선교와 구제를 한 일, 교회와 이웃을 위해 봉사하고 나눈 일 등, 예수님께서 주신 계명대로 하나님을 사랑하고 그 이웃을 사랑한 일만 천국에서 하나님 앞에 남는다. 그러므로 우리는 헛된 육신의 정욕과 안목의 정욕과 이생의 자랑이란 세상의 유혹에 넘어가지 말고 하나님의 뜻을 열심히 실천하는 사람들이 되자!

그동안 교회가 세상에 끌려 다닌 추한 모습을 이젠 버리자. 과거처럼 교회가 세상을 이끌고 교회가 세상에 주도권을 쥐고 교회가 세상에 앞서 나가도록 하자. 그동안 이 순서가 거꾸로 된 것은 세상적인 가치가 교회에 들어왔고, 복음의 기독교와 세상의 가치가 뒤섞인 혼혈적 기독교가 되었기 때문이다. 그러므로 세상적인 가치를 중시하는 번영신학을 버리고 순수 복음으로 돌아가자. 그리하여 늙어 힘없고 생동감이 없는 추한 모습의 교회가 아니라 아름답고 젊은 신부와 같이 원래 교회의 힘차고 아름다운 모습을 되찾자!

이 세상을 사랑하지 말고 오직 하나님만 사랑하고, 하나님만 의지하고 하나님만 바라보고 하나님의 칭찬만 기대하자!

❋ 하나님의 사랑을 실천하는 자
(선교와 구제, 남북통일과 공정 경제)

"사랑하지 아니하는 자는 하나님을 알지 못하나니 이는 하나님은 사랑이심이라"(요일 4:8).

"하나님은 사랑이시라 사랑 안에 거하는 자는 하나님 안에 거하고 하나님도 그의 안에 거하시느니라"(요일 4:16).

하나님의 성품을 한마디로 요약하면 사랑이시다.

예수님께서 이 세상에서 공생애를 사실 때 하신 복음전파와 양육과 치유 사역은 모두 하나님의 사랑으로 하신 것이었다. 그의 제자인 베드로, 야고보, 요한 등의 제자들도 모두 예수님이 가르치신 이 하나님의 사랑으로 사역하였다. 이 나라의 기독교 역사도 유럽과 미국의 선교사들이 하나님의 사랑을 가지고 몇 달간의 험한 육로와 바닷길을 건너 가난하고 환경이 조악한 이 나라에 와서 복음을 전파하였기에 이 땅의 어둡고 눌리고 힘없는 백성들이 빛을 보게 되었다. 이들은 우리의 은인이니 양화진에 있는 외국인 선교사 묘지를 한번 찾아보시길 바란다. 예수님은 구약의 십계명을 간단히 줄여 다음과 같이 한 구절로 요약하셨는데 그것은 '하나님 사랑과 이웃 사랑'이다.

"(첫째는) 네 마음을 다하고 목숨을 다하고 뜻을 다하고 힘을 다하여 주 너의 하나님을 사랑하라 하신 것이요 둘째는 이것이니 네 이웃을 네 몸과 같이 사랑하라 하신 것이라 이보다 더 큰 계명이 없느니라" (막 12:30~31).

우리는 이 세상의 것들, 즉 돈과 재물과 권력과 지위를 사랑할 것이 아니요 제일 먼저 하나님을 사랑하고 이웃을 내 몸과 같이 사랑해야 한다. 이웃 사랑에서 힘들지만 가장 중요한 것은 용서이다. 나에게 상처를 준 사람을 용서하는 것이 쉽지는 않지만 나도 하나님처럼 완전치 못하여 남에게 상처를 주었으므로 용서해야 한다. 또한 이 용서는 그 용서를 받는 사람보다 나의 영혼을 위한 것이다. 앞에서 언급한 '사랑의 원자탄'이신 손양원 목사님의 경우, 자기 두 아들을 죽인 원수를 용서하고 자기 양자로 삼는 일이 얼마나 힘들었겠는가? 그러나 그는 주님이 주신 이 계명에 따라 하나님의 사랑으로 그 힘든 일을 행동으로 실천하셨다.

하나님의 사랑을 실천하는 데 우선적으로 요구되는 것이 복음의 전도, 즉 선교이다. 하나님께선 이 세상의 모든 족속과 민족들, 모든 사람들이 구원 받기를 원하신다. 한 사람으로서 그의 영혼이 구원받는 것보다 이 세상에 더 중요한 일이 어디 있겠는가? 예수님을 믿어 영혼구원을 받으면 영생을 얻고 그를 믿지 않아 영혼구원을 얻지 못하면 영벌에 처해지는데, 우리가 이웃에게 하는 사랑 중 가장 큰 것은 복음 전도와 선교이니 이 예수님의 마지막 유언을 힘닿는 데까지 실천해야 한다. 우리는 유럽과 미국의 선교사들에게 빚진 자들이다. 또한 우리가 6.25 전쟁 이후 모든 기간산업이 파괴되고 폐허 속에서 굶주릴 때 이들 나라의 경제적 원조도 받았다. 은혜를 모르는 자들과 나라는 온전한 사람, 온전한 나라가 아니다. 그러므로 우리는 이제 이 선교와 구제, 즉 원조로 빚을 갚아야 한다.

어느 선교사가 "남들은 선교를 희생이라 부를지 모르지만 선교는 유익입니다. 백배나 큰 유익입니다."라고 말했다. 이처럼 주님과 복음을 위해 바치는 헌신은 세상이 주는 즐거움과 쾌락보다 몇 백배 더 기쁘고 만족스럽다.

또한 하나님께선 우리에게 주위의 가난하고 힘없고 병들고 소외되고 절망하는 사람들을 외면치 말라고 하셨다. 예루살렘으로 가던 한 유대인이 노상에서 강도를 만나 죽어 가고 있는데 이를 본 바리새인들과 제사장은 외면하고 지나갔으나 유대인들이 무시하던 한 선한 사마리아인이 이를 구제하였다. 이처럼 하나님의 사랑을 입은 성도들은 그 사랑으로 힘든 이웃을 외면치 말고 구제에도 힘을 써야 한다. 선한 청지기가 되어야 한다.

지하철에서, 길가에서 구걸하는 사람들이 있는데 그들에게 중요한 것은 정신교육과 직업교육을 시키고 일자리를 마련해주는 것이지만 그렇다고 조그만 돈을 구걸하는 그들을 외면치 말자. 우리 자식들도 불우이웃에의 음식 나누기 봉사나 연탄 배달 봉사에 참여시켜 어릴 때부터 소외된 이웃을 배려하는 정신을 길러주자. 하나님은 우리가 베풀고 나누는 것 이상으로 채워주시는 분이시다.

또한 한국인으로서 생각해야 할 것은 남북통일이다. 우리 기독인들은 모두 하나님께서 역사하시어 평화적으로, 그리고 자유민주주의로 통일이 속히 되도록 기도해야 한다. 북한 지하교회의 성도들은 북한 당국에 잡히면 총살이나 교수형에 처해진다. 이들이 백일천하에 하나님께 예배드릴 수 있도록, 또한 공산주의하의 대부분 북한 주민들이 압제와 가난, 그리고 사람 우상숭배 속에 있는 것을 남북통일로 해방시켜야 한다. 막대한 통일비용이 든다고 이 통일을 외면하는 이기주의를 버리자.

성경 이사야서 58장 6~7절에 "나의 기뻐하는 금식은 흉악의 결박을 풀어주며 멍에의 줄을 끌러주며 압제당하는 자를 자유케 하며 모든 멍에를 꺾는 것이 아니겠느냐 또 주린 자에게 네 식물을 나눠주며 유리하는 빈민을 네 집에 들이며 벗은 자를 보면 입히며 또 네 골육을 피하여 스스로 숨지 아니하는 것이 아니겠느냐"고 하셨다. 이 말씀에 순종할 때 우리 빛이 아침같이 비칠 것이고, 여호와의 영광이 우리 뒤에 호위하고, 우리가 하나님을 부를 때에 응답하시겠고, 여호와께서 항상 우리를 인도하시고, 우리가 물댄 동산 같고 물이 끊어지지 않는 샘같이 될 것이며, 우리 자손들이 번창할 것이라고 약속하셨다. 그러하니 어찌 남한의 기독인들이 저 압제당하는 북한 성도들과 그 주민들을 보면서 이 남북통일을 외면할 수 있겠는가?

한편 하나님의 사랑은 공의나 공정과 연결되어 있다. 하나님의 사랑과 공의는 별개의 것이 아니다.

우리나라처럼 경제가 몇 개의 재벌과 소수의 부유층과 엘리트 계층에게 불공정하게 집중되어 있는 나라가 거의 없다. 일본도 미국도 우리나라의 거대한 재벌 시스템, 문어발 같은 시스템이 없어진 지 오래다. 이 해악이 깊어지자 그 증거로 나타난 것이 얼마 전의 횃불 데모요 그 결과로 정권까지 보수에서 진보로 바뀌었으나 아직 별반 달라진 것이 없다. 이 부익부빈익빈 현상이 심해지고 있으며, 좁은 땅에 부동산을 선점한 자들이 많은 불로소득을 취하고 집이나 건물이 없는 자들을 높은 임대료나 월세로 박탈하며, 실업률은 높아지고 서민들의 박탈감과 질망은 깊어지고 있는데 기득권층은 철면피처럼 이를 부정하거나 외면하고 있다. 자기를 십자가에 죽이기 싫은 것이고, 내 집값 올라간다며 속으로는 웃고, 대기업의 임원으로 신입사원 봉급의 수백 배를 받는 고소득자가 더 받고자 하며, 자기의 기득권을 포기하기 싫은 것이다. 반면에 바이킹의 후예들인 북유럽을 보면 이들은 복음을 받아들여 기독교 국가가 되었고 이 기독교 정신에 의거하여 경제에서도 공정성을 기하고자 노력하며 그 제도도 훌륭히 마련하여 운영하고 있다. 즉 많이 가진 자는 공정하게 세금을 더 많이 내고 덜 가진 자는 적게 세금을 내어 공평하신 하나님의 뜻을 따르며, 중고등학교 졸업자와 대졸자가 받는 봉급에 큰 차이가 없으며 소위 엘리트라고 불리는 의사·변호사·판검사나 교수들, 그리고 대기업의 임원들의 봉급이나 일반 직장인들의 봉급이 큰 차이가 없으며, 공평한 조세로 복지제도가 잘 마련되어 있으므로 돈이 없어 대학을 못 가거나 돈이 없어 병원의 치료를 못 받고 죽는 일이 없다.

이 공정 경제는 하나님께서 명하신 가난하고, 힘없고, 병든 자, 소외된 자, 절망하는 자를 향한 구제 정신의 실천이요 주님이 말씀하신 이웃 사랑의 계명 실천이다.

사회에 유행하는 말 중에 '보수는 썩었고 진보는 미쳤다.'는 말이 있는데 정말 자기를 십자가에 죽이고 살신성인(殺身成仁)하는, 양심과 능력을 겸비한 리더를 찾기가 힘들다.

이 나라에 정말 하나님을 두려워하고 기독교 정신이 바로 선 정치와 경제계의 리더들이 많이 나와 이 공정 경제가 속히 이루어져야, 대한민국이 하나님의 뜻과 사명에 온전히 부응할 수 있게 될 것이다.

✽ 희락의 사람

성도들은 하나님께로부터 오는 기쁨, 곧 희락이 넘치는 사람들이다.

우리가 받은 영혼구원의 기쁨은 세상의 그 무엇과도 바꿀 수 없는 큰 기쁨이다.

주님은 우리가 기쁨을 갖기 원하시며 또한 아래의 말씀처럼 주님의 기쁨을 우리에게 주신다.

"내가 이것을 너희에게 이름은 내 기쁨이 너희 안에 있어 너희 기쁨을 충만하게 하려 함이니라"(요 15:11).

찬송 314장 2절의 가사에 하나님께서 주시는 기쁨이 나타난다.

이전에 세상 낙 기뻤어도 지금 내 기쁨은 오직 예수
다만 내 비는 말 내 구주 예수를 더욱 사랑 더욱 사랑

예수 믿기 전에는 술과 담배와 도박과 낚시·등산·골프 등의 세상 낙이 즐거웠지만, 예수님을 영접하고 나면 이 세상 낙이 시들시들해지고 별로 당기는 맛이 없어진다. 왜냐하면 주님께서 주시는 기쁨이 훨씬 더 크고 이 기쁨에 비해 세상이 주는 기쁨은 보잘것없기 때문이다. 불신자들이 성도들을 보면서 가장 그들과 다르다고 느끼는 것이 성도들이 갖고 있는 이 큰 기쁨이다.

주님과 함께하면 마른 땅에 샘물이 터지고 사막에 강이 흐른다. 그 길에 어둠이 없고 낮과 같이 맑고 밝으니 어찌 크게 기쁘지 않겠는가?

또한 주님께서 나와 동행하심으로 얻는 기쁨은 알 사람이 없을 정도로 잔잔하고도 큰 기쁨이다.

기독교 기쁨주의는 주님에게서 마르지 않는 기쁨을 누리는 것은 우리가 그저 찾아야 하는 것이 아니라 우리의 필수적인 의무라고 한다.

"그를 보십시오. 믿으십시오. 그리고 기쁨과 만족을 누리십시오."라고 주장한다.

또한 "우리가 하나님 안에서 최고의 기쁨과 만족을 누릴 때 하나님은 우리 안에서 최고의 영광을 받으신다."고 주장한다. 그러니 하나님 안에서 기뻐하고 만족을 누리자.

믿음 생활에 목숨을 걸었던 청교도들은 하나님을 기뻐하며 그것을 인생의 과업으로 삼았다.

"여호와를 기뻐하라"(시 37:4), 이 말씀은 명령이다.

그러므로 성도들은 하나님을 기뻐하고 즐거워함으로써 하나님께 영광을 올려야 한다.

세상과 죽음의 세력을 이기신 분이 주님이시고 그 주님께서 항상 우리와 함께해 주시고 인도해 주시며 보호해 주시고, 우리의 필요를 예비해 주시고, 영적 전투에서 승리케 하신다.

우리의 승리는 이미 예고되어 있다. 우리 삶의 결국은 승리이다. 비록 우리가 가는 길에 돌부리가 있고, 때론 사막이 있고, 높은 산이 있어도 우리는 이미 주님 안에서 승리한 것이다. 우리 성도들의 인생은 결국 해피엔딩이다. 영화의 시나리오처럼 중간에 구름이 끼고 바람이 불고 비가 와도 하나님께서 축복하시고 예비하신 약속의 길을 가는 것이다. 그러니 염려하고 두려워하고 슬퍼할 것이 아니다. 퍼즐처럼 보이는 우리 인생은 하나님의 보호하심과 승리와 축복이 보장되어 있고 약속되어 있다. 실패하려도 실패할 수 없다. 주님 안에서 축복과 승리가 보장되어 있다. 그러므로 우리는 이 확신을 가지고 크게 기뻐하자.

우리는 기도로 성령 충만을 간구하고 얻을 때 성령의 열매인 큰 기쁨, 희락이 주어진다.

이때 우리는 기쁨이 넘쳐 춤을 추게 되고 참새와 비둘기가 노래 부르며, 나무가 흔들리며 같이 손뼉을 치고, 땅도 울렁거리며 이 기쁨에 동참해 준다. 세상에서 하나님 이외에 겁날 것 없고 두려울 것 없는 호연지기와 기쁨을 가지게 된다.

믿음의 사람들은 환난을 당해도 기뻐한다. 스데반 집사는 돌과 화살을 맞으며 죽을 때도 천국을 바라보며 예수님께서 하나님 우편에 앉아 계신 것을 보고 기쁘게 죽어 갔다.

예수님도 십자가에서 큰 환난을 당하실 때 "그 앞에 있는 기쁨을 위하여 십자가를 참으사 부끄러움을 개의치 아니하시더니 하나님 보좌 우편에 앉으셨느니라"(히 12:2)라는 말씀처럼, 자기가 하나님 아버지의 우편에 앉을 것을 보시고 그 기쁨으로 십자가의 고난을 이기셨다.

우리에게는 천국의 아름다운 집이 예비되어 있고 생명의 면류관이 준비되어 있다. 천국에 가기 전에도 이 세상에서 불신자들이 두려워하는 가난과 질병과 무지와 외로움에 대하여 하나님께서 그 치료약인 약속의 말씀과 이에 더불어 예수님의 이름을 사용할 권세를 우리에게 주셨다. 가난 대신 삶의 풍요를, 질병 대신 영육의 강건함을, 무지 대신 지혜와 총명을, 외로움 대신 성삼위 하나님의 동행하심을 약속받았다.

주님의 기쁨이 나의 기쁨이 되었고, 또 주님과 동행하며 교제하는 기쁨이 있고, 하나님께서 우리에게 부어주시는 은혜와 기쁨이 너무나 커서 오직 감사할 뿐이다. 할렐루야!

❋ 감사의 사람

우리 믿는 자들이 가진 모든 은혜와 축복은 하나님께로부터 온 것이니 하나님께 감사드려야 한다. 죄인 된 우리를 예수 그리스도의 십자가 보혈로 영혼 구원하시어 우리에게 영생을 주셨고, 길과 진리와 생명인 귀한 복음을 주셨고, 어둠의 세력과 싸워 이길 영적 무기인 기도를 주셨고, 또한 예수님 재림 시의 부활도 주셨다.

이에 더불어 우리가 광야 같은 세상을 살아갈 때에 전지전능하신 하나님께서 함께해 주시고 주님께서 갈 길을 인도하시고 보호해 주시며, 우리의 필요를 아시고 때에 맞춰 공급해 주시며, 병을 치료해 주시며, 영적 전투에서 승리케 하시며, 우리의 기도를 들으시며, 은혜와 축복의 약속을 지키시는 신실하신 하나님께 어찌 감사치 않을 것인가?

지금 비록 어렵고 힘들어도 하나님께서 보장하신 장래의 축복과 승리를 위한 것이니 "항상 기뻐하고 범사에 감사하라."는 말씀에 순종할 것이다.

하나님께서는 세상 사람들이 두려워하는 가난·질병·무지·외로움에 대한 치료약과 대비책도 마련해 주시어, 우리가 담대히 염려치 않고 살게 해주신 은혜에도 감사해야 한다.

감사하는 자에게 하나님은 더욱 감사할 일을 더해 주신다.

감사하며 십일조와 감사헌금 드리는 자에게 재물의 축복을 주시며, 감사하는 자는 뇌도 젊어져 치매에 걸리지 않게 하시고 육신이 건강케 하시며, 감사하는 자에게 좋은 사람도 많이 붙여 주시어 성공케 하시며, 감사하는 자에게 하나님께서는 하늘의 보고를 여시사 각종 귀한 영적 보화와 은혜와 축복을 베푸시고 축하 파티와 즐거운 축제를 열게 하신다.

그동안 살아온 생애를 뒤돌아보면 어렵고 힘들고 괴로운 일이 수없이 많이 있었지만, 그때마다 예외 없이 주님께서 개입하시어 고난의 삶을 벗어나게 해주신 것을 느낀다.

과거 갑자기 여러 번 일자리를 잃게 되어 힘들 때에도 적당한 때에 적절히 일자리를 마련해 주시어 경제적 곤란에서 벗어나게 해주셨고,

아름답고 선하고 큰 믿음으로 가정을 꾸려 나가는 훌륭한 아내를 배우자로 예비해주셨으며, 자식들도 건강하게 말썽부리지 않고 건전하게 자라 이젠 출가하여 믿음의 가정을 이루게 해주셨으며, 믿음이 좋고 아름답고 착한 두 며느리들을 보내 주셨고, 귀한 생명인 손자·손녀들도 주시어 건강하게 자라게 하시며, 아직도 우리 부부가 건강히 일할 수 있게 해주심에 하나님께 깊이 감사드린다.

초등학교 때의 친구들이 '동우회'란 명칭하에 지금도 60년 가까이 만나며 서로 위로하고 격려하며 용기를 주는 교우 관계를 가지고 있는데 이런 의리 있고 좋은 친구들과 중고등학교, 대학교의 훌륭한 친구들, 성실히 일한 직장 동료와 믿음 좋은 교우들을 많이 붙여 주셨음에도 하나님께 감사드린다. 예전의 세상 친구들이 알코올 중독으로, 암으로, 기타 중병으로 여러 명이 세상을 이미 떠났는데, 술·담배를 끊어 아직 건강히 살아 있음에도 감사드린다.

몇 년 전에 심적으로 무거운 스트레스를 받아 허리병과 다리병이 생겨 제대로 움직이지 못하고 몇 달간 답답한 마음으로 고생했으나, 마음속으로 지은 죄를 회개하니 하나님께서 치료해 주시어 정상적으로 움직이고 운동할 수 있게 해주셨음에도 하나님께 감사드린다.

불신 집안에 태어나 자칫 멸망의 길로 갈 수밖에 없었던 우리 부부가 하나님의 계획하신 섭리와 은혜로 예수님을 믿어 영혼구원 받게 해주셨으며, 그렇게 귀한 복음의 진리를 주셨고, 10여 년간 기도드린 결과, 복음에 완고하셨던 양가 부모님들과 형제자매들도 예수님을 믿고 영혼구원해 주셨음에도 하나님께 깊이 감사드린다.

또한 대기업체의 임원을 역임하며 여러 가지 중요한 일을 했지만, 되돌아보니 이런 것은 아무것도 아니요 하나님을 위해 한 일만 귀히 보이며, 10여 년간 주일학교 교사로 봉사케 하셨으며 또 10여 년간 교회 성가대로 봉사케 하신 것과 단기선교를 여러 번 다녀오게 해주신 것이 하나님의 크신 은혜였고 이에 감사드린다. 카메룬, 남아프리카공화국, 태국, 네팔, 중국, 러시아, 북한 접경지역에 단기선교를 다녀오게 해주셨음에, 그 시간과 재물과 건강을 허락해 주셨음에 하나님께 깊이 감사드린다.

  서울역 앞의 노숙자들과 동자동 쪽방촌에 음식 나누기 봉사를 여러 번 하고, 달동네에 연탄 배달 봉사를 하며 불우 이웃에게 하나님의 사랑을 전하게 해주셨음에도 감사드린다. 또한 이런 선교와 구제 봉사를 제대로 안전하게 하도록 뒤에서 항상 중보기도해 주시는 유승대 목사님 외 부목사님들과 성도님들에게도 감사드린다. 이 책을 출판하는 데 여러 도움을 주신 나뷤출판사의 김혜경 대표께도 감사드린다.

  지난 삶을 돌이켜 보면 아래 지선 자매의 찬양 가사와 같이 모든 것이 주님의 은혜임을 인정하지 않을 수 없고, 하나님께 깊이 감사하지 않을 수 없다.

주의 은혜라

내 평생 살아온 길 뒤돌아보니
짧은 내 인생길 오직 주의 은혜라

주의 은혜라 주의 은혜라 내 평생 살아온 길
주의 은혜라 주의 은혜라 다함이 없는 사랑

달려갈 길 모두 마친 후 주 얼굴 볼 때
나는 공로 전혀 없도다 오직 주의 은혜라

지금까지 지내온 것 주의 크신 은혜라
한이 없는 주의 사랑 어찌 이루 말하랴

자나 깨나 주의 손이 항상 살펴주시고
모든 일을 주 안에서 형통하게 하시네

주의 은혜라 주의 은혜라 내 평생 살아온 길
주의 은혜라 주의 은혜라 다함이 없는 사랑

주의 은혜라 주의 은혜라 내 평생 살아온 길
주의 은혜라 주의 은혜라 다함이 없는 사랑

달려갈 길 모두 마친 후 주 얼굴 볼 때
나는 공로 전혀 없도다 오직 주의 은혜라
나는 공로 전혀 없도다 오직 주의 은혜라

에필로그

우리 민족은 장단점이 뚜렷한 민족이다. 평균적으로 두뇌가 명석하여 몇 년 전 유엔에서 발표한 통계에 의하면 국민들의 IQ 점수, 곧 지능지수 평균이 홍콩이나 싱가포르 등 도시국가를 제외하고 세계 1위였다. 또한 사람들이 다정다감하고 감성이 풍부하며 K-POP 등 한류문화를 만들어 세계적인 인기를 모으고 있다. 역사적으로 보아 외침의 수난을 많이 당하였기에 어떤 훌륭한 비전이 보이면 단합된 힘도 잘 모은다. 1960년대 이후 가난을 벗자고 단합된 힘을 모아 열심히 일하여 40~50년 만에 선진국 수준에 오른 '한강의 기적'을 이룬 것은 세계 경제사에 그 비슷한 사례를 찾아보기 힘들다. 한때 국가경제를 잘못 운영하여 국가의 부도 사태인 IMF 환난을 당했지만 국민들이 '금 모으기 운동'에 동참하며 단합된 힘을 보여 매우 짧은 시간에 그 치욕적인 상태를 벗어날 수 있었으며 외국에서는 그 단합된 국민들을 보고 경탄을 금하지 않았다. 가족을 중시하며 상부상조 정신이 높고, 교육열이 높아 문맹률이 거의 제로이며 휴대폰과 인터넷 보급률이 세계에서 제일 높다.

그러나 반면에 이런 장점보다 단점이 더 많아 분열을 잘하고, '내 파, 네 파'의 파벌주의가 심하고, 집단이기주의가 강하며, 국민들의 의기가 크고 높지 못하여 뚜렷하고 세계적인 역사를 만들지 못했다. 때론 비겁하다는 평을 받았고 예전에는 인접국들이 이 나라를 '동방예의지국'이라고 불렀으나 지금은 '동방무례지국'이 되었다.

관용의 정치를 할 줄 몰라 정권이 바뀌면 이전 세력들에게 보복을 가한다. 이 나라에서 대통령을 역임하고 퇴임한 후 감옥에 가지 않고 제 명대로 말년을 평온히 살았던 사람은 손에 꼽을 정도로 적다. 선진국들의 대통령이나 총리가 퇴임 후 재임 시의 잘못으로 감옥에 가는 경우가 손가락으로 꼽을 정도로 거의 없는 것에 비하면 정반대이다. 이 나라에서는 대부분의 전임 대통령들이 감옥에 가거나 비명횡사했다. 로마의 카이사르가 집권한 후 관례대로 정적을 죽이거나 그들의 재산을 몰수하지 않고 관용의 정치를 한 것을 배워야 한다.

국회의원들도 나라의 백년대계를 위해 일하기보다는 자기 밥그릇 챙기기에 바쁘고 국민들의 지탄을 받으면서도 높은 보수와 수당과 많은 보좌관 등 기득권을 내려놓지 않고 있다. 선진국들의 국회의원에게 드는 1인당 인건비와 기타 총경비가 우리의 3분의 1, 또는 4분의 1인 사실에 눈을 감고 외면하고 있다. 국민들을 위하는 것이 아니라 국민들을 착취하고 세금을 낭비하고 있다. 유권자들은 불량 정치인이라도 자기 고향 출신이고 자기편이라면 문제가 많은데도 좋다며 뽑아준다. 성 스캔들이 있고 사회적인 범죄를 저질렀어도 '내 파'이면 눈 감고 뽑아 준다. 국민들의 정직성이 우리가 욕하는 일본보다 훨씬 떨어지고 국가청렴도도 OECD 국가 중 하위 수준이다. 소수의 대기업들이나 사회 상류층의 횡포, 소위 '갑질'이 심하고 사회적인 약자들에 대한 배려가 부족하고 조세제도도 있는 자들에게 유리하여 공정하지 못하다. 많은 국민들은 과거 공산주의가 보인 잔혹성을 모르고 좋은 게 좋다며 남북정치인들이 가면 뒤에 숨기고 있는 야욕과 탐욕과 모략을 모르고 자기늘에게 주어지는 경제적인 이익 측면을 가장 큰 판단기준으로 삼고 있다.

사회의 빛과 소금이 되어야 할 교회가 세속화되어 사회에의 영향력이 약해졌고 빛을 비추지 못하고 세상에 끌려가고 있다. 선구자적 · 예언자적 사명을 수행해야 할 교회가 무력하여 세상의 죄악에 대하여, 어둠에 대하여 아닌 것을 아니라고 말하지 못하고 있다. 이는 타 종교도 마찬가지이다. 교육도 창의성을 키우는 교육이 아니라 암기 위주의, 성적 위주의 교육이며 협력과 사회적 공헌보다 경쟁과 출세를 강조하고, 공중도덕과 인성에 대한 교육이 부족하여 출세만을 위한 이기주의자들을 대량으로 양산하고 있으며 역사 교육도 좌파·우파 집권 세력이 바뀔 때마다 수시로 왜곡되어 과거 역사적인 사실이 정확히 무엇인지 모르게 혼란만 가중시키고 있다. 교사도 스승으로 존경받지 못하고 돈벌이 직업으로 전락되어 사도(師道)가 땅에 떨어진 지 오래다.

사회 곳곳에 금전적 부정사건과 음란죄와 여러 가지 잔혹한 범죄가 넘치고 있다.

이런 상황이니 말세가 가깝고 예수님의 재림 시기가 머지않은 것으로 보이며, "인자가 (다시) 올 때에 세상에서 믿음을 보겠느냐"고 주님이 말씀하셨다(눅 18:8).

그래서 이 나라와 세계의 역사는, 가난하고 힘없고 병들고 소외되고 절망하는 많은 서민에게 빛을 비추어줄 믿음의 초인, 지혜와 능력의 초인, 하나님의 사랑을 골고루 나누어 줄 초인, 세상에 끌려가지 않고 세상과 타협하지 않는 초인을 고대하고 있다.

이 초인은 확실한 믿음의 사람으로서 하나님의 말씀묵상과 깊은 기도로 하나님께로부터 지혜와 담대함을 받는 자이며 또한 성령 충만함으로써 능력을 받아 일반 사람들이 "안 된다, 힘들다, 어렵다"고 하는 일을 할 수 있게 만들고, 어려운 환경에 도전하고 모험하여 유리한 조건으로 변화시켜 환경을 지배할 수 있는 자이다.

이 땅의 민초들과 피조물들은 하나님께로부터 지혜와 능력을 받아, 이 백성을 이끌고 젖과 꿀이 흐르는 가나안 땅으로 인도해줄 모세 같은 믿음의 초인, 수많은 대적들 앞에서 "아직도 12척의 배가 있고 이 작은 신하가 죽지 않았으니 이길 수 있다."하며 바닷길을 지키어 실낱같은 이 민족의 명줄이 끊어지지 않게 하고 자기 목숨을 바친 이순신 장군 같은 지혜와 능력의 초인, 끊임없이 계속된 세상의 고통과 고난에도 끝까지 굴복하지 않고 믿음을 지켜 흑인 노예들을 해방시키고 자기 목숨을 바친 '작은 예수'인 링컨같이 세상에 휩쓸리지 않는 초인, 우리 믿음의 주님이신 예수님을 닮아 하나님께 온전히 쓰임받아 온 세계에 찬란한 빛을 비출 성령 충만한 초인을 학수고대하고 있다. 그리하여 이 민족뿐 아니라 세계의 이방인들까지, 아래 찬송 550장같이 시온의 영광이 어서 이 땅에 비추길 고대하고 있다. 이런 초인들이 어서 이 땅에 많이 일어나기를 하나님께 함께 기도드리자!

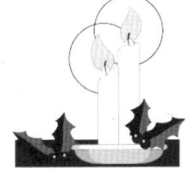

찬송 550장

시온의 영광이 빛나는 아침 어둡던 이 땅이 밝아오네
슬픔과 애통이 기쁨이 되니 시온의 영광이 비쳐오네

시온의 영광이 빛나는 아침 매였던 종들이 돌아오네
오래전 선지자 꿈꾸던 복을 만민이 다 같이 누리겠네

보아라 광야에 화초가 피고 말랐던 시냇물 흘러오네
이 산과 저 산이 마주쳐 울려 수 예수 은총을 찬송하네

땅들아 바다야 많은 섬들아 찬양을 주님께 드리어라
싸움과 죄악이 가득한 땅에 찬송이 하늘에 사무치네. 아멘.

지혜와 능력의 초인

지은이: 곽중식
초판일: 2019년 5월 4일

펴낸이: 김혜경
펴낸곳: 도서출판 나됨
주소: 서울시 은평구 역촌동 68-33(2층)
전화: 02) 373-5650, 010-2771-5650
메일: nadoem1@naver.com
등록번호: 제 25100-1998-000010
등록일자: 1998. 2. 25

값: 15,000원

저자와의 협의하에 인지를 생략합니다.
ISBN 978-89-94472-40-1 03230